兒童
繪畫治療
繪畫：兒童的心靈之窗

Understanding
Children's Drawings

五南圖書出版公司 印行

Understanding Children's Drawings

CATHY A. MALCHIODI

Foreword by Eliana Gil

二刷譯序

　　《兒童繪畫治療》再刷了！這真是令人感到振奮的消息。這顯示兩種不凡的意義：一是「治療」，屬於心理學術領域中最深的一個層面。顯示學習心理學術的各方碩彥中，已有相當的比例接觸到「治療」領域。另一層意義，對象是「兒童」。在各種心理治療領域中，願意探討兒童心靈內涵與意義的人們，明顯增加。兒童一直是我在廣大的社會之中，最重視的一群。尤其是在社會風氣變化快速、文化變遷、政治立場紛陳、商業活動爾虞我詐的氛圍下，「兒童」不啻是美好的桃花源，人間的天堂。還記得初次閱讀《小王子》時的震撼，那是個依然熟悉，卻早已遠去的美好記憶。但只要你願意，舒展早已僵化的理性思維，相信並不難進入兒童的創意世界。

　　就以目前的社會生活模式來看，我們需要更關心（令人遺憾的是，社會中仍有許多可憐的）許多受虐兒童。在他們稚嫩的心靈中，承擔了過度的痛苦與壓力。甚至因此斲喪他們的純真童年。希望讀者們能藉由本書，能更進一步進入兒童的心靈世界。或許經由繪畫能更正確地了解兒童，進而幫助那些受苦中的兒童，那就是最讓人慶幸的事了。

譯　序

　　在助人工作的領域中，我目前於國立文華高中擔任輔導老師。在我的工作生涯當中，幾乎皆是擔任老師。早期，我念的是台北市立師範專科學校（台北市立師範學院前身），主修兒童教育。四年級選組時，選擇特殊教育組，是希望能夠進一步認識智能不足與資優兒童，以及他們的想法。在國民小學與兒童們相處了六年的快樂時光。爾後進修，才逐漸轉向諮商與輔導的方向。原本希望在小學貢獻所學。後來因為一般的輔導諮商大都是以口語與文字作為媒介，受限於國小兒童的表達能力比較有限，才會轉而任教目前的高中。

　　在我的經驗中，兒童很容易相處。只要大人懷抱著善意，加上一點點童真，憑著直覺來作反應，很容易就能夠和兒童交上朋友。若是採用比較認真的態度，以理性溝通的口吻，如成人對話般向兒童們詢問事情時，卻往往得不到整件事情的全貌。產生這種現象的原因，是因為大部分兒童都是憑直覺來作反應，缺少抽象與邏輯系統的思考能力，而比較容易以情感性或情緒性的方式來作反應。我想這階段的兒童符合皮亞傑（J. Piaget）的認知發展理論中形式運思期（formal operational stage）之前的狀況吧！

　　兒童無法有條理地說明清楚他們的想法，但是卻能在他們喜愛的繪畫活動中，不經意地流露出真實的內心想法與感受。其實不只是兒童，就連平時習慣於邏輯思考、理性溝通，甚至與繪畫天賦早已疏遠的成人，也都能夠經由繪畫表露出真正的想法或是刻意壓抑的意識。這對只懂得使用口語與文字進行輔導諮商的我而言，不啻是開啟了通往心靈真實境界的另一扇窗。對於想要了解兒童或成人想法的人們而言，繪畫也是一項直接而簡便的途徑。

　　本書詳細地敘述藝術治療相關理論、技術，以及各種不同觀點的

繪畫內容。在藝術治療理論方面，作者主張以多元的觀點，廣泛採用各種不同立論基礎的治療理論，採取其間交集的部分，兼顧其間差異性的部分，進而討論繪畫的動機、過程、媒材、繪畫環境、治療關係等各種因素，可能對繪畫所造成的影響。接著以不同章節討論繪畫的階段性發展、情緒性內容、繪畫中的人際關係與繪畫中的心靈觀點。最後並簡單介紹繪畫媒材的種類、繪畫工具、論文與資源，即使對於藝術治療完全陌生的讀者，也都能順利地找到相關的資源。整體而言，本書對於有心了解藝術治療的讀者，從建立初步的基本概念、多元向度了解兒童繪畫與蒐集進一步的研究資源等方面，都是一本不可或缺的入門工具書。

感謝國立台北師範學院幼教系的范瓊方教授，在多年的交情下，鼓勵我繼續學習、吸收新知。即使我無緣接觸繪畫實務方面的工作，至少也能先熟悉理論。對於我不算精通的英文能力與流暢的中文翻譯能力，而逐字審查校閱翻譯的錯誤或不流暢的譯句。感謝五南圖書出版公司工作人員迅速有效的工作效率，這本書才能如期付梓出現在各位的面前。

最後，要感謝的是各位讀者。唯有各位的支持，才是推動我們繼續前進不可或缺的動力。

吳 武 烈

謹誌於東海星野

序

　　六歲大的凱西，很擔心她母親濫用藥物的情形，畫出一幅山洞的
圖畫，牆上掛著許多蝙蝠。她很有藝術天賦，而這幅「生活的畫像」
看起來陰森可怕，而且有不祥的預感。這就是這位兒童對她母親所處
的危險環境，在夜間時害怕的具體化呈現。

　　當我要求凱西告訴我有關她所居住山洞和蝙蝠的事時，她似乎很
驚訝。她先前的治療師並不知道如何和凱西討論她的繪畫，而且忽略
能夠幫助和了解，凱西在她的藝術中試著要傳達的重要線索。在和凱
西一起探索她的繪畫後，並和她的祖母談過，我發現蝙蝠對於凱西而
言是非常真實的。她的祖母透露，在毒品發作的情況下，凱西的母親
會拍打驅趕想像中的蝙蝠。透過她的繪畫，凱西所傳達出的不只是她
母親的妄想，而且還包括透過她的藝術能夠被傾聽和了解的願望。

　　有相當多各式各樣的治療師工作的對象是兒童，包括我自己，會
把我們的治療室裝滿玩具、藝術媒材、沙盤和小型的東西。當我們在
進行時，我們會邀請兒童當事人來使用這些素材。這樣的邀請能幫
助、增加和促進兒童的治療，這是令人感到驚嘆的一種機會。然而臨
床醫師並不能從兒童的藝術中，充分地獲得利益。在兒童的藝術作品
中，我自己在專業上的好奇心、教育和經驗，隨著時間而逐漸形成。
回頭看我曾面對過的當事人，令我感到羞愧，我並不能盡我所能敏銳
地去看或是去聽。我無法告訴你究竟有多少次我這麼告訴自己：「但
願當時我能夠知道我現在所知道的……」。

　　了解當事人的藝術表現是一種重要的臨床技術，其中包括學習如
何把藝術引入治療中，如何進行思考和如何去反應。當我的技術水準
進步後，我對藝術的知覺和在治療中的價值已經改觀，而我對治療藝
術過程、力量和潛能的尊敬更加地深刻。

　　這也就是我為什麼寫這篇序的原因。Cathy Malchiodi 是國內最優秀的藝術治療師之一。她是一位最能讓人尊敬的理論家與實踐者，積極地參與當代藝術治療發展的所有階段，整理成為明確的研究領域。很久以前在我還沒有見到她之前，就已經在研讀她的作品，而且她一直是我引領期盼的學習對象。她的第一本書《打破沉默：對於暴力家庭兒童的藝術治療》（ *Breaking the Silence: Art Therapy with Children from Violent Homes* ），記錄了兒童們的經驗，他們都是和母親在一起，住在受虐婦女庇護所當中。那本書改變了我對兒童藝術作品的知覺，以及它在治療上的應用。

　　這本新書在我第一次拜讀之後，發現它是一本透徹、富啟發性、高水準的學術作品，反覆地閱讀將會證明它的價值不凡。Malchiodi 以她作為一名藝術教育者和治療師的豐富經歷，結合眾多臨床經驗所形成的大量知識，呈現在大家面前。最後產生這本淺顯易懂、內容豐富、倫理意涵的巨著，充滿著「該怎麼做」等實務上的建議，以敏感與關懷的語調，寫出完成這項工作的詳盡指引。

　　Malchiodi 展示了藝術應用在治療過程和內容上的廣泛運用，作為兒童完成許多事物的工具：表達感受、想法和知覺；透過象徵符號和視覺性故事來作溝通；能夠緩和令人沮喪的情緒；能夠逐漸面對創傷與失落；表達出對於身體的關心，並鼓勵與治療師互動。在此同時，繪畫提供治療師的是一種沒有威脅，可以促進溝通的工具；它們能夠幫助治療師來評估成長與發展；有助於了解兒童對於自我和家庭的知覺；幫助評量創傷、情緒困難和人際的問題。

　　在本書中，能夠看到兒童充分的複雜性：他們所畫的內容和他們的繪畫方式，不僅反映出兒童的需要、希望與害怕，更受到其他如兒童的發展階段、社會文化影響，和這位兒童繪畫的背景等因素的強烈影響。Malchiodi 把繪畫會有固定意義的假設放在一邊，並引導與激發治療師陳述出對於兒童繪畫的多元向度觀點，並尊重每一位兒童藝術作品的獨特性。

　　我是如此熱切激賞接下去所敘述的精湛內容，因此我必須結束這篇序言，這樣才能方便開始你們的學習之旅。至少已經有了一個綜合蒐集自大量實驗與臨床資料的單一管道。

　　這本書將能大幅提升讀者對於治療中創作之兒童繪畫的了解。在此同時，它能夠增強與延伸各位的知覺、領悟力以及能力水準，提供各位堅實的知識基礎、清晰的說明與指引，以及在理論與實務上的穩固基礎。

ELIANA GIL, PHD

Starbright Training Institute

For Child and Family Play Therapy

Rockville, MD

致　謝

　　如果需要全村的人才能養一個小孩，必然也需要全村的人才能寫得出一本兒童繪畫的書。我要感謝下列這些人士，有了他們的協助，《兒童繪畫治療——繪畫：兒童的心靈之窗》這本書才能夠完成：首先也是最重要的，Susan Spaniol 在最早的時候閱讀了本書最初的草稿，指出了書中的優點和缺點，並提供見解深刻的回饋；Nancy Boyd Webb 分享實務上的建議，幫助這些文字成形，並讓所有工作對象是兒童的專業人員，感覺其內容具有「親和力」；Carol Thayer Cox 和 Lori Vance 同為朋友與同事的慷慨與寬容；Ian Vance-Curzan 的繪畫及封面作品；Rawley Silver 和 David Henley 提供插圖；以及 Eliana Gil 親切地為本書撰寫序言。

　　特別要感謝 Rochelle Serwator 提供嚴謹的編輯上建議、修飾語句，與完成檢查校正。她的建議與引導對於本書的發展不僅價值非凡，並且對於我的持續成長，與作為一位作家也有極大的幫助。

　　最後，還要感謝以創造性表現讓我激發思考的兒童，豐富我的臨床工作，並讓這本書終於能夠實現。

前 言

就以我身為一位藝術教育者、藝術治療師和臨床諮商師的所有經驗當中，了解兒童的藝術已經變成一種個人發展進化的過程。在我所有與兒童相處的過程當中，透過他們的繪畫所傳達的訊息不斷地令我震懾與驚訝，並經由他們的藝術表現學習到相當多關於他們的事。由於這些幸運的遭遇，我發現繪畫提供給治療師的是一項強有力的工具，能夠了解兒童的想法、感受、夢想、衝突與擔心，以及他們對這個世界的知覺與想像。

在寫這本書時，使我有機會回憶起在我與兒童一起的許多經驗，從他們的繪畫中進而塑造我的人生觀。在我最早的經驗中，有一次在我家鄉康乃狄克州，所舉辦的一場小型夏令育樂營，我在那兒與一位害羞而且退縮的八歲女孩發展出一種關係。經過回顧，我了解到這位女孩可能很憂鬱，她來自一個麻煩的家庭，可能還有情緒上的其他問題。然而，在她與我一起繪畫的那個下午，最讓我印象深刻的是她所表現出來的愉悅與舒適。雖然她的行為和舉止，通常都會讓其他兒童和育樂營的工作人員誤會，但是看起來她似乎是透過繪畫，辛酸地訴說著自己，她是因為憂鬱、害怕以及缺乏自尊，而無法以口語的方式來作描述。我想她知道我能夠透過繪畫而了解她，而且我能夠接納經由她的圖畫所描述的事。實質上，我們已經發現能夠讓彼此互相擁有安全感與互相尊重的共同點了。

從那次經驗之後，我繼續接受訓練成為一位藝術家，事實上是成為一位藝術教育家，那是我在那次暑假工作後，發展出對兒童興趣的自然結果。我變得對兒童藝術感到興趣，不只是因為我面對兒童的經驗，還包括因為我覺得那對兒童或是成人都是一種真實表現自我的方式。如同許多藝術家一樣，我通常會應用藝術來了解和察覺我自己在

生活中的創傷。在文字無法適當表達或傳達意涵時，藝術的經驗能夠成為我了解人們的失落、危機和情緒變動的鑰匙。

我在大學畢業之後成為一位藝術教育者，在一所私立小學教導年幼的兒童，後來並在公立高中教導青少年們學習藝術。在這些兒童及青少年之中有些人很有天賦，有些則表現得很「普通」，有些則是有身體上、發展上或是情緒上的問題。身為一位藝術教師，使我有機會與數以百計的兒童互動，了解到繪畫對於兒童而言，能夠代表很多東西——發展、人格、情緒、人際關係，以及文化和社會的影響。

尤其是有一位在公立學校修藝術課的青少年男學生，他深刻地加強我對藝術表現的想法。透過繪畫作品，他漸進地開始與我分享，表達他對父母親向他施虐的憤怒，對他家庭狀況的絕望，和他對自我毀滅的感受。雖然那時候我尚未接受過心理學或藝術治療的訓練，但是我了解到他所對我分享的藝術，揭露了他的絕望以及想要自殺的想法。這是透過他的藝術作品，幫助我了解他情緒上的痛苦與憂鬱，並在他展開結束生命的計畫以前，容許我介入他的行為。自從這次的體驗與其他兒童和青少年的經驗，我學習到繪畫的力量，視覺的意象能夠傳達出個人最痛苦和無法言喻的部分。這些非語言訊息所能夠傳達的訊息，在某些例子當中，甚至能夠拯救生命。

我對青少年方面的經驗，使得我對藝術的心理學變得更感興趣，引領我回到研究所繼續接受成為藝術治療師的訓練。我在研究所接受有關藝術治療的訓練，改變我的生涯進程，進一步更接近兒童和青少年的臨床工作，常常出入醫院、庇護所以及學校。我畢業後的第一份工作，是在一所受虐婦女與其子女的庇護所擔任藝術治療師，他們大部分遭受的創傷是家庭暴力，而且通常也有遭受身體虐待和性侵害的問題。在這些兒童身上，我學習如何透過藝術來傳達這些創傷的影響，而且對於許多曾遭受虐待或親眼目睹暴力的兒童，認識到藝術是傳達他們經驗和危機的唯一管道。能夠描述憂鬱、焦慮、害怕和孤獨，以令人訝異的方式出現在他們的繪畫中，在無法用文字表達時，

藝術展示出能夠反映與容納情緒的力量。

　　後來我在醫院中工作，面對患有癌症、腎臟病、燒傷、意外受傷和整形等各種不同問題的兒童。除了那些仍深陷在情緒問題中掙扎的兒童之外，他們身體的狀況也都會浮現在他們的藝術創作當中。在他們的繪畫中也會很明顯地出現另一個要素：那就是受到嚴重疾病或生命情況危急之威脅的兒童，他們在心靈方面的議題。這些兒童的繪畫變成是一塊展示的空間，不僅能夠顯示出危機與失落，還能夠呈現他們對上帝、天堂、死亡和臨終等情況的感受與知覺。

　　今天，在我成為一位治療師、督導者和顧問的工作當中，很興奮地能夠看到許多工作對象是兒童的助人專業工作者，都能夠了解治療中的獨特繪畫潛能。兒童繪畫之所以令人著迷，不僅是因為那些喜愛兒童藝術的純真與魅力的人們，更因為是如心理學家、精神科醫師、諮商人員、遊戲治療師、社會工作者和其他心理健康專業人員等，他們認為可以應用兒童的藝術表現來作評量及治療。許多助人專業人員很希望知道如何解釋兒童的繪畫，以及著手如何去了解它們的可能涵義。更重要的是那些面對兒童工作的人，了解繪畫是一種適合兒童的溝通方式，它容許有某種程度的舒適以及一種安全感，有時只透過談話的治療是無法做到的，還能夠在對兒童進行治療時，提供與兒童互動的另一種替代方式。在出現以短期方式的治療和次數有限的晤談，如期完成治療所增加的壓力，愈來愈多的治療師發現，繪畫能夠幫助兒童很快地傳達出相關的議題及困擾，得以迅速地進行評量及介入。

本書的目的

　　本書的目的是雙重的。首先也是最重要的，它為多重向度觀點的兒童繪畫提出一個概要的敘述。在過去數十年間已經出版了許多書籍及文章，討論繪畫應用於評量和治療的目的。雖然有相當多的素材描述如何應用兒童的繪畫，但是仍很難讓治療師輕易地獲得有關兒童繪

畫的完整概論資訊。

除了敘述有關兒童繪畫必備的基本論點，並將歷史與當代研究、和我本身的經驗統整在一起，將這些素材濃縮成為實用的資訊，以期治療師能夠透過兒童繪畫更深入地了解兒童。除了兒童繪畫包括各種不同意義的資訊外，注意力應特別放在從不同觀點來解釋繪畫（發展的、情緒的內容、人際的、身體的和心靈的觀點），以及前後脈絡影響的重要性。雖然我原來的訓練是成為一位藝術治療師，但這本書是希望能作為兒童心理健康專業整個寬闊領域的指南手冊，它是以心理學家、諮商師、社會工作者和遊戲治療師的觀點來撰寫的。

本書所希望達到的第二個觀點，是幫助治療師「面對兒童及他們繪畫的方法」。在面對兒童的治療工作中，繪畫能夠很快地引入與治療相關的表面性議題，由此可增進治療師的能力，進行介入並幫助這位遇到麻煩的兒童。這本書提供了實用的指引，有關在繪畫的過程中如何幫助兒童，要問些什麼問題、何時問，以及如何幫助抗拒繪畫的兒童。繪畫的過程和治療師在這過程中的角色，都是了解兒童及其繪畫不可或缺的部分。

這本書同時強調要了解兒童藝術表現的現象學，以及了解這些表現，是許多因素和影響錯綜複雜的反映結果。如果治療師能夠把繪畫只用在治療上的特殊診斷，或某一圖象只有單一的涵義，這樣的觀點放在一旁；在治療中他們就可以有許多種方式來作反應，並透過繪畫來幫助兒童。本書中從多向度觀點來呈現兒童的繪畫，治療師能夠自然地學到更多有關兒童的經驗，也能了解到更多有關他們的問題及其潛能。

這本書不斷反覆地出現一項中心議題：提供給兒童能夠透過繪畫溝通的一個機會，這很容易成為每一位治療師在所有方案中的一項策略。大部分治療師，至少在他們年幼的兒童期，都曾經有過繪畫的經驗，在繪畫上使用像是鉛筆、蠟筆和氈頭麥克筆等典型的媒材，如同成人一樣地熟練。而且，對於專業人員希望在兒童身上應用治療性的

藝術活動，開始時繪畫是一項最容易使用，而且最簡單的媒材之一。
雖然其他的形式也能夠幫助兒童表達他們自己，但是在提供廣大範圍
的各種表達形式中，繪畫仍然是最為經濟的方式之一。

　　最後，雖然了解兒童透過他們的繪畫所要傳達的事物，是本書的
最主要目標，但是也要去了解在繪畫的過程中，具有影響力之過程的
發展情形。我相信治療師在面對兒童時，不只會深深地著迷於他們的
繪畫所敘述的故事，也能知道在治療時，如何藉由繪畫而對這些兒童
有所助益。藝術真的能夠為兒童的疑難問題、創傷記憶和其他強烈或
麻煩的經驗，開啟一扇窗口時，其實最主要的目的是給予兒童一種分
享感受、觀念、知覺、幻想和對自己、別人，以及環境之觀察的另一
種語言。經由對兒童藝術表現具有多重向度觀點的接納與尊重，治療
師能夠促進兒童對於想法、感受和觀念的探索，透過圖象而不只是文
字，提供給兒童和治療師之間的一種溝通方式。用這種方式，繪畫能
夠作為一種增進互動與互換的催化劑，因此展開治療師與兒童之間的
深度關係與效能。

目　錄

第一章

從歷史的觀點看兒童繪畫

A Historical Perspective on Children's Drawings

　　從過去的這個世紀以來，從情緒和心理的觀點來看兒童的藝術表現，它的魅力有增無減，其中以心理學界、心理治療學界和藝術治療學界尤其如此。不可否認地，繪畫被認為是兒童表達他們自己最重要的方式之一，並且再三地與人格和情緒的表達連結在一起。一般認為兒童的繪畫能夠反映出他們的內在世界，描繪出各種不同的感受，以及和心理狀態與人際模式有關的資訊。雖然兒童可能用繪畫來探索、解決問題，或只是以視覺的方式來表達想法與觀察到的事物。然而整體而言的共識是，藝術的表現是獨一無二的個人表達方式，它們同時包含著意識和潛意識的意涵，而且能夠從許多不同的觀點來代表創造這些圖形的兒童。

　　大部分面對兒童工作的治療師，認為繪畫是一種有效的治療手段，因為它可能用語言所無法表達的方式，來幫助兒童表現他們自己。然而，因為以繪畫的方式來面對兒童，是如此的普通與自然，許多治療師可能會認為，運用藝術表現的方式來對兒童進行衡量與評估，對他們而言只是一種正常遊戲活動的延伸，而在廣大的兒童藝術表現研究歷史中對此並不熟悉。實際上有關兒童繪畫的研究，在精神病學、心理學、藝術治療和教育的領域中，已經有很長一段時間的傳統了。兒童藝術長久以來的魅力，已經產生大量的資料，知道兒童如何應用繪畫來表達他們自己，供給那些對兒童應用繪畫的臨床醫師、諮商師和教師們，所應當知道的資訊。

　　本章簡短地回顧過去一百年來，曾經以各種不同的方式進行探討、研究、或是調查的兒童繪畫。當一位治療師把繪畫當作評量、介入、或是治療中的一部分時，首先要感謝的是長時間以來在臨床方面的應用、投射性的繪畫測驗，以及近幾年來的許多發展，使我們對於兒童繪畫中，所能夠顯示出有關發展、認知與心理的層面，有了更多的了解。這些所有的觀點能夠提供那些以繪畫協助兒童，進行治療的專業人員，對於兒童藝術所表達的種類、形式和內容，能夠擁有更為完整的基礎，對兒童能有更正確與完整的知覺，進一步能在治療時大

幅地提升與適切地運用兒童的繪畫。

第一節　投射性測驗：以繪畫測量智力和人格

（Projective Tests: Drawings as Measures of Intelligence and Personality）

　　已經有超過一百年以上的時間，有一種趨勢將藝術的表現與創作者的人格連結在一起。從十九世紀末到二十世紀初，在歐洲逐漸對有心理疾病、生活在收容機構的成人，和許多被認為是病人所畫的東西產生了興趣，能夠作為精神病理學在診斷時的輔助（MacGregor, 1989）。此一時期的大部分作者相信，有心理疾病之病人的藝術表現能夠確定他們的診斷，其中精神分裂症尤其如此。例如，Tardieu（1872）的 "Etude Médico-Légale sur la Folie" 中包括病人繪畫的複製品，提供了合法的、所能為大家接受之心理疾病的診斷標準。Simon（1876）出版了一篇名為〈想像與瘋狂〉（Imagination and Madness，原文為 L'Imagination dans la Folie）的文章，其中包含由心理疾病患者所繪圖畫的一系列研究。Lombroso（1895）同樣也觀察到那些由心理疾病患者所畫的圖畫和作品，對於這些病人的心理狀態提供深入的理解。

　　在一九二〇年代間，Hans Prinzhorn 原是一位藝術史學者，轉業成為精神科醫師，向全歐洲各醫院或醫師徵求精神病人所創作的藝術作品。他蒐集了超過五百位病人，近五千份的藝術作品，這些成果後來成為出版《心理疾病的藝術表現》（*Artistry of the Mentally Ill*, 1972）一書的基本架構。這樣的蒐集行動引發對於一些想法的注意，也就是藝術的表現具有診斷上的價值，並在復健方面扮演重要的角色（MacGregor, 1989）。

　　現代的心理學之父佛洛依德（Freud）與榮格（Jung），都對藝

術、象徵符號與人格之間相互連結的情形感覺到興趣。佛洛依德觀察到描繪遺忘或受到壓抑之記憶的意象，這些象徵符號可能會透過夢境或藝術表現浮現出來。他寫出會出現在夢境中的意象，報告中並表示他的病人經常說可以把他們的夢境畫出來，但他們並不能用文字來描述它們。佛洛依德也相信普遍存在的人類衝突與神經症狀，能夠刺激藝術家從事藝術創作。實際上此一觀察激勵了、也堅定了藝術表現，能夠成為了解人類內在心靈世界的途徑之信念。

　　榮格以另一種不同的方式來看待意象，他把它們的重要性放在更具有普遍性的意義上。榮格特別對藝術表現的心理內涵產生興趣，其中包括他自己以及他的病人們的繪畫。與佛洛依德不同的是，他從未要求他的病人畫出他們的夢境，榮格時常鼓勵病人們只是去畫。他說：「畫出在我們面前所看到的東西，是一種不同於畫出我們所見到之內在世界的藝術」（1954; p.47）。榮格了解意象與心靈之間關係的重要性，他也透過對視覺藝術中固有的原型（archetypes）與普遍性（universalities）的研究，發展出能夠了解意象之象徵意涵的基礎。透過對象徵事物的幻想，正是榮格所謂心靈有進化發展的企圖，在包含有創傷或悲痛的例子中，會找出途徑來治療他們自己（Jung, 1956）。

　　雖然或許在兒童繪畫中總是會有一些迷人的部分，但是關於兒童藝術的正式研究，卻是在二十世紀當中，對心理疾病患者的藝術產生興趣之後，也就是在佛洛依德和榮格的聲望日隆之際，才逐漸地展開。對於兒童繪畫的注意，則是與對精神病患創作藝術的注意，和當時兒童心理學的發展，約略屬於同一個時期。早期研究兒童藝術表現的重心，圍繞在觀察兒童們畫些什麼，以及在不同年齡兒童的繪畫有何不同。Cooke（1885）早年有一份以兒童繪畫為主題的研究，他撰寫了一篇關於藝術能力之發展階段的論文，並強調這項發現在兒童教育方面的重要性。Ricci（1887）也出版了一本對於義大利之兒童繪畫的觀察，這很可能是有史以來，最早蒐集關於兒童繪畫作品的紀錄（Harris,1963）。在十九世紀末和二十世紀初的交界之際，有很多關

於兒童藝術表現發展水準方面的論述，討論不同階段的兒童如何表現他們的藝術行為。（Harris 曾對這些很早期的研究作過一次廣泛的歷史性回顧，更多的資料請參見第四章第一節兒童藝術發展的水準。）

　　早期兒童繪畫的研究開始於強調決定智力水準方面的應用。Burt（1921）以「畫一個人的繪畫」作為幾項智力測驗其中的一項，結論認為繪畫與兒童智力水準的相關性，遠低於閱讀、數學運算或寫作技能等測驗。然而，他卻察覺到兒童繪畫的優點，也正是因為它與算術或寫作等學得技能有較低的相關。Goodenough（1926）與後來的Harris（1963）探討人物繪畫的年齡常模，發現繪畫與心智年齡（mental age）的相關性，高於依序發展的實際年齡（chronological age）。

　　Goodenough（1926）發展出前面所提到的「畫一個人測驗」（Draw-A-Man; DAM），她的假設是建立在繪畫表現與兒童的心智年齡有關，這樣特定的觀點，甚至可以用來測量智力。會選擇畫一個人作為主題，而不是畫一棵樹，是因為它的普遍性以及兒童們的偏好所致，這在不同的文化間會被認為具有較大的變異性。Goodenough會考慮各個細節的總數、身體部位之間的正確比例，以及線條的流暢和部位的統整，所顯示出來的動作協調性。

　　Goodenough也觀察到DAM測驗除了測量智力之外，還能夠顯示出人格的特質；這個觀點後來也受到 Buck（1948）、Machover（1949）及其他學者們的支持。在對兒童的工作上，於二十世紀的前半世紀當中，人物繪畫測驗持續地受到歡迎，並且出現許多投射性繪畫測驗方面的主題。一般認為以直覺的方式，兒童的人物繪畫能夠提供有關他們自己，以及他們對於其他人知覺的重要訊息。兒童的繪畫除了以人物繪畫來評量智力之外（Burt, 1921; Goodenough, 1926; Harris, 1963），其他的理論學者和研究學者則開始把兒童繪畫視為發展（Koppitz, 1968）和人格特質（Koppitz, 1968; Machover, 1949; Hammer, 1958）的指標。

投射性繪畫測驗的出現（Emergence of Projective Drawing Tests）

約在一九四〇年代，繪畫能夠用於決定情緒狀態以及人格的觀點開始興起，而且也開始研究將繪畫視為內在心理狀態的視覺化呈現。「投射性繪畫」（projective drawing）一詞的出現，連帶的投射性繪畫測驗也開始發展，這都是基於大家所公認的一個信念，就是投射性繪畫能夠反映出創作這個圖象的人，他個人內在的心理狀態及其主觀經驗。投射性技術不只包括繪畫，還包括一些像是語句完成測驗（sentence completion test）、羅夏克（Rorschach）的圖形測驗、主題統覺測驗（The Thematic Apperception Test; TAT），以及文字聯想測驗（word association test）等不同的測驗工具。

投射性繪畫測驗是基於兒童會依其反應畫出如人物的特定圖形，或畫出像是房屋、樹木、人等屬於普遍性主題的觀點，其中會反映出個人的人格、知覺以及態度。繪畫被認為是一種替代性的自我表達方式，能夠讓孩子呈現以文字所無法呈現出來的訊息。基於繪畫能夠表現出投射性內容的觀點，以測量人格為目的的各種投射性繪畫，紛紛出現在心理學與精神病學的文獻之中；從一九四〇年到一九五五年之間，發行了非常多關於這一方面應用的研究〔請參考這段期間內的《投射技術期刊》（*Journal of Projective Techniques*）和《臨床心理學期刊》（*Journal of Clinical Psychology*）〕。

其中為大家所熟知的投射性繪畫測驗是 Buck（1948, 1966）的房－樹－人（House-Tree-Person; HTP）測驗，是在同一時期所發展出來之智力測驗的一項輔助性工具。選擇這三個主題（一個房子、一棵樹和一個人）是因為這些素材，對於甚至是非常年幼的兒童都非常熟悉，且他們有能力去激發聯想以及投射。Buck 宣稱 HTP 能夠促進意識以及潛意識之間的連結；例如，房屋被認為能夠提供家庭與生活在家庭中人們相關問題的訊息，而樹則被認為能夠代表兒童心理的發展

以及對環境的感受。房、樹、人繪畫的評估，可以根據細節、比例、應有的特徵是否出現，以及透視法和顏色的使用，在協議的過程中可以要求以彩色的方式來繪畫。問卷也可以作為評量程序中的一部分。

在當時所有的投射性繪畫測驗中，Machover（1949）的畫一個人（Draw-A-Person）投射測驗和用於個人投射的人物繪畫活動，似乎是最為大家所熟知的，在所有包括兒童所作之人物繪畫測驗的臨床應用研究中，主要幾乎都受到它的影響。除了 Machover 的研究中仍有一些問題的觀點與假定（Golomb,1990）之外，它仍然影響了許多今日的臨床醫師以及研究學者（Drachnik, 1995; Hammer, 1958, 1997; Jolles, 1971; Cantlay, 1996; Mitchell & McArthur, 1994; Oster & Montgomery, 1996; Wohl & Kaufman, 1985）。而她的理念架構，主要是源自於心理分析的理論，其基礎是建立在下面所說的這個信念之上：「一個人被引導要『畫出一個人』時所畫出的人物繪畫，與這個人所受到的刺激、焦慮、衝突和補償等特性有密切地關係；也可以說，人物繪畫是這個人、紙張和環境之間的關係。」（p.35）。

從 Machover 對於繪畫的假設性描述，可以很明顯地看出來，特別是那些人物特徵，能夠代表創作者衝突的想法、防衛的機轉、精神官能症狀以及病狀。她將特定象徵符號的意涵與部分人物特徵及繪畫中的其他細節連結在一起，如鈕釦、口袋、煙斗等。Machover描述出繪畫中所有的內容與結構要素，並指定出何者才是最重要的；但是，她的研究結果並非總是支持她的假定。雖然她堅定地表示無意發展出一張列表，將某個單一要素連結到特定的診斷，但是在她的研究中卻經常將特定的特徵以權威性地解釋為固定的涵義。Machover很強調在人物繪畫結構上的特性（大小、線條、陰影和構圖），比身體、衣著或其他細節的部分還要更為可信，但是在她所有人物繪畫研究的領域中，似乎只有根據臨床上的觀察，而沒有經過實證性的研究。

Koppitz（1968）為兒童畫建構出一種發展性的評分系統，在自我概念（self-concept）的部分似乎與Machover的概念大致相同。她觀察

一位兒童所畫的人物畫，不管他所畫的是男孩還是女孩，其實就是代表這位兒童自我內在的反映：

> 以非特定方式的指導語要求畫一個完整的人，似乎能夠引導
> 兒童看到自己的內在，並且當他試著去捕捉一個人的要素
> 時，而能進入自己的內在感受。一位兒童最了解的人，就是
> 他自己；他所畫的一個人繪畫，因此變成是他的內在自我、
> 他的態度的畫像。（p.5）

Koppitz對於兒童繪畫的研究，雖然她對人格的評量也很感興趣，但一般認為它還是一種評量智力的工具。

她對兒童人物繪畫的分析與其他的繪畫測驗不同，在這些測驗中，她創造出分開評量的量表來判斷發展水準與情緒指標。她彙集了一張「發展」（developmental items）的列表，視覺方面指標在幼小的兒童中很少出現，但是會隨著年齡而增加出現的次數；而其中許多項目的基礎都是建立在早期Goodenough（1926）的研究之上。根據Koppitz 的說法，所有的兒童大約都是在十歲左右，才會在繪畫中出現這些項目。

Koppitz最初研究的對象是五到十二歲的兒童，她根據不同年齡水準的兒童，建立詳細的特質一覽表。後來她把對兒童人物繪畫研究的年齡擴展到十四歲，並觀察到人物繪畫中細節依序遞增的情形在十一歲以後就停止了。

Koppitz也對兒童繪畫中的投射性內容進行研究，在兒童繪畫中尋找具有情緒問題指標的特徵。她從繪畫中描述了三十項可能表示有情緒衝突的具體特徵，觀察的焦點集中在繪畫的品質（對稱、陰影和統整），以及各種年齡層出現罕見的特徵或是缺乏期望中的特徵等。然而，與Machover不同的是，Koppitz並未以傳統的心理分析理論作為她的理論架構。取而代之，她應用的是Sullivan的人際關係理論（theory of interpersonal relationship），這是一種強調自我（ego）心理學以

及意識過程（conscious processes）的哲學。相對於 Machover 的觀點，Koppitz 更有興趣的部分是，兒童以怎樣的觀點來看待他們自己與重要他人，以及他們對於問題與衝突的態度。這種哲學更能夠「以現在為中心」（present-centered），它能隨著發展、人際和情緒的因素，檢驗兒童此時的狀態和感受。

儘管其他的人也嘗試以投射性的觀點，以定義與更精緻的方式來看待兒童的繪畫與其他的藝術表現。然而仍有許多像這樣的個人或其他的作者，是特別值得一提的。Alschuler 和 Hattwick（1947）觀察到在年幼兒童的人格與如何著色之間的關聯性。他們將學齡前的兒童和畫架上的畫筆、顏料、紙張連在一起，以產生衝動控制、人際技巧，以及表現出的顧慮與感受。他們的研究雖然著重在強調兒童繪畫與人格之間的發展性觀點，但是他們仍然在視野與群體方面受到限制，並且在方法學上遭遇到困難。DiLeo（1970, 1973, 1983）也希望把兒童繪畫作為診斷心理問題的輔助工具，然而 DiLeo 的結論比 Machover、Buck 和 Koppitz 等人更加地不明確。但值得注意的是，DiLeo 企圖將兒童畫繪與藝術理論、人類成長和人格連結在一起。

投射性繪畫測驗的疑惑面（Problematic Aspects of Projective Drawing Tests）

繪畫在投射上的應用，特別是 Machover 和 Koppitz 的研究，成為許多學者與臨床醫師們的批評對象，他們相信繪畫並不容易根據特性來分類，而且投射性繪畫測驗並未能考慮到兒童多面性的觀點。許多對於投射性繪畫結果感到質疑的人，指出對臨床兒童繪畫之解釋的觀點是存有疑義的（Golomb, 1990; Martin, 1988; Roeback, 1968; Swenson, 1968）。例如，呈現出如作者 Machover 和 Koppitz 對於那些象徵符號所作的文字解釋，而其他的人則會為了符合細節或省略，以形成某一單一的意涵，因而降低了對於繪畫的了解。這種以逐一符合的方式，

把繪畫的特徵與意義連結在一起，使其相當程度地受到限制。

雖然研究中持續探討有關兒童繪畫中所包含情感與認知的成分，但是對於藝術表現的意義與目的並未形成明確的共識，對於其內容也沒有單純與可靠的解釋方法。對於如藝術作品這樣複雜的事物之解釋或正確的描述，也仍然存有許多疑問與顧慮，特別是以個人的特徵、省略的部分、或不常見之繪畫細節等方面的列表資料。在最大的範圍裡，投射性繪畫作業對所謂正常的兒童繪畫，缺乏所應包含的重點或識別方法。Golomb（1990）也指出一般很少注意到繪畫的發展性觀點，來讓治療師們能明瞭什麼樣的特質叫作正常，什麼樣的特質是顯著的或是重要的。雖然部分治療師持續地以投射性繪畫作業的資料來解釋兒童繪畫，但是這卻是一種瑕疵性的做法，因為它並未考慮到藝術表現的多面性，以及創造這些繪畫時的兒童本身。

當評量兒童時，大部分投射性的繪畫作業都是趨於心理分析的傾向，而受到相當程度上的限制。以心理分析的觀點來分析藝術的表現，可能過於簡化與受到約束，限制了對兒童以更完整、更無偏差的其他觀點，來觀察兒童作品的各種可能性。例如 Machover 的假定，雖然廣為引用並應用在兒童身上，但卻不曾接受過良好的檢驗，卻以嚴謹的方式論斷兒童與成人的人格，特別是衝突、焦慮和其他情緒困擾，有幾項研究特別批判這樣的人物繪畫觀點（Roeback, 1968; Swenson, 1968）。這是以投射的方式來強調疑難的問題：有許多例子，他們僅是用來鑑定病理學，而不是以更寬廣的觀點來看待問題。

投射性繪畫作業也開始出現效度和信度方面的問題（Martin, 1988; Malchiodi, 1994）。大部分的研究發現，已經有數年、甚至數十年之久，這些文獻經不起重新探討或再次建立常模。另一項投射性繪畫測驗所受到的批評是，它對文化、性別、社會階層，以及其他因素都缺乏敏感度。例如，以繪畫測驗來測量兒童的智力，更有可能是測量這位兒童符合西方文化標準的程度為何，而不是測量他的普通智力；也可能有性別觀點上的偏差，這些繪畫測驗的設計是用來評估智力的，

卻以一種受到挾制的觀點,來強調認知、身體知覺和情感表達。而且,許多投射性繪畫的研究是以成人作為樣本,而一些臨床醫師卻在面對兒童工作時,錯誤地應用這些資訊。

投射性繪畫測驗的出現以及長久以來在臨床上的應用,使得是否適合以藝術表現來診斷兒童的問題逐漸浮現。有關以兒童繪畫來界定可診斷疾病方面的考慮並不是一項新的嘗試,然而,在 Goodenough(1926)早期對兒童人物繪畫方面的研究,就對那些為兒童使用繪畫測驗的人們提出警告,以藝術表現的方式來診斷是有其限制的。她強調地指出:「這裡報告所提的事實絕不是意圖傳達這樣的印象,亦即作者能夠經由繪畫為孩子診斷精神疾病的傾向,這樣的主張是沒有證明的。」(p.24)她的觀察認為兒童繪畫不能、或許也不應用來診斷疾病症狀,她強調藝術的表現並不容易以單一特質來進行分類,使用投射測驗的治療師應當尊重兒童在表現活動中的個別性意義。

第二節 以多元的角度來了解兒童繪畫

(Multidimensional Approaches to Understanding Children's Drawings)

很明顯地,投射性繪畫測驗和以心理分析為基礎的哲學,對於這個世紀的治療師看待兒童繪畫的觀點已經造成了顯著的影響。然而,還有許多其他具有重要影響力的理論觀點,以更完整的角度來了解兒童的藝術表現。雖然某些投射性繪畫測驗所得到的資料,能夠以受限的角度提供兒童的人格、發展和認知能力的觀點,但是看待兒童藝術更完整的方式,很明顯地必須以多元的角度來陳述兒童的表現內容。由於大部分治療師對兒童使用繪畫,是在治療的情境中而非在作診斷,能夠有更多的方式來了解兒童透過藝術表現所要傳達的是什麼,通常是必要而且有助益的。

溝通、表現與問題解決 （Communication, Expression, and Problem Solving）

　　心理學家、治療師、諮商師與其他人們，長時間對兒童以非正式的方法來實施繪畫，這種並不是特別設計用來評估、診斷或評量兒童的方式，但是卻可以為兒童提供一個溝通主題、感受和其他經驗的管道，而且透過自我表現的方式來探索、創造和解決問題。Rudolph Arnheim 堅持以非主流的方式來思考兒童的藝術（1969, 1972, 1974）。Arnheim 是一位心理學家，他以一種不同的觀點來思考藝術表現，脫離了從一九四○年到一九五○年間，心理分析占有優勢影響下支持的信念，僅以兒童的藝術作品為一種智力的指標，或認為繪畫僅代表創作者的情感衝突。他變成一股重要的勢力，在本質上以藝術為主的觀點來看待兒童的藝術活動，同時看重美學和認知上的重要性，以及透過視覺形式在媒材與理念發展上的相互影響。如 Golomb（1990）所述：

> 我們要將榮耀歸功於 Rudolph Arnheim，他讓學習兒童藝術的學生們，從窄化我們對兒童藝術本質的認識，能讓他們自己從束縛的觀念中釋放出來和應該如何去學習的觀點。
>
> 他的研究已經為一種新的藝術心理學奠定了基礎，並且也為兒童藝術象徵的領域，提供了必要的概念化工具，使得它擁有自身本質上的規則和發展的統整性。（p.2）

　　在這過去的數十年間，我們能夠以更新的觀點來看待兒童繪畫，不僅僅是為了評量和衡鑑上的目的，更是因為它在治療和處置上的重要性。兒童的藝術表現能夠有助於治療介入，而能日漸顯著形成趨勢，於是形成藝術治療的領域。二十世紀初期，在精神病學、心理學和教育等領域，對於藝術裡圖形和象徵符號的涵義產生興趣，刺激了

後來一九四〇年到一九五〇年藝術治療領域的發展。從那個時候開始，藝術治療師們好奇於藝術表現所代表的意義，了解與認識兒童在治療時所創作出來的作品，逐漸增加其強大的影響力量。藝術治療的重點並不只是要辨認兒童所表達作品的涵義，還包括要了解藝術創作的作品和過程的複雜性。更重要的是，相對於早期投射性繪畫的應用，是把大量的焦點放在圖象的圖形特徵之上；藝術治療師雖然也對圖形本身感到興趣，但他們也鼓勵兒童對繪畫表達出他們的想法。這種一定要了解對兒童創作過程時想法的堅持，表示兒童的觀點對於治療師而言是很重要的，以及兒童的藝術表現是有其個人意義的。

藝術治療在美國能夠成為一種專業，一般都認為歸功於 Margaret Naumburg 在一九四〇年代的努力，儘管同一時期可能還有其他人在探索相同的觀點（Junge & Asawa, 1994）。Naumburg 在了解兒童藝術方面完成了許多卓越的貢獻，開始於早期她在華爾多學校（Walden）對孩子進行有關藝術表現方面的探討，那是位於紐約市一所較前衛的學校，它強調教育過程中潛意識的重要性。在華爾多，相對於當時主流的傳統方式標準課程，Naumburg 鼓勵兒童透過以自發性藝術表現的方式來學習。

基於她在心理分析方面的興趣，以及在華爾多對兒童教學藝術的經驗，Naumburg 視藝術為一種象徵性的語言，並且斷定自發性的藝術表現對於心理治療的處置時非常有用（Naumburg, 1947, 1966）。相較於這個世紀初的投射性繪畫測驗，Naumburg 在她對兒童與成人進行研究時，對於藝術的價值與意涵作了一些重要的區別。首先，她視治療中的藝術經驗，為當事人與治療師之間一種象徵性的溝通方式。更重要的是，她肯定自發性創作之藝術的價值，而不是經由特殊設計的測驗所產生的圖象。這不僅讓藝術治療專業與其他領域區分開來，而且為更廣泛的應用與了解兒童視覺化的表達方式完成了準備。

Naumburg 對於藝術表現的觀點，與當時她視為顯示潛意識意象的方式一致，這是與二十世紀初期主流的心理分析看法大致相同的觀

點。在同一脈絡下，她也相信兒童與成人們的意象，是以視覺的型態表現出他們的內在衝突。Cane（1951）是一位藝術教育者，也是Margaret Naumburg 的親姊妹，她同樣領悟到在藝術創作中將情緒及創意結合在一起。她發展出透過音樂、動作、聲音和塗鴉，能幫助兒童自主地繪畫與著色的方法。她對於兒童的研究，不僅支持藝術表現能夠釋放潛意識素材的觀點，而且此種結合藝術與其他形式的特殊方法還能夠導致這種釋放。這種由 Naumburg 與 Cane 所共同發現的觀點，特別是對兒童自發性意象的研究與認識，造就了後來發展兒童藝術治療的基礎。

在 Naumburg 之後的數年，出現了一位藝術家、教育者，以及藝術治療界的先驅 Edith Kramer，她指出另一項本來就存在於兒童藝術創作中的重要成分。Kramer（1993）相信藝術治療中的治療潛能，存在於充滿創造性活動的心理過程之中。她強調創造不僅是溝通的視覺化象徵語言，更是兒童應用藝術過程進行治療的關鍵。

Kramer 的哲學發展始於一九三〇年代，那時她在布拉格為納粹德國的兒童難民設立藝術課程（Junge & Asawa, 1994），與精神受創的兒童們一起學習藝術表現的價值與意義。接下來她進行學校中以及住校學生的治療方案，了解到兒童在治療中的藝術表現，是屬於一種昇華的型態，是一種把衝動和情緒轉換成意象的行動。Kramer 對於兒童藝術表現之治療工作的許多貢獻之一，是治療師如何透過藝術來幫助兒童自我表達，她根據發展階段來教導適當的藝術技巧，讓兒童在治療中成為一個敏感、反應良好的人，甚至進一步介入與支持這位兒童，成為藝術表現之創造性過程中的「第三隻手」（a third hand）。這種以了解兒童在治療中之創造性藝術表現的哲學性貢獻，降低了那些以被動、安靜的姿態，進行心理分析觀察者的重要性，而這些人在繪畫的過程中完全沒有進行干涉或者介入。

在英國，一位小兒科醫師 Donald Winnicott（1971）進行了一項研究，探討兒童的藝術是否能夠成為治療師與兒童之間的溝通管道。他

發展出一項類似Naumburg和Cane的塗鴉式繪畫技術，他稱之為「曲線遊戲」（squiggle game），是由治療師和兒童共同創作一幅塗鴉的繪畫（例如：彎曲的線）。Winnicott會在紙上畫一條彎曲的線，讓孩子仔細地畫並把它轉換成其他的東西。然後由兒童畫出第二條曲線，治療師再根據這條曲線創造成另一個圖象。這項技術的目的是希望與兒童內在的想法和感受進行溝通，以及成為一種讓兒童對創造的圖象說出一個故事的方式。然而，這個曲線遊戲的設計本身並不是用來作為投射性繪畫測驗；更確切地說，它強調將繪畫作為治療師和兒童之間溝通的催化劑，幫助兒童透過藝術的表現來發展他個人的隱喻法。Winnicott所使用的是一種直覺的方式，而不是以根據特定特徵或細節的方式，來探索和判斷此一曲線畫的內容，這在溝通的意涵中強調出兒童角色的重要。

繪畫、遊戲與發展 （Drawing, Play, and Development）

　　Winnicott的技術是遊戲治療發展許多技術的其中一項，是一種在兒童繪畫所有知識範疇中另外增加的一個領域。遊戲使用於兒童治療上開始於一九二〇年代（A. Freud, 1926, 1946），運用遊戲、玩具和藝術媒材來建立與兒童之間的關係、解釋兒童的行為、協助兒童面對創傷及痛苦，並支持其成長與改變。許多遊戲治療師在面對兒童工作時，會運用繪畫及其他藝術方面的活動（Gil, 1991; Webb, 1991），但經常是附屬於其他的遊戲活動之中。有時這些藝術活動的使用是有目的的；也就是兒童們通常被鼓勵來畫一幅畫，或是接受指示畫一個特定的圖形。其他的治療師則可能運用一種更主動的方式來工作，允許兒童可以從遊戲中轉移到藝術活動，然後再轉移回來。遊戲治療師、心理學家或諮商員，把遊戲應用在他們對兒童的工作中，一般視兒童繪畫為一種非語言的溝通，以圖形的方式呈現問題和一種強化的遊戲治療過程。雖然除了軼事紀錄之外，遊戲治療領域僅有一些少數的文

獻資料，說明繪畫如何能夠具體地了解兒童，但是在遊戲治療師們的整體努力下，他們把藝術應用在工作中強調藝術和遊戲之間連結的重要性，以及連結兒童藝術表現過程的顯著性。

　　兒童的繪畫和藝術表現的研究，是從各種不同理論取向所了解的觀點開始。Rubin（1984a, 1984b）是一位藝術治療師與心理學家，她在兒童的工作中整合了藝術治療（art therapy）、創造性遊戲（creative play）、藝術教育（art education），以及心理治療（psychotherapy）。她的工作對象包括正常的、情緒困擾、特殊需求和殘障的兒童，凸顯出兒童如何根據許多不同目的應用藝術，獲得廣泛性的了解——包括獲得精熟、自我表現、自我定義，以及透過藝術抒發壓力、情緒問題以及創傷。Rubin 透過藝術了解兒童的哲學，同時強調兒童透過藝術以成長的天賦能力，以及治療師如何增強此一過程。

　　其他的學者則是以不同觀點及興趣來看待兒童的藝術表現，將藝術的發展、藝術教育、藝術治療和心理治療的哲學整合在一起，其中包括：在有特殊需求和殘障狀況時的發展性考量（Anderson, 1992; Henley, 1992）；創傷的影響，尤其是暴力與虐待（Cohen & Phelps, 1985; Malchiodi, 1990, 1997）；榮格學派取向與象徵符號的溝通（Allan, 1988）；以及固著在某一特定藝術發展階段的現象（Levick, 1983, 1986）。

　　從生物學、人類發展和人類學等領域的觀點，來研究年幼兒童藝術表現的形式及內容，相對於以往僅以心理學的觀點為基礎，能夠更增進對於兒童繪畫的了解。其中研究最為廣泛的是成長的觀點，使得兒童藝術表現的一般發展階段成為可能。Viktor Lowenfeld（1947; Lowenfeld & Brittain, 1982）是二十世紀最為大家耳熟能詳的藝術教育家之一，他指出兒童智力的成長與創造力的發展有關，並描繪出大家所熟知，可預測之兒童藝術發展階段的順序，這是延續更早期 Cooke（1885）、Burt（1921）及其他學者所研究的主題。除了藝術的發展之外，Lowenfeld（1947）也看到藝術在自我表現上的價值：

繪畫、著色或建構是一種複雜的過程，兒童把環境中各種不同的素材放在一起，組合成一個有意義的整體。在選擇、解釋、重新建構這些素材的過程中，他所給予我們的遠比一幅圖畫更多，他已經把自己的一部分也給予我們了。（p.1）

有些人（例如 Gardner, 1980 和 Winner, 1982）繼續 Lowenfeld 和其他人在藝術創作與兒童發展領域的研究。Winner（1982）強調兒童的藝術表現十分複雜，甚至非常年幼的兒童及他們在繪畫上的發展，都不是一種簡單、易懂的事物。Gardner 和 Winner 也都強調，兒童繪畫與認知能力發展程度之間的關係。

在兒童發展與人類學等領域的整合方面，Kellogg（1969）觀察到普遍所有人類都會發生的特定模式，由兒童所表現出的普遍性圖象，包括所有類似形式上的結構。她的蒐集和研究超過二十萬幅的兒童繪畫，展示了年幼兒童在藝術作品中所出現的普通形式、形狀和構造。Kellogg廣泛的研究勾勒出兒童圖畫的發展，從他們第一次嘗試在紙上所作的記號，到他們開始畫出像人、動物、樹木和房子等的代表性物體。其他的人則介紹藝術創作有生物上的理由這個觀念，在某種程度上，這樣的連結已經影響到兒童的繪畫活動了（Morris, 1962; Dissanayake, 1989）。

Silver（1978, 1988, 1996a）在了解藝術於智力和情緒發展上扮演的角色，已經奉獻超過二十年的時間。在早期她對聽障兒童和後來對學習障礙與成人中風病人的研究中，她採取認知的方法來分析兒童的繪畫，觀察到認知技巧能透過特定的藝術活動，來進行評估與發展。根據 Silver 的研究，兒童所畫的圖形能夠反映出他們的想法和感受，以及能簡潔地以幾道線條或形狀的方式，就能代表一個想法、人物、環境或觀念。希爾渥繪畫測驗（Silver Drawing Test）和 Silver 的後續研究，顯示繪畫能夠顯示出先後順序的能力，描述出高度、寬度和深度等空間的關係，以及具有以創造性的方式來選擇與結合的能力。她

的研究主張藝術表現能夠提供這三個領域認知發展的重要資訊，而這些並不是先前所述的早期投射性繪畫和其他繪畫測驗所描述的領域。最近 Silver 開始應用刺激繪畫（stimulus drawings），來研究兒童的憂鬱與性別差異（1996a）。

　　藝術治療發展的影響和治療師們在對兒童工作中所包含的藝術治療技術，強調出以繪畫來形成兒童與治療師之間溝通的重要性。藝術治療此一領域的趨勢，強調發明這項繪畫測驗之創造者的重要性，因為他對繪畫進行解釋、探索，最後甚至幫助治療師來決定它的涵義。這種看待藝術表現的方式，已經不再強調繪畫只是各個特質之聚合物的觀點，而只是把它區分或是結合到某一項單一的意義上。取而代之的，這種哲學更符合有實際經驗的、每天都在面對兒童與藝術、進行實務工作的兒童治療師，他們不只是了解兒童所畫圖形的意義，而且能以提供藝術活動的方式對兒童作治療性的介入。

　　而且，相對於投射性繪畫測驗，除了對那些特定繪畫活動或測驗所作的繪畫之外，藝術治療耗費了更多的能量關注於兒童的自發性繪畫和藝術表現。雖然他們僅能產出少數可以量化的資料，但是經由這些努力也產生更廣泛的觀點，來關注藝術表現的多重面向。他們強調所看的並不是現成的一幅畫，而是需要以更開闊的視野來看這幅藝術創作。所需要的不僅是從心理學的觀點來了解，還需注意到藝術的過程、使用的素材，以及這段時間兒童在藝術表現中產生的改變等。

　　而今，在藝術治療領域的研究者進行研究及了解繪畫的方式，是透過藝術表現的結構特性、藝術創作的過程和使用材料的效果，而不是像投射性繪畫只注重特定的項目、成分或省略的情形。例如，Gantt 和 Tabone（1998）發展出一種評量的工具，是在考量藝術表現的結構，而不是把焦點放在個人的特質上面。同樣地，Cohen 與 Cox（1995）也發展出一種整合性的做法，透過結構的特徵、過程和內容來了解藝術的表現。雖然這些藝術表現研究的焦點都是放在成人的藝術表現上，但是這兩種取向顯然都是以新的角度來看待兒童繪畫及其

他的創造性活動，因此不難想像對兒童繪畫所造成的影響。

第三節 結 論

（Conclusion）

　　這一篇簡短的章節對於各類哲學提供了一個簡要的概述，說明臨床醫師、研究者們的努力，試著去詮釋、定義與了解兒童繪畫。歷史上以兒童藝術為其助人專業的主要論述，大部分的焦點都是放在投射性繪畫活動或測驗上，反映出早期心理分析的觀點與圖形象徵意義之間的連結。雖然這些觀點部分可能支持兒童繪畫某些整體的趨勢，但是大部分的證據仍顯示這些測驗本身的視野受到限制，而且單一圖形特徵與人格和影響之間的關係也非常微弱。總之，這項工具的焦點是以人格的觀點，強調問題和病理症狀，至於將繪畫量化後的結果上，則大量犧牲了兒童藝術的複雜內涵。

　　很重要的是，要考慮到有許多向度以及可能的理論架構。大體而言，必須要尊重兒童視覺化溝通所包含的豐富性、獨特性、複雜性與自發性。兒童的藝術表現，就像兒童本身是一個個體，而且必須如此看待，存在於他們的發展、情緒、社會和文化等經驗的更大脈絡之上。

　　當投射性繪畫和其他以藝術為基礎的評量，被用於評量的目的時，大部分助人專業領域看待藝術表現的方式，並不只是為了得到最好的介入資訊或是計畫治療性的介入，而是它本身就是介入的方式，繪畫本身就可以進行治療。實際上，大部分治療師會以另一種方式來使用兒童繪畫，而不是以評量為目的，在治療中加入藝術活動是一種幫助兒童解決問題的方法，表達他們的感受與知覺，並克服那些正在困擾他們的情境、記憶或情緒。在這個觀點下，藝術表現本身並不是用來作為診斷與評量的手段，而是一種適合他們年齡、可以讓兒童藉

此作為敘述他們經驗的方式。當繪畫成為治療的一部分時，將不會需要也不可能應用以評量或診斷為目的的繪畫測驗資料，因為它們的目的是治療性的介入而不是評量。

　　最後，大部分治療師和臨床醫師除了使用如行為觀察、心理評量和自陳量表等其他工具之外，很可能都把注意力放在兒童繪畫之上。藝術的表現能夠補充或支援這些資訊，或者在大多數的案例中，於治療時提供兒童透過創造性的活動進行溝通和參與的管道。投射性繪畫測驗可能會被認為在信度方面的研究上，是有一些問題和陷阱的。然而，如本章所述，要能了解藝術表現的替代性方法，是需要根據大量的臨床觀察，而且到目前為止，尚未完成謹慎而完整的研究。儘管我們在認識、定義與體會兒童的創造性活動上，仍存在一些固有的問題，但是在兒童繪畫上的持續投入，反映出兒童的內在世界，凸顯出治療師持續鑽研兒童的藝術表現，使得繪畫在對兒童的評量與治療工作中，獲得不容質疑之重要性的共識。

第二章

兒童繪畫的內容

Children's Drawings in Context

　　對兒童而言，藝術創作是把許多不同經驗集合在一起的過程，創造出一些新鮮的、個人的、獨特的東西。繪畫的創作過程需要孩子去選擇與轉化，安排線條、形狀與顏色，傳達出一種想法、感受、事件或觀察，把內容、風格、形式和成品等許多成分綜合在一起。因為有如此多成分與經驗集合在兒童的繪畫之中，要以簡單的方式來對他們的創作進行說明與詮釋，那幾乎是不可能的。

　　在助人專業者如果對藝術不曾有過廣泛的經驗，他所看的兒童繪畫可能就像一幅令人迷惑的作品，或更不幸地，將它視為能否檢查出問題或病狀等特定特徵的簡單過程。事實上，從長遠的角度來看，把繪畫視為是令人迷惑的，對兒童而言可能會是更有幫助的，因為至少他是以開放的態度來看待兒童作品。如果僅把兒童的藝術表現視為一系列的構成要素和診斷特徵，那可能會是更有問題的，而且並未考慮到兒童在創作時的背景，或是具有多重涵義的可能性。如果採用這種狹隘的觀點，治療師可能會在看藝術的表現時，只帶著某種目的去分析它、假設大膽、逕行分類，或甚至直接把它列為是一種病徵。如Rubin（1984b）所說：「即使結果證明他最初所猜測的意義是正確的，也不可以假設地認為：任何意象『一定』代表某種特定的意義，甚至於也不是對任何一個人，它的特殊性是長久以來不變的。」（p.128）

　　我身為一位藝術治療師，關於兒童繪畫的工作已經超過二十年了，然而對於兒童繪畫或藝術表現的內容，要做明確的決定或推測時還是會相當保守。童年的經驗從某種角度來看是很普通的，但當我們考慮到對兒童許多環境上的影響，如文化、階級、性別期待、教養和遺傳決定等因素時，卻也是具有相當變異性的。兒童藝術創作的過程也是受到除了生物心理社會因素（biopsychosocial factors）之外的各種不同因素控制。這其中包括兒童繪畫時所用的材料、他們在創作時的環境、他們個人的能力、動機、天賦，或在繪畫或藝術創作方面的興趣等。兒童與這位助人專業者之間的關係，將也會影響到繪畫的內容以及風格，包括介於兒童和大人之間的信任與安全程度，以及治療師

對繪畫過程的敏感度和對於兒童藝術活動的了解程度等。

　　本章中還介紹從現象學的觀點，來看兒童繪畫的重要性。為了避免將成人的標準強迫套用在兒童身上，及對內容與意涵預作假設，我相信治療師必須以開放的態度，來看待繪畫的各種不同意義，以及兒童看待世界的獨特方式。最後一部分將討論從許多不同的觀點來面對兒童藝術的必要性，以期能夠發展出更為統整的觀點，來看待治療中所創作的兒童繪畫。

第一節　兒童繪畫的動機為何？

（What Motivates Children to Draw?）

　　為了要了解兒童的繪畫或其他創造性表現，最重要的是要考慮引發他們自發性表達的動機是什麼。通常兒童要畫出這些圖形的途徑有三種方式：記憶（memory）、想像（imagination）和生活（life）。

記憶、想像和真實的生活（Memory, Imagination, and Real Life）

　　得自記憶的繪畫所根據的是兒童對物品、人物、動物或環境的回憶，那些是他們被要求去畫或是選擇透過繪畫來回憶。得自記憶的繪畫對所有的兒童（或同樣情形下對於成人）而言，都並非特別地容易。例如，許多對兒童工作的治療師們經常會要求兒童畫出一個家庭，而許多兒童往往只會畫出非常簡單的人物而沒有太多細節。有時為了得到像家庭這種主題繪畫的更多細節時，只要為了得到畫紙上的任何一丁點反應，提供一些指導和鼓勵都是必須的。

　　治療師經常要求兒童依想像來畫一些東西，如有關感受或假想故事的圖畫。對某些兒童來說這是很容易的，當其他人可能稍微偏離主題，無法在紙上畫出任何想像的物體或故事時，他們則能夠創造出富

有原創性的圖畫和有趣的主題。這些想像對那些曾遭受長期虐待或心靈創傷，導致心理麻木的兒童而言，會顯得特別地真實；對這些兒童而言，要回憶起任何事物畫在紙上，通常是很困難的。其他的兒童則可能只是害怕失敗，在沒有任何指引或協助下是無法嘗試創造出一些東西的，也會有一種顧慮，認為兒童全心關注於電視和電動遊樂器，在透過藝術表現活動時會降低他們的想像能力（Kramer, Gerity, Henley, & Williams, 1995），雖然並沒有蒐集到任何屬於量化的證據可以支持此一結果。

很重要的一點，是要知道完全依據想像力來想像出某些事物，對許多兒童來說會是很困難的。Gardner（1982）指出，當其他兒童同樣面對著一位耐心傾聽的成人和藝術媒材時，還需稍加勉強才能開始工作之時，部分的年幼兒童則更需要多一點刺激，才能開始他們的藝術活動（所謂自動自發者，self-starters）。然後兒童們可能在不知道如何繼續、有些焦慮、對情境感到不自然、或在大人注視他們時，而感覺到更加地不確定。然而如果提供一個即將完成的成品（例如一幅尚未完成的繪畫或設計圖案），他們往往能夠創造出比自動自發者（self-starters）更有創意的作品來。

成長性因素是具有能夠影響兒童想像力的傾向。例如，較年長的兒童和青少年可能較喜歡模仿某種事物或是參考他們周圍的東西，因為從發展性來看，這個階段的兒童對於畫出看起來很真實的圖畫具有強烈的感受，經常會考慮到要把細節畫得很正確。雖然他們或許能夠根據想像而創造出一幅圖畫，但是他們會因為「製造了一項錯誤」而覺得不舒服，或可能對他們所畫出來的結果感覺到沮喪。相對的，年幼的兒童一般來說較具有自發性，在他們的繪畫中是比較少考慮到細節能否像攝影一般地正確的。

兒童繪畫的第三種方式是觀察真實世界的物體——換句話說，畫一些正在他們面前的東西。雖然治療師或許不會要求兒童去畫正在他們周圍所看到的事物，但是兒童仍可能選擇畫一幅在他們周圍的世界

所看到的圖畫。正如前面所述，較年長的兒童和青少年因為發展上的因素，更可能對這種類型的繪畫感到興趣，他們所考慮的是要把細節畫得更真實、正確與逼真。

對繪畫的態度 （Attitudes about Drawing）

對於繪畫和藝術作品的態度經常是在兒童時期就成形了，而治療師對一位兒童繪畫時所進行的溝通，對他或她會造成長期的影響。在我對成人的臨床工作中，他們認為自己並不是藝術家，我時常聽到他們回憶童年時的一些詳細記憶，因而形成了他們現在對藝術的觀點，以及他們成為一位藝術家的能力。藝術表現是一種非常個人化的創造性努力，不論是兒童或是成人都會對貶抑他們藝術的批評感到脆弱難堪。甚至當這項評論並沒有批判的意思時，他們仍可能感受到否定與批判，這個人仍可能會感覺到害怕與羞怯。許多成人仍能巨細靡遺地清楚回憶童年的時候，學校老師在大廳裡展示著評量為優秀的藝術作品，供其他人羨慕佩服，而他們的藝術作品則只能放在教室裡陰暗的角落，表示他們的作品不好。父母親們所作的評論對兒童創作藝術的意願及動機都會有所影響，甚至連最貼心的父母有時都會誤解一位兒童的繪畫內容，或許不知不覺中就打消了兒童繼續繪畫的意願。這些陳述和行為的確能夠影響到視覺表現的內容、風格和品質，更會影響到兒童藝術創作的能力以及興趣。

藝術創作的經驗 （Experiences with Art Making）

許多人並不相信先前藝術活動的經驗，會對兒童的繪畫與其內容造成顯著的影響。然而，至少有一些經驗似乎對兒童畫些什麼和如何畫會造成一些影響。其中一項對藝術作品的內容及風格造成強有力的影響，是教導兒童如何學習藝術。有些兒童可能變得依賴好意的成人

或學校老師，由所提供的著色簿和預先畫好的圖形來繪畫。例如，接
受著色簿或預先畫好圖形的兒童，可能以接受這些圖形來取代創造他
們自己獨一無二的繪畫。圖 2.1 展示的是一隻鳥的圖畫，是由一位四
歲女孩在接觸到著色簿之前畫的。圖 2.2 是兒童在學校接受色彩教學
時的書本插圖，而圖 2.3 則是她接觸到著色簿之後的繪畫。

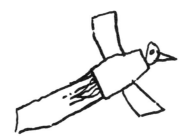

圖 2.1　一位四歲女孩在接觸到著色簿之前所畫的（From *Artforms* by Diane and
　　　　Sarah Preble. Copyright 1985 by Addison-Wesley Educational Publishers,
　　　　Inc. Reprinted by permission.）

圖 2.2　一本著色簿上的鳥的插圖（From *Artforms* by Diane and Sarah Preble.
　　　　Copyright 1985 by Addison-Wesley Educational Publishers, Inc. Reprinted
　　　　by permission.）

圖 2.3　在接觸到著色簿上鳥的圖案後，一位女孩所畫的圖畫（From *Artforms* by
　　　　Diane and Sarah Preble. Copyright 1985 by Addison-Wesley Educational
　　　　Publishers, Inc. Reprinted by permission.）

　　兒童的確會在他們自己視覺性的活動當中重複這些刻板的圖形，發現很難再出現他們自己的想法，或是發展出屬於自己個人的表達方式。其他的人繪畫時則可能只固著於教導給他們的某一種方式或策略。現在一般在兒童的藝術表現當中，至少會看到一些刻板化的圖形，是因為大部分兒童在學校已經教導了一些繪畫或著色的作業了，這對兒童在其他情境下畫什麼與如何畫，都造成了長久的影響。

　　部分兒童可能會受到成人們所展示藝術作品的影響。有一次在我所居住社區的醫院裡，展示著一幅住院兒童的藝術作品，顯示是由一位兒童所畫出來的圖象，描述著狂暴的父母虐待這位兒童的經過。這位兒童創作的這幅繪畫，顯得強而有力且充滿戲劇性：這幅圖畫畫著一隻受傷的鹿，卻有著一個人頭。實際上，這位兒童所模仿的是一幅很有名的圖畫，那是由墨西哥藝術家 Frida Kahlo 所作的，那幅畫包括一隻被箭射傷身體的鹿，卻頂著那位藝術家的頭。雖然這位兒童可能選擇模仿這個圖形是非常明顯的，但是那位美術老師本身對這幅畫的興趣，以及在藝術課程裡應用了這個圖形，都可能對這位兒童會模仿它產生影響。儘管這位孩子所畫的內容相當刺激，但仍是那位美術老師及展示那幅畫給孩子提供靈感，多重的影響下導致這個結果，而不是由這位孩子的自發性所表達出來的。

社會與文化的影響（Sociocultural Influences）

　　最後一點，社會與文化的因素會影響兒童一般的繪畫動機及創作藝術時的態度。文化也能夠影響兒童藝術表現的內容，儘管只有很少的研究是從文化的觀點來探討繪畫（Alland, 1983; Dennis, 1966）。雖然在人種、種族淵源、社經地位和宗教等文化因素，如何影響兒童對於繪畫的動機與態度，並未經過廣泛地研究，然而這些因素對於他們的創造性活動，仍可能有重大的影響。

　　我在其他的國家時，兒童們對於被要求去畫，他們在反應上的差

異性，是我認為最引人入勝的部分。多年以前我被邀請到中國來訓練
治療師，教他們如何應用藝術來治療兒童與成人。我部分的任務是與
來自北京附近的學校，幾組六歲左右和七歲左右的兒童團體一起工
作。雖然他們藝術作品的發展程度，可以跟得上美國兒童的繪畫，但
是兒童們並不喜歡被要求自發性地繪畫，而比較喜歡我畫一幅畫讓他
們模仿。這並不令人驚訝，因為他們對藝術活動的信念，是要去接受
成人以權威的方式教導他們如何去畫，而不是發展出他們自己的想
法。相對於大部分我所工作過的美國兒童，中國兒童讓我感興趣的部
分是他們非常地安靜、留意地傾聽與非常含蓄，在美國的治療師可能
會認為這些是害羞或甚至是退縮的特質。然而，透過他們的靜默與服
從，這個獨特的中國兒童團體向我展示尊重，這是在他們文化中的一
種重要特質。

　　其他社會與文化方面的影響，則可能來自於一位兒童在家庭時學
習藝術活動的情形，或是一般與成人互動的結果。一位兒童在被要求
去畫時顯得很含蓄，可能是在家中被教導他要尊重成人的權威，小心
不要弄得一團凌亂或是浪費材料，或是要等待成人教導，和繼續進行
前須先獲得同意等。在治療師和兒童之間種族或文化背景的不同，可
能也是兒童願意服從被要求去畫的一個因素，正如一般所說種族與文
化的差異，被強調為是治療介入時的重要因素（Campanelli, 1991; Pin-
derhughes, 1989）。在解釋和了解兒童繪畫的興趣、動機和過程，而
獲得任何結論之前，這些差異性和學得的信念與價值觀都是事先要考
慮的因素。

第二節　繪畫是一種過程

（Drawing as a process）

　　極少數對兒童應用繪畫的治療師，除了藝術治療師之外，可能曾

經對繪畫本身有具意識性的想法，及對其獨一無二的特徵視為一種藝術的過程。但很重要的是去了解，當要求兒童繪畫時，你要求給兒童去做的是什麼，以及從兒童發展上的觀點，你所知覺到的繪畫是什麼。因為這對治療師要完全了解整個繪畫過程的細節，是極其重要的，以下的章節包括關於治療師對藝術過程和繪畫材料並不熟悉情形。當然，了解繪畫最好的方式，就是直接的去體驗繪畫的經驗。看人們繪畫就像是看著人們游泳，只用觀察的方式，卻期待著能夠知道它的經驗會是什麼；你必須也進到水裡去，才能完全了解到這種經驗。

繪畫最簡單的意義，就是以線條來描繪形式、形狀和圖象。雖然我們能在沙地上，或甚至能夠以手指在空中畫出線條，但是它經常包括需要使用某一種形式的繪畫媒材，以便能夠在紙上畫出痕跡。對兒童而言，繪畫需同時包括過程（藝術的製作）和一件成品（完成這項藝術表現）兩者。而助人專業者，為了尋求更了解他們的兒童當事人，時常把他們的大部分焦點放在後者的成品之上。然而為了真正了解兒童繪畫的意義，必須開始徹底地了解整個繪畫的過程。

Kramer（1971）對於兒童所應用的藝術媒材，關於各種不同繪畫、著色和創作的方式，提供了一種廣泛性的描述。依據她的觀察，藝術媒材共有五種的使用方式：

1. 預備性的活動：亂畫、塗抹、研究媒材的物理特性，未能引發創造出象徵符號的形貌，但卻是一種正向與自我心靈和諧的經驗。

2. 混亂性的釋放：溢流、飛濺、猛擊、破壞性的行為，導致控制性降低。

3. 作為防衛形式的藝術：刻板性地重複；複製、描摹、平庸常見的作品。

4. 象形的文字：圖象式的溝通，能夠代替文字或補充文字之不足。

5. 成形的藝術表現，或能表達完整文字涵義的藝術：象徵式符號
　　的產物，能夠成功地提供自我表達以及溝通。

　　Kramer 的描述很重要，因為它不僅促進了對於藝術作品的了解，
而且也增進了對於兒童藝術創作的過程及對他們繪畫的了解。例如，
許多兒童因為許多的原因，會投入但並未能導致實際完成藝術表現的
繪畫活動中。根據 Kramer（1971）的描述，有時它僅僅是對於媒材所
作的實驗；例如，在學習黏土能做些什麼時，一位兒童可能以重擊、
扭轉、滾動，或在黏土上畫線，來作為探索黏土的可能性。有些兒童
可能因為一些其他的原因而毫無成果。焦慮、緊張、活動過度，或情
緒失控的兒童，可能很快地投入混亂性的釋放，特別是當這個活動缺
乏結構，以及沒有謹慎地選擇媒材的情況下。例如，一位活動過度、
十歲大的兒童，可能毫無結果地結束亂畫，或是一位精神受創、七歲
大的兒童，可能一蹶不振或撕破畫紙，而不是對媒材進行實驗和創作
一個形狀良好的圖形，因為他們沒有能力去把注意的焦點放在繪畫
上。

　　在其他的情況下，兒童的人格、工具素材和對活動忍耐力等因素
的結合，也能夠產生類似的結果。例如，我訝異於有一位研究生想要
加入一群兒童，以蛋彩在壁紙上作大規模的彩繪活動。他想法的焦點
是放在能夠藉著彼此互相打電話，而能知道孩子們的情況；然後兒童
們就共同努力彼此之間在紙上畫出電話線，模擬藉著電話互相聯絡。
我知道這些孩子才剛剛開始熟練卻顯得有些激動，立即意識到這樣可
能會失控。我勸告他把這個活動分派給這群孩子可能會發生的問題，
但是他興奮得無論如何都要這麼做。這個活動開始僅僅幾分鐘，就已
經到處都是顏料（一團混亂）了；這位研究生顯然對這樣的結果很沮
喪。兒童們的反應則並不一致；有些人發現較大的樂趣是在原來的著
色階段，有些人則顯得沮喪而懊惱。這樣形成的是紙上顏料亂成一團
的悲慘結果，而不是任何形狀完好的表現或內容。

我們很容易看到在活動中利用濕軟、不易控制的顏料加上動作，能提供很快地發展成一團混亂的環境。在這個例子中，兒童們已經處在一種大量刺激的狀態中，而這個活動更把它提升到煉獄的層次。顏料，在它原始的本質上是能夠引發情緒素材的，如果與相當動態性的活動結合（橫跨一張大紙來畫線），情緒反而會變得非常退縮。在某些情況下，這些品質可能是值得嚮往的；例如，一個非常沉默的或是對控制和結構有極度需求的孩子，可能會在支持的環境下，從使用這些素材的練習中獲益。

第三節　繪畫媒材的重要性
（The Importance of Materials）

繪畫為了要能夠順利產生，繪畫媒材和繪畫的場所兩者都是必要的。在繪畫的過程中，這兩者似乎是明顯的構成要素，但是有些像兒童應用藝術活動的治療師，可能並未考慮到應用繪畫媒材，或是進行繪畫場所環境或空間的重要性。這兩者對於兒童藝術表現的結果，以及他們對於繪畫的整體興趣都會有顯著的影響。

首先，提供品質好的繪畫媒材，能夠影響兒童在數量、品質和多樣性方面之表現媒材的豐富性。例如，繪畫媒材的狀況會影響到兒童在繪畫時如何選擇與用色。有些兒童在各種情況下都不會使用一支破損的蠟筆，而只會使用完好無損與狀況良好的蠟筆。在使用粉筆或粉蠟筆時，有些兒童可能只會使用包裝紙包覆完好的粉蠟筆，如此他們的手指才不會弄髒。雖然這表示兒童個人的人格和偏好情形，但是這的確會影響兒童繪畫時對顏色的選擇和他們的繪畫內容。

對於治療師而言，擁有運用繪畫媒材方面的知識同樣地重要。如果一位治療師對於藝術的媒材以及它們的作用不熟悉，將不能適當地教導這位兒童如何應用媒材，以製作良好造型與表現的繪畫。不能夠

過度強調藝術過程中的個人經驗，強烈建議真正了解工具的方法就是直接地使用藝術媒材，因為口語上的意見並不能適當地傳達這些資訊。

這些媒材的品質會對兒童繪畫的內容與風格造成影響（有關繪畫媒材的完整敘述，請見附錄）。例如，畫圖紙張的大小對於兒童畫什麼與如何畫會是一項重要的因素。標準 8.5 英吋×11 英吋的白紙，對於被危機所淹沒（例：較少空間需要填滿）的兒童而言，通常是較少具威脅性的，而且可以鼓勵畫出更多細節，還可限制其他因素的出現。然而，因為它能促進行動，使用於那些行為有躁狂或活動過度的兒童時（如前面所述研究生與大型彩繪活動的例子），便可能會產生不良的後果。

圖畫紙張的顏色也會影響到兒童選擇用哪一種顏色去畫。雖然大部分的治療師一般都認為應該用白色的紙張來進行兒童的繪畫活動，但是在某些情況下使用有色的圖畫紙，仍可能是非常重要的。例如，根據報導黑色紙張對於學習障礙、知覺困難、或視覺損傷的兒童有所助益。暗色的背景提供一種強烈的對比，特別是當提供給兒童一種白色的蠟筆或粉筆去畫時。這種將常用底色素材（例如以鉛筆或蠟筆寫在白色紙上）反轉的做法，明顯能夠幫助兒童更容易清晰地表達出形式以及細節（Uhlin, 1979）。

在這裡關於顏色和繪畫媒材方面有一些重要的觀點。首先，兒童使用繪畫媒材的形式，會直接地影響他們在繪畫中的用色。氈頭麥克筆（felt markers）能夠畫出一種明亮、經常是粗筆畫的顏色，比彩色鉛筆更能夠令人印象深刻，它能夠畫出質感頗為明亮的顏色，但是很難對大區域著色。有些繪畫材料也會比其他媒材更容易進行混色；粉筆或油性粉蠟筆是兩種能夠混色的媒材，雖然許多兒童只會使用單一的顏色，除非有人建議他們去把顏色混在一起，或是曾經教導過他們這些技巧。

Rubin（1984a）謹慎地摘要出在面對兒童進行治療工作時，知

道、結合和尊重媒材的重要性：

> 如果藝術媒材受到成人們的珍惜保護，它們不只能夠發揮最
> 大的用處，而且兒童也將會學習尊重此一領域的所有工具
> ……。它們對於期待去使用它們的兒童來說，必須是適當
> 的——適合他們的發展程度、動作協調水準、先前的經驗、
> 特定的喜好和特殊的需求……等。如果媒材具有充分多樣性
> 的話，兒童將會揭露與發展出他們自己獨特的喜好與偏向，
> 及他們自己最喜歡的表現形式。（pp.30-31）

第四節　環境的影響
（The Influence of Environment）

　　另一個對兒童繪畫的內容和風格會造成影響的是環境。當我是一位小學的美術教師時，有兩所我曾經工作過的學校，在藝術活動上提供了一些非常不同的環境。其中的一所學校，我對著一間大教室、座位乾淨、行列整齊的學生進行藝術活動。而在另一所學校，我則是於吃飯時間，在會議大廳面對較小群的一群學生。雖然造成這兩所學校學生差異的還有其他因素，但是他們創作藝術時的空間大小，無疑地會對他們的創造過程造成影響。在那室內擁擠但秩序井然的教室裡，兒童們的藝術表現正如其他兒童一樣顏色多彩，而且充滿想像，但在這種環境中的兒童通常過分地潔淨，小心翼翼地去構圖和為他們的繪畫著色。學校的哲學一旦要求秩序以及紀律，那一種哲學就會對兒童造成影響。不過，空間本身的壓縮（在這個例子中，一間非常結構化的教室，行動受到限制）對於藝術的風格，也會造成非常明顯的影響。

　　在另一所學校中的兒童擁有四處走動的自由，而且也有很大的空間可以活動。由於他們較少受到環境的限制，當他們正在進行藝術活

動時（對於這個班級至少是我能夠容忍，而且是在仍能維持秩序的限度內），他們時常投入於一種自發性的活動或是歌聲當中。這些兒童經常要求製作一種大型的繪畫或是著色，而且很喜歡對團體展現他們的畫作；相對於那所空間較擁擠卻秩序井然學校的兒童，較喜歡在每一節課結束前，以一種結構性的規律來分享他們的藝術，包括兒童所呈現出的每一件繪畫作品，都期待團體給予鼓勵。

　　雖然一個專為繪畫和其他藝術活動所設計的空間是一種理想，然而治療師們仍必須經常在同時供作其他用途的環境中工作。在我對精神受創傷兒童的工作中，我運用不同的空間來實施不同的治療階段，端視在哪些空間裡有這些東西：廚房、電視會客室、娛樂室（在那兒有雙打的乒乓桌可作為藝術桌），以及偶爾在正式的藝術工作室中。在其他的情況下，我通常需使用一間辦公室，在那兒是由社工人員來與當事人晤談。在治療時，一張成人的書桌或桌子，是常見作為遮蔽物或安全玩具的場所，但它對兒童的藝術活動並非特別有助益。成人的家具對兒童的藝術創作具有威嚇的力量，因為它對繪畫或其他藝術活動來說，所建立的是一種不舒服或者是困難的情境。

　　此外，兒童（與治療師）不斷地會有無法預料的顧慮，用粉筆、顏料、膠水或其他的藝術媒材，會把場地弄得一團糟。假如其中的一項介入目標，是幫助兒童透過繪畫自由地表達，那麼這樣的環境將無助於達成這個目標。為了能讓兒童在這個過程中深深地投入進去，至少有一張適合兒童而且舒適的桌子及椅子，對他們的參與及容易表現上會是十分重要的。

　　空間毫無疑問是影響兒童表現的一項因素，就像前面的例子所說的，認知目前的環境是如何影響兒童的參與程度和他們的印象，會是很重要的。大部分的治療師都知道，許多兒童能受到一個設計良好空間的刺激，但其他的兒童則可能對太多的空間會不知所措，而使得在這樣的環境中不容易集中注意力。有些兒童很容易因附近地方看到過量的媒材或玩具而興奮起來，特別是在他們想要開始感到焦慮或沮喪

時，這會降低他們在繪畫時維持專心的能力。雖然在許多情況下，治療師並不能完全控制兒童繪畫時的環境，但很重要地是要去認識空間的作用，在繪畫經驗中對於兒童專注與投入程度的影響。

　　產生藝術創作的環境必須也能夠讓兒童感覺到安全，讓他們能自由地畫出可能並且不希望讓別人看到的圖象。繪畫的情境應該儘可能地舒適與安全，以提供兒童們所需要的安全感。許多兒童接受治療是因為痛苦、憂傷或害怕，任何新的或是不熟悉的環境都可能讓他們產生焦慮。為了給藝術表現提供一個安全的空間，有必要能提供空間上的選擇，讓兒童能夠與治療師單獨相處，或是避開團體其他成員或是避開家庭情境等。由於治療的本質是需要保密的，對其他任何治療階段繪畫所使用的空間，一般來說應該保持應有的隱密性。因為在兒童的工作上，安全性和保密性是重要的倫理課題，這些將在第八章中作更深入的討論。

第五節　兒童的繪畫與治療關係
（Children's Drawing and the Therapeutic Relationship）

　　在對兒童與其進行繪畫工作時的另一個面向，是經常忽略兒童在藝術表現當中，治療師和兒童之間的關係所產生的效果。這個脈絡——介於協助角色的成人和當事人角色的兒童之間，他們的關係所產生的交互作用——是一種重要而且強大的動力，影響著兒童的創造過程。兒童與治療師的關係和他們間關係發展的階段，對於兒童的繪畫或者能否感受到自由表達，具有顯著的效果。

　　大部分工作對象是兒童的心理健康專業人員都知道，面對成人時需要建立健康和具生產力的關係，對兒童而言卻並非是必要的。兒童理解概念的能力並不像成人那樣成熟，所以治療師必須配合兒童的發展水準，小心地介入和呈現他們的活動。因為治療師所受的訓練是對

成人的諮商技巧，在面對兒童工作時是有修改其方法和語言的必要性。Moustakas（1959）描述治療師與兒童之間一種有效關係（effective relationship）的構成要素：

一個能讓一般兒童釋放日常生活中所累積緊張與挫折的地方，有一些媒材和有一位成人完全陪伴著他，不需要顧慮分享、合作、思慮周到、謙恭或是有禮貌。他能夠感覺到他的感受，表達出他的想法，總是能感覺到被接納與無條件地尊重。（p.42）

　　兒童，根據他們的經驗和文化的背景，可能將治療師視為一種權威、規範者或指導者，而不是一個能幫助他們開放地分享想法和感受的人。治療師安排的活動或所問的問題，可能並不適合兒童的發展，或是由於過度地深入而可能驚擾到這位兒童。他們可能只要看到治療師出現就會感到害怕或焦慮，而不管這位治療師表現出如何地溫暖、關心與敏銳。正如 Moustakas 所說，兒童需要感覺到自由，能夠充分地表達他們自己，沒有害怕、約束或防衛。對於圖畫的無條件接納和自由表達的確立，也是治療時藝術創作過程中的重要部分。

　　因為對兒童發展出治療關係通常需要時間，直接跳到結果或探討有關兒童繪畫內容的涵義是很愚蠢的，應該透過治療動力直到檢查出對兒童所造成的影響為止。例如，許多治療師假定兒童如果在初次評估或晤談時，畫出一個非常小的人物畫像，表示這位兒童感到無法勝任或是退縮，或者是一種低的自尊；許多投射性繪畫的文獻支持這樣的一個可能性。有時一位兒童可能把他的人物儘可能畫到最小，以致於觀察的成人沒能看見它，可能是因為這位兒童受到那位治療師，或者是受到新情境的驚嚇。

　　這樣的反應可能表示這位兒童對其他不舒服的情境或人物的回答方式，但這樣的反應也可能具有反映出治療師和兒童之間立即性關係的作用。

　　兒童的繪畫也能夠反映出治療進程中，治療師和兒童之間發展性的關係。圖 2.4、2.5 和 2.6 所呈現的是幾張有趣的範例，在同一位兒童的表達中會發生這樣的改變，而這樣的表達甚至可以反映出兒童與治療師之間的關係，在非常短時間內的變化。這幅繪畫是由一位藝術治療師對一位五歲小女孩的初次評量中所畫的，這位小女孩是與她的媽媽一起居住在受虐婦女庇護所裡。這段期間她被要求三次去畫出一個房子、樹和人；她第一次所畫的蠟筆畫是圖 2.4，她非常焦慮而安靜地畫出一個非常小的房子（她說這個房子沒有門）、一棵小樹和一個同樣大小、正在哭泣的人。正如許多跟著媽媽來尋求庇護，以免於家庭暴力的兒童一樣，她對於這個新鮮而令人困惑的情境，和藝術治療師──一位陌生的成人，感到極度地害怕。

　　然而，這些感覺會隨著時間的進程而改變，她與治療師在一起會變得較沒有威脅感與更為舒適。她的第二幅作品（圖 2.5）呈現出在空間上較好的運用，一間較大的房子和一個微笑的人。她主動地問道一棵樹是否可以用一朵花代替，顯示舒適性隨著時間增加，而且能對指導語自發性地產生一種具有想像力的解決方法。在她的第三幅也就是最後一幅畫中（圖 2.6），接近時間終了的完成階段，這個女孩在繪畫中展現出舒適與開放。

圖 2.4　一位五歲女孩所畫的第一幅房、樹、人繪畫（From *Breaking the Silence* by Cathy A. Malchiodi. Copyright 1997 by Brunner/Mazel. Reprinted by permission.）

圖 2.5　一位五歲女孩所畫的第二幅房、樹、人繪畫（From *Breaking the Silence* by Cathy A. Malchiodi. Copyright 1997 by Brunner/Mazel. Reprinted by permission.）

　　她也變得較為健談，當詢問她所畫的東西時，會自發而熱切地回答「太陽出來了，很溫暖，那兒有許多花」。在紙張的左上角也有一個比較大、微笑著的人。從這些例子中可以很容易地看到，在一段短的時間範圍內呈現出截然不同的表現，讓兒童能夠畫出愈來愈完整的圖畫。這些繪畫也強調出能得到一系列藝術表現的重要性，而不是僅依賴一幅圖畫來作決定。

圖 2.6　一位五歲女孩所畫的第三幅房、樹、人繪畫（From *Breaking the Silence* by Cathy A. Malchiodi. Copyright 1997 by Brunner/Mazel. Reprinted by permission.）

第六節　以現象學的方法來了解兒童繪畫

（A Phenomenological Approach to Understanding Children's Drawings）

　　為了強調前面所提的脈絡觀點，和避免被迫以成人的觀點來設想兒童作品的內容和意義，我比較傾向用現象學的方法來了解兒童和他們的繪畫。現象學是從他們自己的觀點來看事件，而不是根據預想的原因。以現象學方法來看兒童繪畫的重點，在於強調對兒童繪畫意義

的多樣性、他們所創造的內容，以及創作者看待世界的方式，均抱持開放的觀點。這是一種以多重觀點來了解兒童所表達內容的方式，允許觀看者以超過一種以上的有利觀點來強調圖象和構圖的意義，並對兒童的藝術表現發展出一種更為統整的觀點。

　　以其本身的觀點，現象學（phenomenology）是屬於一種哲學的領域；然而，愈來愈多的研究者傾向不會以預想的、期待的或以架構的方式，來研究這些資料（在此指兒童繪畫）（Field & Morse, 1985）。在藝術治療的領域中，Betensky（1995）在她對當事人與其藝術表現的研究當中闡釋得最為清楚：

　　　以藝術創作者為中心是一項最根本的要素……在藝術治療中
　　　的當事人，他在創作藝術的第一手經驗當中，藝術表現時他
　　　自己就是最重要的一位目擊者。他們正是那些經驗著觀看自
　　　己製造現象過程的人──一如呈現著他們的感覺和意識。因
　　　此，藝術創作者就是用自己的主觀意涵創作，而不是藝術治
　　　療師的意識。（p.21）

　　Betensky 將真實現象學上的觀察進行轉換，原來只包括治療師所看見的結構性敘述，再加上詢問她的當事人對其所畫內容的自由聯想，進而想出可能代表的涵義。然而，她的理論強調以當事人為中心的重要性，或需參考與當事人互動的結果，是一種以兒童為中心的方式來了解兒童的繪畫，尊重兒童的反應來發現圖形中的涵義。她也同時強調以人性化觀點來看藝術創作，和以完形觀點來看藝術的表現，她說：「當人格特質論將個人區分成為診斷的類型，並預測他未來的行為，心理動力人格模式則完全傾向潛意識，兩種理論都忽略意識狀態的豐富與充滿啟發的多變性。」（1995, p.29）

　　在我自己以現象學方法來了解兒童繪畫的工作中，第一步要保持的是「無所知」（not knowing）的態度。這與社會構成主義（social constructivism）學者所描述的哲學相類似，在對人們工作時他們把治

療師的角色視為共同創作者,而不是專家式的指導者。把當事人視為他或她自己表現上的專家,一種對於新資訊與新發現的開放態度,使真相自然地展現在治療師的面前。雖然藝術表現在形式、內容和風格等方面可能會分享一些共通性,但是站在一種無所知(not knowing)的立場上,允許兒童去經歷創造和創作藝術表現的經驗,就像尊重個人一樣,並容許它們有多樣化的意義。在治療師以詳細列舉的方式對圖畫進行分類,或是以一張列表預先對內容決定意義的情形下,最可能發生的是不能傳達出兒童的多樣性或是個人化的意義,因此將會遭受誤解,甚至可能因此受到忽略。

　　現象學方法的第二項特徵,是有機會去知道許多與藝術表現有關的不同成長觀點,包括認知的能力、情緒的發展、人際的技巧和發展的成熟,以我的經驗,還要加上身體的(生理的)和靈性的觀點,這個主題將會在本書後面的章節中談到。兒童運用藝術不只會整合他們內在的經驗和看法,還會加上他們對外在世界與內在自我連結的經驗,幫助他們發現與肯定他們自己,以及他們與人群、環境,甚至與社會的關係。意義的多重性提供給治療師發展與深入治療關係的素材,也能從許多觀點中來凸顯兒童當事人獨一無二的經驗。雖然要真正地了解兒童表現內容的所有層次意義可能是很困難的,但很重要的是要容許「多重性意義」(multimeaning)出現的可能性。如 Rubin(1984b)所說,藝術不僅具有以象徵符號呈現內在事件的可能性,還要能夠包括人際互動的情形,將許多經驗、感覺和觀念,濃縮到一幅看得見的敘述之中。

　　現象學的方法是允許治療師以整體性的觀點,而不是以受到限制的觀點來理解兒童的繪畫。許多治療師很可惜地在思考當事人的情形時,只學到去依賴那僅有的一或兩個理論。在我自己作為藝術治療師的訓練當中,我是被教導以發展和情緒的(大部分是心理分析的)觀點,來看兒童的藝術表現。從那個時候,與兒童在一起的經驗教導我,除了發展之外,影響也會出現在兒童的藝術之中,如果能夠去辨

認並且接受它們，就能提供對兒童世界的更完整描述。

　　接下來的一個臨床範例，對於引導今日我的臨床工作也非常重要，並且證明了從窄化的觀點來看兒童的作品，會限制從兒童繪畫中所能得到的結果。我在家庭暴力庇護所中擔任一位小女孩的治療師，很自然地我會考慮她所經驗的可能是來自父親的暴力虐待，而這些是來自於她母親和弟弟的陳述資料。她在藝術治療期間的活動室內所作的繪畫特別使我擔心；這些繪畫總是包括一個黑色的核心，特別是在她的身體或人體部分的圖象。在她的繪畫中重複地出現黑暗的陰影，以這樣的方法應用顏色，使我想起可能在情緒或是生理上有著深刻的創傷。因為我成為藝術治療師所接受的訓練，會強調藝術表現中的情緒性意義，所以我自然地會注意到這個方向。然而，這樣的想法卻阻礙了思考到其他可能的原因，為什麼這個孩子在她的作品中持續性地出現這樣的特徵。

　　後來我很驚訝地發現這位女孩並沒有遭受到虐待，但她的確曾受過情緒上的心理創傷。她所受到的創傷非常地深，但是她將壓力深深地藏在心底，而這個壓力的轉化導致發展成為非常痛苦的胃潰瘍。當我們後來再度討論到她的繪畫時，她向我承認她在每一幅畫中都包括的黑斑，就是標示出她身體上的痛苦，但她並不想告訴任何人，因為這個困擾可能是來自於她的母親和弟弟。回想當時，如果我曾問她有任何身體不舒服的情形，而不只是把焦點集中在她創傷情境的情緒觀點上，我可能已經察覺到在她作品中重複出現黑色的其他意涵了。

　　透過只使用單一的心理學觀點或理論，繪畫通常會被解釋得平淡無奇甚至扭曲。例如，如果一位孩子畫出一條魚，像被 X 光透視過一樣畫出胃裡面的內容，僅以心理分析的觀點可能會認為他具有被別人吃掉的恐懼，或潛意識裡希望把某樣東西或某個人吃掉。以認知的觀點可能就會把焦點放在繪畫創作進行時的思考過程，調查或是推測這位孩子最近曾經看過（例如，電視上描寫大自然的影片）或聽過〔例如，約拿（Jonah）被一隻魚吞進去的故事〕的是什麼。另一個觀點則

是集中在隱喻的想法上，視圖畫如同象徵式故事的展現，或甚至是大自然的原型，和代表普遍性的主題或是存在主義的困境。事實上，這些所有的方法對這個人的整體性了解都可能會有所貢獻。儘管投射性繪畫測驗和其他的系統，在發現兒童繪畫中的意義都有其固有的問題，但如同 Wilber（1996）對於普遍研究的看法，沒有一項理論的了解會是完全錯誤的，因為「沒有人會厲害到從頭到尾都是錯的」（p. 13）。在這個情形下來看兒童的藝術表現，沒有一項理論會在解釋或辨認它們時會是完全錯誤的，而每個理論對於兒童繪畫的了解，都會貢獻一些有用的知識。

雖然現象學的方法有利於了解兒童繪畫，但是我們不能完全忽視某些更為可信的資料，如在兒童繪畫中與某些意義、經驗和困境有關的特定內容。這些資料會是很有用的，特別是以一種謙恭的和額外的觀點來看待兒童的藝術表現時。許多兒童會因為各種原因，不能或不願去談論他們的繪畫。有些兒童只是因為無法口齒清晰地表達他們的經驗而不願意說話。其他的兒童，特別是在治療中看到的兒童，可能會對談論他們的經驗而感受到威脅或是害怕，害怕會揭露出個人或家庭中的秘密。有些兒童可能會擔心如果傳達出他們所經驗到的問題時，治療師將會出現的想法或做法。例如，在我的專業工作中，我看到一位十二歲女孩，她覺得她的問題會加重治療師的負擔，因為她認為弟弟、妹妹們的問題更為重要。她把她在家庭中的角色假定為「照顧者」，而影響到她對於自己的想法，和她對其他想去幫助她的人表露自我的意願。這個例子以及其他的例子中，這些孩子的口語溝通是受到限制的，因此去了解一些繪畫的架構往往是必要的。

以「現象之眼」（phenomenological eye）來看兒童畫，也包括要接受與期待每一位兒童都會用一種不同的方式來呈現藝術，在他們的藝術表現中會有一種特定喜歡或不喜歡的顏色、形式和構圖等，來形成他們個人風格的繪畫。兒童如同成人一樣，會有偏好使用的顏色、喜歡畫的特定圖形、構圖的風格，和在他們作品中會重複應用的其他

特徵。心理健康專業人員，雖然可能沒有接受過視覺藝術這種訓練或經驗，但可能仍有些偏好會影響到他們對於兒童藝術的了解。把對兒童繪畫中了解的部分當作獨一無二的現象，包括了解你個人會受到兒童圖象中哪一部分的吸引，什麼圖形會引起你的強烈反應而何者不會，甚至了解到你可能會拒絕或是不喜歡哪些兒童的繪畫。這種美學上的反應，就是所有個人對視覺圖形反應的分界線，但是對於那些面對兒童繪畫的治療師而言，這些反應會變得特別重要，因為這樣的反應的確會影響到繪畫如何被評判，或是哪種觀點會受到特別的注意。

第七節 結 論
（Conclusion）

　要作有意義性的了解，兒童的繪畫必須以各種不同的脈絡來進行考慮。兒童繪畫的出現會有很多原因，有些獨特的經驗則是與他們自己的生長過程、他們對於繪畫的偏好，以及與他們在藝術創作中的個人經驗有關。雖然兒童帶著他們自己獨特的想法、知覺和感受進入到他們的創作中，他們的藝術表現仍然可能受到環境的影響，影響到他們的繪畫或他們所創造出來的素材。治療關係的影響也是同樣地重要，像安全性的問題、信任，以及治療師的熱誠、學識，和對創作過程的尊重等，都會影響到兒童藝術表現中的內容以及參與的情形。

　以現象學的方法來了解兒童的創作過程是很有趣的，因為它會要我們以各種不同的觀點來看繪畫，包括發展的、情緒的、人際的和其他的影響，以及考慮到素材、個人藝術表現的能力、治療關係等。也很有可能認知到繪畫能夠反映出兒童的潛能、能力與才能。這些是屬於強度、恢復力、個別性和個人傳承的領域，共同塑造出個別兒童的獨特性，而確立這些潛能，有助於對兒童建立一種沒有偏差與整體性的了解。這種廣泛性的覺察，讓諮商員或治療師能更有效與更敏感地

與兒童溝通，並發展出一種以有聲方式的介入策略。

　　從各種不同的理論立場與哲學觀點，已有許多關於兒童繪畫意涵的研究及假說。不幸地，有很多研究把兒童的藝術表現簡化成一些元素的列表，像房子、特色或人物圖形特徵等細節，或是樹身上的節孔。雖然有些繪畫的內容的確能夠代表某些特定的意義，但似乎有更多利益或道德上的考量，來對許多影響兒童如何畫、畫什麼，和為何畫等因素進行評估。當沒有考慮到圖形所創造出來的脈絡，治療師便逕自解釋兒童的藝術表現，這位臨床醫師會將兒童的表現置於一種誤用、誤解或誤導的「危險狀態」（at risk）之中。接受一種更為完整的觀點，治療師對於尋求幫助的兒童，能夠降低他們自己誤解這些兒童的危險，當然一般更希望能夠提供兒童更大的幫助。

第三章

與兒童一起進行他們的繪畫

Working with Children and Their Drawings

　　本章建議的方式是治療師可以與兒童一起進行他們的繪畫。因為治療師也是治療的一部分，他們有時候並不熟悉兒童繪畫的複雜程度，可能傾向以他們有限的經驗或觀點，來判斷兒童的藝術作品。有些人偏好或被訓練應用特徵的檢核表來解釋繪畫的內容，而許多人對於兒童繪畫的反應，認為應該像一張照片，以是否符合字面上的標準來看待它，而忽略其中較為無形的觀點。然而，我相信治療師在解釋圖形時需要的是真誠：當兒童有情緒上的痛苦、他們的家庭正遭遇問題、遭受到極大創傷或危機衝擊時，此時注視著兒童的繪畫，治療師會想把他們的圖形，與發生在這些兒童生活中的事情連結起來。希望透過兒童的繪畫，來發現對他們的意義和衍生的答案是很自然的，甚至連最慎重的治療師也經常發現他們自己，想要在兒童的繪畫上強調一些元素和內容的重要性，特別是對那些遭遇麻煩、憂鬱、焦慮或害怕的兒童。

　　然而，正如前面所述，不論是從那些投射性繪畫文獻中所發現的形成一張特徵列表，或是憑個人自己的直覺反應，以這樣的方式來解釋兒童的創作都會是有問題的。有一個簡單的例子，成人有時會對兒童的繪畫產生錯誤的反應，如 Antoine de Saint Exupéry 在他所著《小王子》（*The Little Prince*; 1943）故事中迷人地寫道：

> 　　當我六歲的時候，我看到在一本書上有關原始森林的動人圖片。那是一張大蟒蛇吞下一隻動物的圖片……書中寫著：
> 「大蟒蛇把牠們的獵物整個吞下，沒有咀嚼。」……
> 　　在我以彩色鉛筆經過一番努力後，成功地畫出了我的第一幅畫（圖 3.1）。我向大人們展示我的傑作，並問他們這幅畫是否會讓他們感到害怕。但是他們說：「害怕？我為什麼要對一頂帽子感到害怕？」（pp.3-4）

　　雖然敘述這個故事的人繼續加上一些細節，完成了第二幅畫（圖3.2），讓大蟒蛇肚子裡的東西能夠被欣賞者看到（一種 X 光的繪

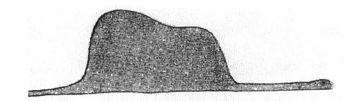

圖 3.1　本圖摘自 Antoine de Saint Exupéry 所作的《小王子》（Copyright 1943 and renewed 1971 by Harcourt Brace & Company. Reprinted by permission.）

圖 3.2　本圖摘自 Antoine de Saint Exupéry 所作的《小王子》（Copyright 1943 and renewed 1971 by Harcourt Brace & Company. Reprinted by permission.）

畫），看這幅畫的成人繼續對他的繪畫作出錯誤的反應。事實上，因為他一再地遭受到誤解，他悲傷地決定不再畫畫了。這個由 de Saint Exupéry 以迷人的口吻所說出的場景，在那些先入為主或架構窄化的治療師之中，以這種方式來看待兒童的藝術表現是很普遍的，他們不了解通常兒童繪畫中所包含的，會遠比眼睛所看到的為多。

　　這一段節錄也強調出對於兒童繪畫的了解與反應的重要性：對成人而言，很難用他們自己的眼光看兒童所畫的任何東西。很難去記住兒童在藝術表現時的想像力、創造力與缺乏規則，而往往很容易在回應兒童的作品時去作判斷，而不是以開放的態度去容許各種不同的可能性。例如，當一個兒童用他的小手以塗色的方法畫條線時，一位成人可能認為這是一團混亂，而這位兒童可能會發現它像遊戲一樣有趣，是一種感覺和運動感受的經驗。兒童的作品通常是多采多姿、震

撼視覺和情緒高張的，然而成人卻很難不強加他們自己的反應與回應於兒童的作品之上。對治療師而言，很重要的是不可以成人的標準，來判斷或解釋兒童的繪畫，並且不僅要試圖了解這是兒童的努力成果，還要認知到繪畫過程對他們所具有的意義。

第一節　繪畫如同敘事
（Drawings as Narratives）

　　繪畫提供給兒童擁有說故事的潛能，傳達隱喻和對現在世界的觀點，兩者都是透過圖形本身、和他們自己對於圖形的反應傳達出來的。兒童繪畫敘事性的性質和兒童喜歡去敘述這些故事，是提供給治療師能夠以兒童的觀點來了解繪畫的意義。敘述，它的定義是一個故事或是對過去事情的一種描述，或是一種歷史、陳述、報導、說明、形容或紀錄。敘事式的性質，我是指一種兒童藝術表達的能力，能夠呈現出他們對其內在世界的印象，對他們周圍環境的反應，以及透過一種發展性的適當溝通形式（例如，藝術），以及與治療師討論他們的藝術表現內容等，所展現出來的個人故事。

　　有關兒童藝術表現的敘事性，Riley（1997）這麼寫道：

　　治療師要一步一步地走進兒童的繪畫，讓他或她教導我們這個視覺化故事的涵義。藝術是將個人表現於外的一種形式，是個人自我的一種延伸，想法或感受的一種視覺性投射。當這項藝術得到治療師的接納、尊重與認可時，這位創作者（透過與他或她的作品產生的一體感）同等地感受到被接納、尊重與認可。這位當事人，在這兒是一位兒童，能夠透過這些行為得到更好的理解，而不僅是透過文字的方式，來表達對他或她的認可與重視。當兒童能夠將問題或焦慮具體

地用繪畫表現出來時，這正是面對充滿問題的行為，並仍然
肯定創作者（這位兒童藝術家）之價值的絕佳時機。（p.2）

近年來，治療師已經把故事視為他們對兒童工作的重要部分，以
兒童對他們的生活、關心的事、和對世界觀點的敘述和故事，來顯現
他們的問題（White & Epston, 1990）。敘事療法（narrative therapies）
在面對兒童及其家人的工作方面，已經愈來愈受到大家的歡迎（Free-
man, Epston, & Lobovits, 1997），強調的重點放在兒童所使用的獨特
語言、解決問題的對策以及洞察力。許多敘事治療師了解藝術表現的
潛力，對兒童而言是一種說故事的方式。因為敘事治療的目標，是去
幫助個人從寫出來的故事中，把其中的問題或充滿問題的行為分離出
來，我相信藝術表現提供給兒童一種相近於說故事的功能，透過視覺
化圖象的方式，把他們的經驗、想法和感受具體地表現出來。

如敘事治療法，對兒童應用繪畫不只是能夠確立他們的經驗和感
受，而且幫助他們藉由有形體和可見的過程，使他們自己和他們的問
題之間保持著若干距離。很重要的是在任何面對兒童的治療性互動
中，開始就要建立兒童是沒有問題的，問題本身才是問題，這是敘事
治療所闡釋的著名格言（White & Epston, 1990）。在我的經驗中，繪
畫能夠有助於形成問題，不論它是一種困難感受、行為或是情境，都
能夠讓它從自我分離開來，而在紙上呈現出來。

一位治療師對兒童運用敘事的方法，可能會大量依賴以口語說故
事的方式，讓兒童把他或她的繪畫內容資訊分享出來，而且對大部分
兒童來說，這對他們藝術表現的意義，是很有助益而且必要的回饋。
然而也很容易看到，對兒童而言，繪畫本身是一種符合他們年齡，而
且有效的敘事方式。兒童並不具有成人的能力，能夠以口語清楚地表
達他們的情緒、想法或信念，相反地，他們時常以除了說話以外的任
何方式來傳達想法。許多人都提到對兒童只使用口語方式時的限制
（Axline, 1969; Case & Dalley, 1990; Gil, 1994; Malchiodi, 1990,

1997），特別強調在傳統的談話治療之外，非口語方式溝通的必要性。這種結合繪畫和兒童口語敘述的方式，提供治療師以一種整合性意義的方式來了解兒童。繪畫本身不只能夠讓兒童的故事自然浮現，而且還允許治療師運用這些視覺化的故事，作為與兒童當事人他或她的互動管道，並作為兒童表達想法和顧慮的一種催化劑。

　　當一或兩幅繪畫，加上他們視覺和口語化的故事，能夠有助於了解兒童，但很重要的是去了解，在大部分的情形下這樣經常是不夠的。繪畫有點像是凍結的畫面（freeze-frames）：每一個畫面都會呈現出創作兒童稍微不同的面向。雖然在這位兒童的繪畫中，可能在主題、風格或內容等會一再地出現，但這位兒童每一次所創作的圖畫，經常會出現新的圖形和細節。在看過一系列的繪畫，見證到經過一段時間後兒童的繪畫過程，和聽到兒童許多有關他或她繪畫的敘述，這位治療師才能得到這位兒童的更完整輪廓。

第二節　對於兒童繪畫的個人信念，及其在治療上的應用
（Personal Beliefs about Children's Drawings and Their Use in Therapy）

　　對於兒童繪畫的個人信念和它們在治療上的應用，是成功面對兒童及其藝術作品的重要因素。在治療工作中，為了要鑑別一個人在繪畫中角色的個人信念，很重要的是治療師開始要規劃出一個繪畫治療工作的目標，並蒐集兒童有關這個目標的訊息。有些治療師的目標可能是用繪畫來評估兒童。當然，這是多年來繪畫用於兒童治療上的一個普遍方式，特別是投射性方面的繪畫測驗，和本書前面所述以藝術為基礎的評量等。其他的治療師則視繪畫為幫助兒童、克服情緒困擾或創傷經驗的一種活動。無論以上哪一個例子，檢驗個人創作圖象時的感受，和他在治療過程中對繪畫相關重點的看法，都是不可或缺

的。

因為我有視覺藝術方面的知識背景，我肯定兒童經驗在繪畫創作過程中的價值，相信在藝術創作中，允許和鼓勵兒童全然地參與，以求創作的有效性及樂趣是很重要的。首先，因為繪畫是一種正向、治療性的經驗，治療師必須確信繪畫的過程，能夠幫助兒童探索並改善衝突與危機，導向成為健康的解決方式、看法與觀點。在治療關係的安全空間裡，對於創作活動具有改善效果的信念，能引導兒童透過藝術表現克服其問題以及創傷。

其次，為了創造出成功的經驗，我相信會要求或鼓勵兒童去畫的人，必定真正地喜歡藝術以及和兒童一起創作藝術的過程。

遊戲的要素和對圖形的鑑賞兩者，都是繪畫能夠成功地成為兒童治療經驗的要素。

有些問題或許能夠幫助你澄清個人的信念，包括：

- 你相信繪畫是一種非語言的溝通方式，而作品是最重要的元素嗎？
- 你相信繪畫本身也是一種重要的過程，而且其中會發生改變與變化嗎？
- 你如何看待繪畫的過程和繪畫本身（藝術成品）之間的關係？其中一項比另一項更為重要嗎？或是兩者在治療中擁有同樣的重要性？
- 繪畫活動進行的時間應該多久，以及應該與兒童討論圖象要素到何種程度？

藉著回答這些問題，助人專業者能夠開始澄清他或她在治療中，對於繪畫的功能與目的方面的觀點與偏差。

第三節 治療師在繪畫過程中的角色

（The Role of the Therapist in the Drawing Process）

　　當兒童繪畫時，治療師出現在現場是一項重要的要素，特別是使用繪畫的最後目的，是為了要達成「治癒」的目標，而不單只是為了評量或診斷而已。在 Allan（1988）多年與兒童工作的經驗當中，他指出治療師的出現是一項重要的元素，觀察「在一般的情形下，當有一位治療師陪在兒童的身邊作畫，就具有能夠活化治療的可能性，表達出衝突以及解決，治療師能夠透過對於『活動過程』（at work）的了解，而得到更為清楚與正確的觀點。」（p.21）很明顯地，如同任何治療性的同盟，助人專業人員的主動出現，是發生改變的必要條件。我認為治療師的出現是非常重要的，可以作為創作過程的見證人、作為素材和活動的協助者、作為創造過程的支持力量，以及作為透過藝術或交談過程，所喚起之任何強烈情感的安全場所。助人專業人員的出現，維持了一塊「安全空間」（safe space），以及在協助的成人和兒童中間，提供一種正向人際關係的重要治療因素。藉著作為此種經驗的控制因素，治療師為兒童提供一種支持和安全的環境，以期他們透過藝術創作進行試驗、遊戲及表達他們自己。

　　在面對不安或受創傷兒童工作時，治療師的出現能夠提供一種養育的、和善的狀態，一種能夠對兒童提供他或她自己內在無條件接納（unconditional acceptance）的機會。許多感受到困擾的兒童（以及在以後的人生中，感受到困擾的成人）前來接受治療或諮商，是因為他們沒有接納自己的經驗，特別是對他們的創造能力和自我表達的接納。在繪畫作業過程中保持一直在現場也是極有助益的，能夠看到兒童在過程中如何進行，允許治療師在必要的時候能夠介入，或是能夠對這位孩子可能發生的任何自發性對話或是問題給予回應。

很奇怪地，對於某些治療師而言，要經過一些練習才能對兒童保持住耐性，並在繪畫的過程中維持在現場。有些治療師在看兒童繪畫時會感到不自在，以及在他或她投入於繪畫時，可能會有從兒童身邊走開的衝動，擔心他們會看起來令人生畏或是會打斷兒童的過程。有些兒童可能因為害羞而不要治療師注視著他們，但是在大部分的情形下，於活動過程中維持在現場是很恰當的。治療師在繪畫時會感到不自在，可能也會發現在兒童繪畫時會很難與他們在一起。而且，在治療時治療師對於繪畫的觀點，可能會影響到在他們繪畫時面對兒童繪畫的興趣或能力。如果當一位治療師認為繪畫只有作品一個部分時，就會認為只有作品才是重要的，把它當作分析或解釋圖形之成分的時機，那麼繪畫過程的意義就非常微小了。如同前面所述，這在面對兒童繪畫時是一種受限的模式，可能會忽略同樣重要與孩子在一起的過程，以及在繪畫時他們與治療師的關係。

由於繪畫是一種過程，在面對兒童及他們的藝術表現時，另一項重要的因素就是時間。對兒童最好要有足夠的時間來進行他們的繪畫，並讓他們能夠深深地專注於過程之中。很可惜地，今日的許多治療情境，不管是在任何地方都只有二十分鐘到一小時以內的限制，所以在有些情形下，兒童可能沒有足夠的時間來完成他們的繪畫。必須告訴兒童，他們須在多少時間之內完成一項作業，以及這個階段將會在何時結束（還剩五分鐘、十分鐘……等等）。

而治療師他們自己也經常感覺到必須趕快地完成工作，而且很重要的，如果可能的話，不要在兒童繪畫時把這樣的感覺傳達給他們。

第四節　必須要談話嗎？
（Is Talking Necessary?）

如同前面所述，一種增加了解兒童藝術表現意義的方法，就是去

傾聽兒童對於他們繪畫的敘述。只要問兒童們有關他們繪畫的問題，就能夠鼓勵他們告訴治療師，繪畫本身明顯可見內容之外的許多事物。正如 de Saint Exupéry 繪畫被誤解的故事，我們對於兒童繪畫的了解，經常相當程度仰賴兒童對圖畫內容的敘述。

在我對兒童的工作中，我個人透過談話討論他們的繪畫有雙重目的：(1)幫助兒童透過藝術表現和說故事的方式，將他們的想法、感覺、事件和對世界的觀點具體化；和(2)幫助我對兒童的想法、感覺、信念，以及他們對事件與環境的知覺有更好的了解，以使我能以最可能符合兒童福祉的方式介入。當稍後的目標更把焦點放在評估的部分時（例如，對兒童的評量），對我而言，面對兒童和他們繪畫的首要目標是過程導向（process-oriented）的。

在對兒童的治療中並未廣泛運用繪畫的治療師，經常想知道讓兒童討論他們的繪畫，是否屬經常而且必要的。在我對兒童的研究工作中，在與兒童互動之後，我很少遇到不願意談論他們繪畫的兒童。我相信如果這個活動對兒童是具有吸引力的，那麼這就是一種信任的治療關係，而且這是一個安全與支持的環境，藝術的過程本身自然地就會導向口語式的溝通與交流。進行繪畫自然地就會讓許多兒童感到放鬆，在創造和充滿希望與快樂的活動當中，他們變得全神灌注；藉著減少把他們帶進治療中的部分壓力之後，隨後他們就更願意在繪畫時或繪畫完成後與治療師說話。對許多兒童而言，他們在其他情形下所不會揭露的，繪畫的確會引導他們願意去分享訊息，特別是當他們對所提供的創造活動或指導過程感覺到舒適時。

雖然一般認為讓兒童說出對他們藝術表現的想法是很重要的，但這並非總是能夠達到，總會有一次，兒童會以各種理由來抗拒談論他們的繪畫。有些兒童可能害羞或是退縮，而有些則只是年紀太小而無法表達。他們也可能有語言障礙或是表達上的困難，或英文並非他們最熟悉的語言。曾遭受過虐待或暴力創傷的兒童，可能在說話時受到侷限，特別是如果他們曾被威脅或告誡不能談論他們自己、他們的家

庭或他們的經驗時（Malchiodi, 1990）。文化的背景可能會影響到一些兒童，他們的父母教導他們要客氣而簡短地回答問題，以及和有權威的大人接觸時，要限制語言或眼神接觸方面的互動，而這些文化的信念都應該受到應有的尊重與接納。

很幸運地，繪畫本身傳達大量有關兒童的訊息，也就是本書後面所要談的主題。然而，因為治療師能夠持續地學習，我相信他們能夠了解在適當的時候如何與兒童談論他們的繪畫是很重要的。如同下一段所述，一系列的問題能夠幫助治療師，蒐集有關兒童藝術作品和他們繪畫過程的資訊。

繪畫過程中的談話（Talking during the Drawing Process）

治療師經常想知道，在兒童繪畫的過程中需要和兒童說多少話。在標準的繪畫測驗中，通常是不允許說話的，然而在兒童完成繪畫後想要和我說話時，我發現自己經常會打破這項規律。很容易看到某些兒童專注在活動中時，跟他們說話將會中斷他們正在做的事。有些治療師發現兒童正在工作時，很難去說話或是問問題，甚至發現如果兒童並沒有回答所問的問題時，會令人很不舒服。兒童可能會因為幾個原因而不回答，其中一個是當他們專心一意於手邊的創造活動時，希望正在說話的成人能夠允許他們，全心全意於這位成人先前所鼓勵他們完成的繪畫上。如 Gardner（1982）對年幼兒童的研究所述，在成人因為問問題時常常中斷整個過程，兒童甚至會感覺到生氣。對某些兒童而言，不可能出現任何一種口語上的表露，特別是當治療中的信任關係還在發展之中時。然而，也有一些兒童會畫得比較快，幾乎是立刻就完成了這項作業，這時候需要花比創造它還要多的時間，來談論他們的作品。

其他的情形下，治療師的問題可能會是有問題的。例如，在治療關係中的一個階段中，探索過於深入的問題，可能是不恰當的，或者

這位兒童可能只是無法回答這個問題。那些害怕揭露家庭秘密或是曾經遭受虐待的兒童，通常對於直接的問題並不能有很好的口語回應，特別是在治療工作的早期階段。他們的藝術可能訴說他們正在經驗著有關痛苦的許多事情，但是，正如許多治療師了解的，害怕後果的兒童可能在初期階段中一點都不願意去談。許多在治療中運用繪畫活動的助人專業者，在並沒有很多經驗或訓練的情形下，實際上可能用太多對話去鼓勵兒童，而不是讓繪畫過程自己來呈現。

當繪畫完成後的談話（Talking about the Finished Drawings）

　　由於對有關兒童繪畫中談話的不確定性，有些治療師只有去看那些顯示兒童的憂鬱、創傷、或其他感受與知覺的繪畫特徵，並從這些觀察中作有關人格或發展上的判斷。然而，透過與兒童對他們繪畫所說的話，治療師不僅有機會從他們工作的兒童身上學到更多，而且還能夠讓兒童有機會去表達他們自己，並透過治療架構裡的創造性活動獲得成長。

　　在兒童的繪畫活動中，最好能在問題的使用與類型上秉持著審慎的態度。問兒童他或她「為什麼」要畫特定的成分，通常是不具有建設性的。大部分兒童要解釋他們為什麼要做這些事，通常是有困難的，而他們的回應方式通常會說「不知道」，或是什麼也不說。在大部分情形下，一種較具有建設性的引導方式，只是大聲地描述出他在繪畫中看到什麼。例如，治療師可以指出繪畫中各個不同的部分，說：「在房子裡我看到一個人向窗外看，院子裡有一隻狗」或「我看到一個黃色的大圈圈，上面圍繞著波浪狀的藍色線條」，然後等候兒童的回應。通常兒童會增加有關這幅圖畫的一些資料。特別是當成人忽略了一些對兒童很重要的明顯特徵或細節時。然後這位治療師繼續說出想要進一步知道這些繪畫的成分，說：「我想知道當他往窗外看時，這個人正在想什麼？」（等候兒童的反應或評論）；「我希望知

道當他向外看時，他看到什麼？」；或「我想知道這隻狗正在想什麼？」（或感覺到什麼、或做什麼，根據情形而定）。如同前面所述，治療師方面所採用的問題類型，意味著一種「不知道」（not-knowing）的態度，但通常卻能夠在治療師與兒童之間，有效地產生具有建設性的對話。在真實的情境中，我們無法真正地了解一個圖形對於兒童的意義是什麼，藉著以一種開放的態度，來傳達一個人想了解這幅畫的興趣，給這位兒童一個機會，以他或她的觀點來解釋繪畫中的成分。

　　治療師以引導活動和互動的方式介入，最後都是以治療師自己在面對兒童工作時的風格為基礎。可能採取問題解決、認知行為，或其他任何一種的理論導向。然而，在所有對兒童的治療方法中，臨床工作中的繪畫經常能夠將兒童的情感反映出來，特別是當這位兒童在繪畫中明顯表達出強烈的情緒時。將兒童的情感反映出來能夠幫助治療師增強對於兒童圖畫內容的接納，並強化兒童以繪畫作為補償的自然過程。例如，一位七歲男孩親眼看到他的爸爸嚴重地毆打他的媽媽，他畫了一幅他父親的圖畫（圖 3.3），名為「帶著鎚子和刀的壞人」，並且描述「很高興這個人因為他所做的事而被關進監獄」。治療師的反應可能是「我猜想看到你爸爸傷害你媽媽，真的讓你很傷心，可以了解你因為爸爸的所作所為而不喜歡他，我很高興你能告訴我這些感覺。」

　　這裡還有很多一般性的問題，是治療師可以在完成一幅繪畫時詢問兒童：

　　你會給這幅畫什麼樣的標題？告訴我你在畫些什麼。或者是，這幅畫裡發生了什麼事？這些是對於開始溝通很有助益的一些廣泛性問題。

　　在這幅圖畫中的人或動物，它的感覺是什麼？因為在我與兒童任何治療關係裡的目的之一，是去幫助他們表達感受，我通常會詢問繪畫中有關圖形的部分，提供兒童有機會透過它們來投射或連結情感。如果有實際的物體（如汽車、房子、樹等），治療師也可能會問每一個物體它們的感覺會是什麼。

圖 3.3　由一位七歲兒童所畫的「帶著鎚子和刀的壞人」

　　當我詢問兒童關於無生命物體有什麼感覺時，兒童可能會感覺到困惑有什麼（或認為治療師的頭腦有問題），所以在問這些問題之前，我通常會先說我們假設這個房子、汽車或樹是有感覺的。如果這幅畫還包括顏色、形狀或線條，治療師也可能會問：「這個形狀（線條或顏色）的感覺是什麼？」

　　*圖畫中這些圖形它們對彼此的感覺會是什麼？如果它們能夠說話，它們會對彼此說些什麼？*這些問題是與情緒的表達有關，但它們也可能幫助兒童發展出一個關於這幅圖畫的故事。治療師也可能假裝以繪畫中的一個人物、動物或物體的聲音說話，然後要求兒童為繪畫中另一個角色說話。這個方法和遊戲治療的方法十分類似，他們是使用玩具或沙箱人物在作彼此的對話。

　　*我能夠問這個小女孩、小男孩、狗、貓、房子、……等等的一些問題嗎？*透過這一類型的問題，鼓勵兒童來幫小女孩、小男孩、狗、貓或房子回答。

　　上面所討論的所有問題，對於有關繪畫故事的產生都是很有用的。大部分的問題都是使用第三人稱的方式，而不是作直接的詢問。

雖然很多兒童以第一人稱的方式，來敘述關於他們的繪畫故事，並不會感到任何的不妥，但對某些，特別是因嚴重創傷或憂慮而接受治療的兒童，以一種較間接的方式來進行繪畫的討論才是有用的。以第三人稱的方式來說故事，能提供一種安全和距離的空間，在此同時，允許兒童成為描述他們繪畫意義的專家。

有些兒童發現使用道具會更好一些，如一個玩偶、面具或是玩具，把問題的答案表演出來，或是發展成一個故事。正如 Oaklander（1978）所述：「對一位兒童而言，當他發現直接說出來會有表達上的困難時，透過一個玩偶來說通常要容易得多。這個玩偶提供了距離，這個方式讓兒童在揭露一些內心深處的秘密時，會感到較為安全」（p.104）。例如，這位治療師可能會問：「你願意讓這些玩偶（或面具）的其中一位說話嗎？在這些玩具中，能有一個玩具回答我所問的問題嗎？」在我的經驗中，透過一種第三人的聲音，來讓這位兒童談他的繪畫，運用繪畫或是像玩偶一樣的道具來探索圖形，透過創造出一種聲音，讓這位兒童能夠安全地說話，自然地能夠減少害羞、焦慮、自責、罪惡感和害怕等感覺。

對某些兒童而言，有或沒有道具的演劇或動作，可能比僅有繪畫和談話的方式更為恰當與更有樂趣。如果他們能夠以動作或是把他們的藝術內容以演劇的方式呈現，有時候我會要求兒童把他們繪畫中特定的特徵，以動作的方式表演出來。再次地，如果這些人物能有動作和說話的話，一組道具也能夠透過動作把繪畫的內容表演出來，或是把繪畫中接下來會發生的事情呈現出來。

一台錄音機也能夠鼓勵說故事，它所增加的優點是當兒童在說故事的時候，將這個故事逐字地錄音。大部分兒童喜歡這個錄放音裝置，而且在我們聆聽所錄的聲音時，也可以讓我能夠大聲地評論，或探討這個故事的其他細節。錄音機也能夠作為訪談的設備，特別是當它附有麥克風時；我有一個老式的手持式麥克風，大部分兒童都喜歡拿著它說話，甚至非常害羞的兒童都會變得興奮而活躍。如果治療師

能夠在「訪談」時，當一名什麼事都不知道的蹩腳演員的話，它的效果更是出奇地好。

第五節　使繪畫和繪畫的過程具有意義
（Making Sense of the Drawing and the Drawing Process）

除了詢問有關兒童繪畫的問題之外，我還使用一系列的問題來幫助我思考和了解他們的繪畫。

正如前面所說的，治療師必須同時要思考繪畫的過程（兒童如何使用媒材、在單元和活動中的經驗以及與治療師之間的互動）和這幅繪畫本身。同樣重要的是要去回想兒童繪畫時，從旁觀察到的自然脈絡情形；也就是要能很生動地了解到環境的因素，繪畫媒材對於繪畫本身所產生的效果和治療關係所造成的影響等（見第二章）。

也必須要知道兒童對於繪畫活動的知覺為何。例如，他或她是自發性地進行繪畫，或是這位兒童把繪畫當成是一種測驗？在許多治療中，兒童所創作的繪畫是作自發性地表達，或兒童是為了滿足特定繪畫約定或評量作業時才創作的繪畫。治療師應該了解，當兒童因評量的目的而被要求畫一幅畫時，他們通常是了解情況的，至少在我的經驗中是如此。例如，當活動是指定用鉛筆畫一幢房子、一棵樹和一個人時，這位兒童經常會懷疑這可能是某一種測驗，因為有特定的指示、受限制的主題，而且媒材也受到約束。而在另一種情形下，兒童則可能視繪畫為一種創造性的活動，是一種在學校的藝術課或活動中所經驗到的，而不是一種介入的方式或治療計畫中的一部分。雖然治療師可能是因為投射或治療上的目的而應用繪畫活動，但是兒童會以不同的觀點來看待這項藝術，並且以他或她自己在脈絡上的了解，和他或她自己在發展上的觀點，來理解治療師的要求創作藝術。治療師對於兒童製作藝術之觀點的了解，是在治療中能夠成功應用繪畫的必

要因素，並且經由顯示治療師對於兒童創作活動的尊敬態度，對於治療關係將會十分有幫助。

當我在思考兒童的繪畫和繪畫的過程時，我所使用的是下述的問句。在這些問句之中，沒有一個完全正確或最好的答案；它們並非意味對於兒童、對他們在治療中的反應或他們的繪畫，具有正向或是負向的意涵。兒童的反應方式為何，也是根據每一位兒童的個別經驗、情境、活動，以及治療師與兒童之間的互動情形而異。這些問題僅是用來幫助一個人將他的觀察組織化，和回顧兒童在活動中之反應的一種方法而已。

與過程有關的問題（Process-related questions）

- 這位兒童在等待指示或教導，或是他（她）一看到媒材，就馬上開始繪畫的活動？
- 這位兒童看起來安靜專注或是焦躁不安？積極主動或是退縮？這位孩子的注意力能夠集中或是顯得心煩意亂？
- 過程中如果發生改變，是伴隨著藝術的活動，或是伴隨著其他特定的介入或互動？
- 這位兒童能夠聽從指示，或他（她）很容易受到挫折，或是無法遵從簡單的指示？
- 這位兒童在繪畫中很有自信，或他（她）會對錯誤過度地在意？
- 這位兒童看起來能夠獨立工作，或他（她）似乎過度地依賴治療師？
- 這位兒童在繪畫中需要結構性的程度，或是需要協助的程度為何？
- 如果在團體之中，這位兒童能夠分享媒材，以及維持適當的界線嗎？

- 這位兒童在離開這個活動時有困難嗎？如果要求這位兒童離開他（她）的工作，這位兒童的反應如何？在這位兒童拿著他（她）的作品時，會顯得興奮嗎？這位兒童會特別地要求治療師保留這幅繪畫嗎？

與作品有關的問題 （Product-related questions）

- 這位兒童完成作品時很得意，或他（她）對這幅繪畫的評價很低？
- 這幅繪畫包括富表現力的獨特圖象，或包括的是一些刻板的圖形？
- 這位兒童對於有關繪畫問題的反應為何？
- 這位兒童會把繪畫中的圖形，與他（她）自己聯想在一起，或這幅畫與他（她）自己似乎沒有任何關聯？
- 這位兒童能夠用譬喻的方式或是與自我有關的方式討論這幅繪畫，或是對於討論或描述這幅繪畫感到困難？
- 這幅繪畫從發展的角度來看，適合這位兒童的年齡嗎（見第四章）？

關於與作品相關的問題，除了上述所列的問題以外，有些治療師也許會在繪畫中尋找特定的特徵。再一次強調，對於兒童圖形所可能有的各種意義，保持開放的態度是很重要的。並非只是把焦點放在繪畫的解釋上，更重要的是在大部分的情形下，觀察兒童如何進行所指定的工作、他們如何向治療師敘述，以及他們對所創作繪畫的反應是什麼。

當注視著兒童完成的繪畫，我通常會問我自己：「繪畫中看起來不平常、凸顯或是重要的是什麼？」可能可以使用這些作為與兒童談話的重點。這樣的特徵或主題能夠提供有關兒童的重要資料。一個在

發展上看起來不平常的特徵，會是開始入手的好地方（見第四章）。然而請記得，從成人眼光看起來不平常或是很傑出的，可能只是某一特定年齡或階段發展的正常表現。例如，當一位六歲兒童把一項特徵或物體畫得很大時，可能只是這個年齡層的兒童，有向欣賞者傳達出強調某件事物之重要性的傾向。另一方面，這位兒童可能用顏色或線條來強調某件事物，因為這代表正在為某件事物煩惱或悶悶不樂。

在最低的限度，繪畫中似乎沒有任何不平常的部分，也能夠提供給治療師和兒童之間談話的好時機。例如，有一位懷疑遭受到性侵害的六歲女孩，送到我那兒進行評估以及治療。經過幾次繪畫和彼此較為熟悉後，我問她是否能夠畫一幅她自己在家中的圖畫給我。她畫她在自己的家裡，以X光的方式呈現包括她自己在內的房子。繪畫中有兩層樓，樓上畫了許多張床，樓下則畫了一個很大的咖啡壺。這個咖啡壺引起我很大的興趣，所以後來我問她有關繪畫的幾個普通問題之後，我又問她圖畫中有關咖啡壺的問題。她開始熱切地告訴我有關他們早上離開家出門工作之前，每個人都會有一杯咖啡。我要她為那些離開家之前有一杯咖啡的人命名，她叫出她的媽媽、爸爸和兩位就讀高中的姊姊。當我問她在那之後是誰留下來，她說只有她和她的舅舅，他失業了並且留在家中看著她。結論咖啡壺在繪畫中是一項很重要的訊息，事實上確認就是舅舅對這位小女孩性侵害。結果證明這是一項很有幫助的要素，讓這位女孩談論她的家庭，但實際上卻提供對她性侵害的線索。

第六節 對繪畫的抗拒
(Resistance to Drawing)

有些兒童對於他們所要表達的已發展出很好的概念，而且似乎對於藝術製作和他們的圖象具有直覺。他們需要很少或根本不需要治療

師的指導，高高興興地創作出他們自發性的圖案，讓治療師滿足於成為他們作品中的一種催化劑、見證人與支持力量。然而，兒童也可能因為各種不同的理由而拒絕繪畫，即使他們在平常就認為這是一種快樂的活動。雖然並沒有仙丹妙藥，能引誘抗拒的兒童在治療中致力於繪畫，這裡有一些關於兒童為什麼不畫的重要因素，和一些如果發生這種情形的應付方法。在我自己的經驗中，我很少會發現兒童抗拒繪畫。我想在藝術治療與臨床諮商中的大量經驗，幫助我讓藝術過程變得有趣，並且能夠吸引兒童；就是直覺地認為藝術創作是能夠讓人興奮，以及兒童將會受到治療師的熱誠感染。

對兒童應用藝術活動進行指導的治療師，有關繪畫的抗拒是經常被提起的一個問題。如果一位治療師對於口語式治療感到十分舒適，而對兒童的藝術表現、藝術媒材和藝術的過程十分不自在，缺乏這種信心將會影響到對兒童應用繪畫的成效。兒童在進行治療或是溝通時，在進行藝術活動時將會感覺到缺乏熱誠或技巧，而在反應上，也會在過程中失去他們自己本身的熱誠以及投入程度。因為治療師缺乏藝術或藝術治療方面的經驗，而要求兒童去畫將無法自動導致所期望的結果。

提供的藝術用品，稍不謹慎也可能會引起抗拒。正如第二章所說的，提供品質良好的繪畫工具和高級的圖畫紙，對於繪畫是很重要的。麥克筆全乾了、蠟筆又舊又破、紙張容易劃破或是缺乏完整的顏色，不僅會影響繪畫的意願，更會使兒童感覺到挫折。為了讓兒童投入於繪畫過程中，外觀良好和看起來讓人躍躍欲試的繪畫媒材，對鼓勵兒童致力於藝術創作和自我表達有很大的幫助。

有些兒童會因為其他更多個人的原因而抗拒繪畫，包括擔心、不信任或憂鬱。有些兒童有高度的防衛與害怕，有時要他們去畫幾乎是不可能的；透過繪畫的表現，所知覺到的是一種威脅和焦慮的產生。有時作業本身也會產生抗拒；例如，要求一位兒童在尚未感覺到安全或受保護的治療關係時，就去要求畫一種創傷的經驗，或是在治療初

期，要求一位有家庭問題的兒童去畫家庭的繪畫，那會是一種具有威脅性的經驗。

　　有幾種方法是能夠試著去幫助個人克服抗拒的。有時我對一位兒童開始繪畫活動，要求兒童如內容、形式或其他特徵等方面的指示。雖然我在專業生涯開始之前是一位藝術家，並擁有某種程度上的繪畫技巧，但有時沒有藝術性的技巧，實際上會是更有幫助的。有點笨拙反倒能夠誘使兒童願意投入，並且對治療師所犯的錯誤或缺乏技巧，還能夠給予糾正。我們甚至可以畫一種原始粗糙的筷子人，然後突然間就會發現，兒童會為它加上細節，或是去「潤色」這幅繪畫。

　　對於真正在抗拒的兒童，我會和他們玩一種漫畫的遊戲，在其中我扮演一位漫畫家，專門畫兒童所喜歡畫的東西。我可能以一種像加菲貓（Garfield；我所知道如何畫的一種角色）圖象的連環漫畫開始，然後要求兒童告訴我這個角色正在做什麼？通常會有下述兩種情形之一的事件發生：兒童會著迷於口述故事而讓我去畫，這樣提供我機會可以去增加情節、或是幫助兒童發展或是問題解決。有些兒童立即會沉醉於漫畫的過程（特別是當我拙於創造角色時），並接手去畫這幅漫畫。就像是連環漫畫中的一幀，每次展示一幅畫，這樣在兒童和治療師之間可以向後和向前翻閱。

　　有時候看起來似乎是對繪畫的抗拒，卻可能只是對於情境的不安全感，或是缺乏自信不知如何及從何開始。給兒童一大張白紙和繪畫工具，讓他「畫任何你想畫的東西」，可能會使他手足無措，特別是當兒童感到害怕、焦慮或對自己缺乏信心時。另一種情形是兒童開始前需要先暖身，並且建立信心和必要的信任感，感覺到安全之後才開始表達。要兒童挑選一項他（她）打算要畫的細節，可能會是有幫助的。例如，如果兒童要畫一個人，治療師則可以要求他（她）是否可以只畫頭部。從這樣的觀點，兒童則會被鼓勵畫出其他特徵，如眼睛、鼻子和嘴巴、身體、雙腿等等。通常一旦專注於這個過程中，兒童在很少的刺激下仍然會繼續下去。

　　Steele（1997）發展出一種簡單的技術，可以用於刺激那些無論如何都會抗拒繪畫的兒童。他要求兒童在一張索引卡上製作一個拇指印（紙張的大小在這裡很重要，因為對某些兒童而言，一張小片的索引卡，相較於一大張紙，威脅要小得多），在上面增加一些細節，把它創造成一個特殊的朋友或是同伴。拇指印變成一種引起兒童自發性動機的方式，畫成一個人物的圖形。這個人物在較大張的圖畫中，再加上其他的部分，如房子、其他的人或動物後，就很容易變成核心的人物。

　　最後，呈現其他兒童的繪畫或是簡單的圖形，也是有所助益的，特別是那些對他們的能力沒把握的兒童。有些兒童可能會嘗試抄襲這些繪畫，但是通常他們很快就會在圖畫中加入自己的圖形，或是以較為個人化的方式改變這些圖形。希爾渥繪畫測驗（The Silver Drawing Test; 1996a）的圖片（是一系列簡單的線條繪畫，有各種不同的人、動物和物體），有時對於刺激那些想不出任何東西來畫的兒童，或是對於創造他們自己的圖形非常沒有把握的兒童，遲早是能發揮作用的。希爾渥卡片也對繪畫上缺乏能量的兒童，如患有身體疾病、在醫院接受手術或治療的兒童特別地有用。兒童可以僅選擇兩或三張卡片把它們排列好，並說一個故事給治療師聽。這位兒童也可以複製這個圖形，並以他或她希望的方式改變它。

　　還有一個重點，就是有些兒童會順從治療師的要求去繪畫，甚至在對她們而言繪畫並不是最有生產性的表達方式時。有些兒童可能更適合一些不同形式的藝術表現方式，如美術拼貼或黏土製作，而其他的兒童則可能透過如玩偶、戲劇、遊戲或動作等媒介，而顯得更有表現力。當大部分兒童能夠投入於繪畫時，治療師必須對於形式、藝術表現方式、動作、遊戲、或口述的故事具備敏感度，治療中哪一種是最能讓他們投入，並讓兒童自由地表達他們自己之最具有生產力的方式。

第七節 對於兒童繪畫中性或暴力內容的回應

（Responding to Sexual or Violent Content in Children's Drawings）

在心理健康專業的督導工作中，我經常被問到兒童繪畫中有關性或暴力的內容（見第五章）。許多治療師，甚至那些曾面對兒童工作多年的從業者，可以理解他們會對那些明確包括性或暴力素材的繪畫，感到不舒服甚至是害怕。當治療師以藝術表現，作為與兒童溝通所不願公開討論的想法、感覺和觀念的一種方式時，那些不容易用文字表達有關性或暴力的內容，可能就會出現在繪畫中。治療師必須做好心理準備，接受並反應那些強有力而且通常是壓倒性的圖象。對於助人專業者，看到造型固定的心、彩虹和微笑的臉，而不是刺眼的性或暴力內容時，可能會讓人更舒服一些。然而，並不能因為治療師對這些內容感到不舒適，就去阻擋這些繪畫中的強有力影響。

許多年前當我第一次開始擔任藝術治療師的時候，我對一位十三歲男孩進行評估，他在我們的第一次會面，就呈現給我一張令人感到有些震撼的人物繪畫（圖3.4）。他是被轉介給我來評估和治療他的行為問題、活動過度和學習障礙，這是他就讀公立學校所規劃特殊方案中的一部分。這位男孩在閱讀和語言方面有些中度的學習障礙，被學校心理學家診斷為目前所知的一種注意力缺乏／活動過度異常（attention-deficit\hyperactivity disorder; ADHD），並且通常會表現出行為幼稚，在教室裡和與同儕之間，他的行為很少有自我控制的能力。我們在他學校裡的特殊教室中會面，進行每週一次的藝術治療。

這幅造成明顯震撼的繪畫，內容是有極高性意涵的人物。雖然這位男孩還不算是青少年，但已經具有寫實繪畫的能力，畫裸體畫並強調出性的特徵，這些細節在這個年齡層並不常見。這位男孩在完成這

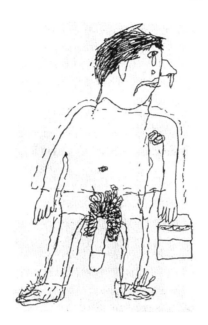

圖 3.4 一位十三歲男孩所畫的鉛筆人物畫

幅繪畫後的反應是複雜的；開始時他不能控制地笑了笑（可能是看到我驚訝的表情），然後突然對他的繪畫，包括對性的內容和對自己的感受，變得像是煩亂與羞愧的樣子。很不幸地，在這位男孩的例子中，他是受到他父親身體和性方面的虐待，並且在感受上被媽媽遺棄，因為在爸爸虐待他時，他母親並沒有通報並保護他。

當時以一位新手治療師，我從這個男孩所得到的圖象感到非常驚訝。自從那次以後，我又看到過許多性意識明顯的繪畫，大部分都是曾經遭受過性侵害兒童所畫的。當治療師面對曾經遭受過性侵害的兒童工作時，顯然可能會看到大量有明顯性內容的圖象。根據治療師對於性圖象的過去經驗和感受，有些圖象可能就會造成困擾。當很自然地震驚於這些圖象的同時，治療師也必須檢驗他或她對這類意象的反應是什麼，因為對於性內容的個人反應，將會影響到他與兒童、和與兒童繪畫之間的交互作用。接受一位對於兒童繪畫具備專業知識了解的治療師，或僅是另外一位專業同僚的督導，對於排除個人思考的盲

點，和有關混亂、暴力或性意象等方面的觀察，都會是非常有幫助的。以在現場或錄影帶方式來督導治療師與兒童之間的互動，也是非常有幫助的，特別是在學習晤談技巧，和對兒童藝術活動時的反應尤其如此（Malchiodi & Riley, 1996）。

從某些角度來看，繪畫中的暴力圖象會是更有問題的，而且要去正視它也會是同樣地困難。雖然有些年幼兒童會畫出明顯包含有暴力內容的圖象，然而較年長的兒童和青少年，卻可能更容易畫出包括暴力或駭怕意象的圖畫。那些曾經遭受虐待的兒童和青少年所畫的部分繪畫，不是把虐待的情形重新演出一遍，就是以藝術表達作為媒介，把心中的感覺或想傷害他們施虐者的願望表現出來。繪畫中描述暴力內容的對象正是自己或是他人，同樣也是令人擔心的，特別是有關憂鬱或自殺的主題（見第五章，有關兒童期的憂鬱與繪畫方面的討論）。

Haeseler（1987）指出：「治療師能夠幫助病人了解他們畫出暴力圖象的意圖——他們希望驚嚇到別人、處罰他們、或是向他人求助？呈現的時機與方式為何？預期的觀賞者是誰？」（p.15）。這些是當治療師需要面對繪畫中的暴力內容並作回應時，所需要考慮的幾個基本問題。而且，治療師能夠接受的是繪畫中的暴力內容，而不是繪畫中所表示的行為或暴力的動作。這是需要向創造出明顯暴力或沮喪內容的兒童或青少年，明確傳達出的一個重要不同點。在任何治療性的關係或情境中，當一位兒童或青少年以繪畫圖形來傳達暴力或殘酷的主題時，安全是一個最重要的課題，而且必須以清楚的方式說明。

Graham（1994）在他對有情緒困擾的青少年工作中，描述為何青少年會畫一些暴力意象繪畫的幾個原因：

(1)它通常保證會有反應；(2)它會造成震驚，而且能引起觀看者的情緒反應，它證明繪畫者作為一位圖象創作者的威力，

它能使繪畫者感覺到振奮；(3)它是一種區分藝術家與一般人的方法，看他是否能對美麗事物作出反應；當我們看到令人震撼的藝術，我們可能會退縮，但是我們很快就會問：「這是誰做的？」和「為什麼？」讓觀看這美麗的人覺得超凡而且渾然天成。（p.118）

不幸地，有許多情緒極端痛苦或嚴重憂鬱的兒童會依賴刻板的模式，以避免表達或傳遞那些困擾他們生活的真實問題。包含暴力主題的繪畫，不僅在視覺上令人注目與震驚，而且通常會透露出這位兒童所經驗到更多的特定問題或感受。暴力意象雖然可能會造成治療師的不舒適與困擾，但是卻傳達出重要的反應方式，而且對某些兒童和青少年而言，甚至是將暴力的想法或願望，轉化成較為人們所接受形式的一個管道。

第八節　結　論
（Conclusion）

本章對於透過兒童繪畫來了解兒童的一些方式及考慮，已經作了一個簡短的回顧。就像本章開始時所說的，治療師通常透過他們自己的觀點來思考兒童的繪畫，但是藉由幾個適當的問題，兒童描述他們的藝術表現通常更能增進我們的了解。當對兒童進行治療時，檢討個人對繪畫的信念及其意義，對於兒童的工作也是很有幫助的。無論任何一種治療的技術，在治療時應用繪畫都需要回饋，不僅困難的個案如此，即使是基本的案例，都要檢驗他們對於其內容和藝術表現的描述。

在面對兒童和他們的繪畫時，始終記得對兒童的治療中應用繪畫的目的，絕對會是有幫助的。關於 Steele（1997）多年來面對心理受

創與哀傷兒童工作的思考，他這麼寫著：

> 你（治療師）在繪畫過程中的功能，是鼓勵兒童畫出他的經
> 驗和述說他的故事。在這個過程中，當他給你一幅較好的
> 「圖畫」來說明他的害怕時，他會發現已經從他的害怕中釋
> 放了。那是一種鼓勵以更新的觀點，來觀看內在許可與控制
> 的過程。只是對他的繪畫抱持著一種新鮮與好奇，你提供了
> 他所需要的機會與媒介，降低了那些害怕知覺的記憶，而以
> 那些更為正向的快樂記憶來取代。（p.43）

對治療師而言，很重要的是要記得，兒童透過繪畫允許他人進入
他們內在世界的經驗中，分享與探索他們自己。當兒童的繪畫傳達出
有關他們的感覺、想法和幻想等訊息時，這是一種繪畫的過程，和治
療師與兒童之間互動的積極狀態，透過創造性活動來鼓舞補償作用與
產生復原效果。

第四章

兒童繪畫的發展性觀點

Developmental Aspects of Children's Drawings

　　然而弔詭的是，大多數兒童透過一系列可預測的藝術表現，實質上是為了要理解兒童所有其他繪畫的觀點。在二十多年來面對及觀察兒童藝術創作的過程中，除了嚴重殘障狀況的兒童以外，我仍然驚訝於所有的兒童，幼年時要求他們隨意塗鴉，實際上他們仍能夠用想像的方式呈現出人形和物體，並且有能力將主題與個人的意義，結合在繪畫的成分中。簡而言之，在整個童年時期，所有兒童在他們的繪畫中都遵循著預期的、漸進式的改變，改變是每一個年齡層都擁有的特徵。這些藝術發展的階段，在全世界的兒童情形都是如此，創作符號的共通性是每一位正常兒童的能力，能夠透過藝術表現來進行溝通。

　　人們對於兒童的藝術發展所作的描述，一個人能夠很容易用所有的材料，來填滿這些各自的要求。雖然兒童的藝術發展階段還有許多細節需要討論，但是許多治療師對於各個年齡的兒童繪畫，卻最多只有非常簡單的工作常識，而其他人則對藝術表現發展階段的理論完全不熟悉。知道各個不同年齡兒童如何透過繪畫來表現他們自己，對於了解兒童一般性的繪畫是很根本的。這個基礎使治療師在面對有認知、發展或身體問題，以及那些在他們生活中曾經經驗過創傷、危機或情緒困擾的兒童時，提供了一個特別有用的比較性觀點。

　　本章並不是打算取代已經存在許多兒童藝術發展的廣泛內涵。然而，我是嘗試將正常階段最基本和凸顯的資訊予以濃縮，以適合那些可能不熟悉藝術發展階段的讀者，和在認識初期需要有一些基礎的人。為了要讓治療師和其他的人在面對兒童時，能夠有效地了解兒童繪畫的發展性觀點，上述的這些基本資訊涵蓋了大部分所必須知道的內容。更多的研究和資料所作的進一步建議，請見本章內容和本書結尾參考書目的部分。

第一節 兒童藝術發展的水準

（Developmental Levels in Children's Art）

從十九世紀末期到二十世紀初期，研究兒童藝術表現的學者，開始去描述在繪畫發展上所觀察到的階段。早期的研究結果認為兒童的藝術發展，一般區分為三個階段：

1. 塗鴉階段（scribbling stage），其中包括毫無組織的散亂線條，和稍晚以成群的線條和圓形形式的塗鴉。
2. 基模階段（schematic stage），兒童發展出各種基模，來代表人物、物體和環境。
3. 自然的階段（naturalistic stage），出現更符合真實、栩栩如生的細節。

這項早期的研究，儘管範圍廣泛而普遍，但它仍成功地催化了後來更為特定的分析，並最終建立了各個繪畫發展階段更詳盡的資料。早在一九二一年，Burt 就開始研究並將兒童的繪畫分為幾個明確的階段。他觀察到兒童大約是在二到三歲的時候開始塗鴉，再年長一些到四歲之前出現單一的線條，為創造能夠代表人物和動物的基本圖形作好準備。五到六歲時，他認為兒童能夠畫出代表他們在環境中所見東西的形式，從七到十一歲，兒童增加了描繪實際物體和人物的能力，他們發現了空間的深度、動作和自然的顏色。Burt 指出，兒童在青少年前期傾向放棄藝術，因為能力上缺乏自信或是缺乏他人的鼓勵，往往壓抑他們對於藝術表現的興趣。Goodenough（1926；見第一章）也觀察到一種藝術表現的發展順序，並透過分析以測量智力為目的的兒童繪畫，企圖建立年齡的常模。

此後，其他學者也觀察到兒童藝術中的一種連續性模式，而發展

出兒童藝術發展的理論。最可能為大家所熟知的是Lowenfeld（1947）的研究「創造與心智發展」（Creative and Mental Growth），是對兒童的藝術表現上富有理解性文字的一位作者；其原著在他過世後的幾個修訂版中，已經予以更新並刪減了若干內容（Lowenfeld & Brittain, 1982）。許多藝術教育者和治療師仍然使用 Lowenfeld 的階段理論，作為評估兒童藝術發展的標準，在藝術治療的領域尤其如此。

　　Lowenfeld 相信兒童在藝術方面的發展，類似於組織性思考和認知能力發展的過程。在此前提下，藝術的表現也就是代表兒童產生許多方面的能力——動作技巧（motor skills）、感知能力（perception）、語言（language）、符號構成（symbol formation）、感官知覺（sensory awareness）和空間安置（spatial orientation）。Lowenfeld 的理論主要是根據更早期 Burt 和其他學者的研究，描述出藝術發展的六個主要階段：

1. 塗鴉期（scribbling，二到四歲）：最早的繪畫通常是以動作感覺為基礎，最後才會轉變為表現心理活動；各類型的塗鴉包括雜亂的、長線條的、畫圈圈的；在本階段結束前都稱為塗鴉期。

2. 基模前期（preschematic；四到七歲）：具象符號的早期發展階段，特別能代表人類早期的繪畫形式。

3. 基模期（schematic；七到九歲）：具象符號持續發展階段，特別會使用人物、物體、合成物和顏色等基模形式，會使用底線。

4. 寫實畫期（drawning realism；九到十一歲）：描繪空間深度和增加使用自然顏色的技巧，以及增多藝術表現的刻板性。

5. 擬似寫實期（pseudorealism；十一到十三歲）：對於人物和環境的覺察更加吹毛求疵，增加細節；增多藝術表現的刻板性；漫畫畫法。

6. 決定期（period of decision；青少年）：表現更為複雜與精細；部分兒童除非他們繼續或受到鼓勵創作藝術，否則不會到達這

個階段。

其他的學者繼續探討兒童的藝術發展，所增加的不只是包括非常年幼的兒童到青少年，對他們藝術活動發展特質的全面性知識，還進一步提供藝術發展過程相異的觀點。例如，Pasto（1965）認為兒童的藝術表現不只是從發展的觀點來看，還要用情緒經驗的觀點，也就是他所謂的「空間畫面」（space-frame）理論。他對早期藝術表現各種形式的象徵符號主義（symbolism）提出建議，如兒童第一次嘗試畫出圓圈來代表媽媽的意象，而以長方形來作為形成不同於這個世界其他個體的象徵。這些觀察似乎是來自於當時的榮格學派和其他的心理學理論，而不是單獨只有人類發展的模式，提供了解情緒發展與成熟的另一種架構。

Winner（1982）、Golomb（1990）和 Gardner（1980）提供一種更直接的研究觀點來了解兒童繪畫，包括應用發展心理學、藝術和某種程度的人類學。Gardner 提供一種近似於 Lowenfeld 分階段的描述方式，包括塗鴉、發展不完整的形式、第一個人形的發展、基模式圖畫、寫實主義、青少年前期漫畫和青少年藝術的能力。Gardner（1980）像其他人一樣，同意世界上的年幼兒童，都是經歷了具體及可預料的藝術發展階段，從非常年輕就開始，一直持續到青少年。

雖然藝術表現的階段以各種不同的名詞來稱呼，為求文字上的清楚，他們的界定如下：階段一：塗鴉（scribbling）；階段二：基本形式（basic forms），階段三：人形和基模初期（human forms and beginning schemata）；階段四：視覺基模的發展（development of a visual schema），階段五：寫實主義（realism）；和階段六：青少年（adolescence）。每一階段的主要分界點，都是為了扼要與凸顯該階段的重要部分，所提供的是大約的年齡範圍；換句話說，在某一階段被視為正常的表現技巧、繪畫風格，可能有部分年齡會是重疊的。還有一項重點是，兒童在階段之間可能也會倒退或者前進。例如，一天某一位兒童可能畫出階段三的人物造型，接下來又會畫出複雜度較低的典型

階段二的造型。這類型的變動是很普遍的，而且在所有兒童身上都會看得到。

　　對於 Piaget 兒童智力發展理論（Piaget, 1959; Piaget & Inhelder, 1971）很熟悉的心理健康專業人員，了解其認知發展理論大致與本章所述的藝術發展階段符合，會是很有幫助的。塗鴉階段（階段一），類似於發展理論的感覺動作期（sensorimotor period）；接下來的兩個階段基本形式（階段二）與人形和基模初期（階段三），大約一直持續到七歲，則被認為屬於運思前期（preoperational period）。根據 Piaget 的描述，接下來七到十二歲的具體運思（concrete operations），則等同於具象式基模（階段四），並開始對寫實性繪畫（階段五）感到興趣。最後一個階段是從十二歲開始，通常稱為形式運作與思考期（formal operations and thought），正與青少年（階段六）的藝術發展相符。關於這個認知發展理論，本章都會概要地討論到，以幫助讀者們將兒童的認知發展與他們的藝術發展兩者銜接起來。

　　針對那些偶爾才對兒童使用繪畫的治療師而言，這段簡短的章節能夠提供各位，從一個發展性的觀點來了解藝術表現的基本原則。本章中對於素材所提到的深入觀點，對於那些經常在對兒童治療和評量時使用繪畫的治療師而言，也可能是非常需要的。當有疑義時，與有經驗的藝術治療師、藝術教育者或兒童發展專家進行諮詢，也可能是非常必要的。

階段一：塗鴉（Scribbling）

　　第一階段發生在兒童的年齡大約十八個月到三歲之間，在紙上（或在牆上、書本上、或其他不恰當的平面，如果這位兒童在沒人看管的情形下）所創作出第一個符號的時候。像前面所提到的，此一階段的藝術發展與後面所謂認知發展的感覺動作期大致符合（Piaget, 1959; Piaget & Inhelder, 1971），以及某種程度的運思前期開始階段。就感覺動作的經驗而言，這也是兒童在生活中開始對運動知覺的思

考，開始增進手－眼協調，和開始爬行、走路、跑步的時候。目標導向、目的性的行為逐漸發展，而且兒童經常喜歡模仿他們身旁人們的說話方式或動作。在這個階段的尾段（約三歲），兒童們開始象徵式的思考，並開始對他們環境中的東西形式、顏色和大小進行分類。語言發展也開始逐漸扮演重要的角色。

兒童在一歲半到兩歲之間所畫的第一幅塗鴉，是在沒有人教導這位年幼兒童如何塗鴉下的自發性作品。開始時這個動作用於創作這幅塗鴉時，只有很少的控制性；事實上，非常幼小的兒童可能把蠟筆放在嘴裡咀嚼而不是塗鴉，意外的情形常發生，早期繪畫的線條品質是非常多樣化（圖4.1-4.3）。

塗鴉和其他早期的繪畫活動與動作感覺的經驗，和視覺與動作協調性的練習有關。從某個程度上，年幼的兒童正在練習與發展大肌肉活動，終致精細動作的控制。然而，很有趣地，兒童的確知道他們

圖 4.1 一位二歲女孩的塗鴉畫

圖 4.2　一位二歲女孩的塗鴉畫

圖 4.3　一位三歲男孩的塗鴉畫

在創作符號,並享受著蠟筆在紙上塗鴉的經驗。Gonas 和 Yonas(在 Winner, 1982)指出,如果你用一支畫不出線的筆來代替兒童的麥克筆,這位兒童將會停止塗鴉。所以雖然兒童喜悅於他們手臂的動作,但是他們也好奇在紙上或其他表面創作符號的過程。

對於塗鴉的意義有各種不同的理論,部分是因為要對其意義作歸因並不容易。早期的研究者指出塗鴉是無意識的符號創作,只是把手臂、腕部和手部的動作記錄起來(Burt, 1921; Goodenough, 1926)。然而,近數十年來的觀察已經改變。儘管一位兒童的塗鴉畫對成人而言,看起來可能像一團毫無意義的雜亂線條,然而創作一幅塗鴉的兒童也可能發展出,用語言和姿勢來表達他或她們自己的能力。這表示塗鴉對兒童而言,仍可能代表了某種意義,雖然並不必然需以具象化的方式表示。例如,看起來像是隨機性的線條,可能代表一隻狗在奔跑或漂浮著的一顆汽球,對於姿態的描述是用象徵符號來表示一個動作,而不是用刻板的物體圖畫。塗鴉是兒童對紙上的線條和形狀,在概念上的一種覺醒,而塗鴉也能夠代表在他們環境中的事物。

看兒童塗鴉的成人們,也能在這些早期繪畫的發展意義中擔任一項角色。在旁觀察的成人經常想到塗鴉是代表人物、動物或是東西,於是問道:「你畫的圖畫是爸爸嗎?」或「那是你的貓嗎?」兒童可能很快就會了解到,其他人對他們塗鴉的期待是要代表某件東西,或這份塗鴉可能會偶爾看起來像人、動物或樹,然後兒童可能就會聯想到創作符號活動的想法。

許多不同的嘗試,將以兒童的塗鴉繪畫進行分類。例如Lowenfeld(1947)將兒童塗鴉分成四個階段:(1)無秩序塗鴉(disorded),意味著動作缺乏控制,而且通常呈現雜亂無章與缺乏秩序;(2)縱線塗鴉(longitudinal),意味著動作的重複,和創作符號時某種協調與控制性的建立;(3)圓形塗鴉(circular),表示對進一步的動作技巧和所需要的複雜度,有更良好的控制;(4)命名塗鴉(naming scribble),Lowenfeld 相信對兒童而言,那是從動作感覺改變成富有創造性的思考。

換句話說，當兒童的動作技巧進步時，他們開始在塗鴉中形成不斷反覆的動作，畫出水平或垂直的線，畫成圓圈，並分類成點、符號和其他形式。在這個年齡的兒童，並沒有想用線條來代表什麼符號或象徵性的形式。

這個階段對於顏色的使用並沒有太多的意識（也就是顏色的使用是為了愉悅，而沒有特定的涵義），而且兒童通常不考慮顏色的選擇，能夠不換蠟筆而創作一系列的塗鴉畫，也因繪畫本身所提供的感覺動作經驗而感到愉悅。

Gardner（1980）指出有更多的塗鴉「行為」類型，包括點、戳和書寫的形式。有一些是與 Lowenfeld 的「觀察」相同，但是焦點更集中在對於塗鴉過程的解釋上。點和戳是以繪畫的工具，在紙上像是斷音一樣的動作，通常還會混合了其他類型的塗鴉（見圖 4.2）。例如，Gardner 稱作「書寫形式」（writing forms）的塗鴉，他認為這是兒童企圖模仿成人的簽名（圖 4.4），並可能為發展複印和書寫他自己名字的能力，所作的早期練習。

圖 4.4　一位二歲半男孩的塗鴉畫，包括類似於簽名和書寫的線條

　　Rhoda Kellogg（1969）在兒童早期的繪畫活動方面，進行了幾個最為廣泛的研究，認為塗鴉畫在更進一步藝術表現的發展中是很重要的。她提出兒童是通過一種漸進式的塗鴉序列，從簡單的符號開始，最後變成更為複雜的形式與設計。

　　Kellogg 透過對二到三歲兒童的塗鴉分析，提出這項序列的資料（1969），共有二十種基本的塗鴉（圖 4.5），這些都是以後繪畫發展的基礎。後來 Golomb（1981, 1990）簡化 Kellogg 的觀察，成為兩類型的塗鴉──環狀物與圓圈（繞圓圈的動作）和平行線（水平的、垂直的或斜線的動作）。

塗鴉 1	點
塗鴉 2	單一的垂直線
塗鴉 3	單一的水平線
塗鴉 4	單一的斜線
塗鴉 5	單一的曲線
塗鴉 6	多重的垂直線
塗鴉 7	多重的水平線
塗鴉 8	多重的斜線
塗鴉 9	多重的曲線
塗鴉 10	游動的開放線條
塗鴉 11	游動的封閉線條
塗鴉 12	之字形或波浪狀線條
塗鴉 13	單一的繞圈線條
塗鴉 14	多重的繞圈線條
塗鴉 15	螺旋形線條
塗鴉 16	多重線條覆蓋的圓圈
塗鴉 17	多重線條成圓周狀的圓圈
塗鴉 18	畫圓圈的線條分散開來
塗鴉 19	單一線條交叉的圓圈
塗鴉 20	不完美的圓圈

圖 4.5　Kellogg 所列的二十項基本的塗鴉（From *Analyzing Children's Art* by Rhoda Kellogg. Copyright 1970 by Rhoda Kellogg. Reprinted by pemission of Mayfield Publishing Company.）

　　雖然思考兒童所創造出各種不同的塗鴉形式，是一件有趣的事，但是對於一般治療師而言，知道由成人眼光所創造的所有塗鴉形式的名字和風格，可能並非真正地那麼重要。真正需要了解的重點，是該階段在發展上的重要性為何，為什麼兒童會經驗到這個部分，和它會如何影響後來藝術上的發展。

　　無論使用哪位作者的分類方法，很明顯地，這些第一次出現在紙上的符號，是後來繪畫的基礎，而早期透過塗鴉對線條和形狀的實驗，對於後來的發展十分重要。

　　最後，年齡在二到三歲的兒童，可能會開始以各種不同的方式來應用紙上的空白位置，顯示出意識到紙張的邊緣。他們可能開始以各種不同的方法或位置，來安排線條和符號。Kellogg（1969）鑑別了十七項這些位置的形式，指出兒童也開始在成群的線條中，創造出像三角形、長方形等形狀（圖4.6）。在三歲以前（階段二），兒童開始以單一的線條來畫這些形狀，以取代一群塗鴉式的線條。

　　在這個階段的兒童，除了繪畫發展上的特質以外，對非常年幼的兒童應用藝術的治療師，還有許多額外的重要考慮。第一個也是最重要的，年幼兒童在藝術活動上的專注時間和動作技巧都是受到限制的。除了塗鴉式的線條外，並沒有太多的內容，兒童對於他們的藝術作品，似乎也沒有太多的敘述（除了在此一階段的末了部分，在繪畫進行中，兒童會以富有想像力的方式，開始命名並談論他們的塗鴉作品）。然而，在這個年齡時提供給年幼兒童去畫的機會，仍然是很重要的，因為大部分會享受於僅僅是表達和動作本質的經驗所帶來的快樂。如果觀察到兒童透過塗鴉的繪畫而感覺到舒適，那也是很有意義的，因為這位兒童可能有一些發展或情緒上的困難，使他們無法很自在地表達他們自己。

階段二：基本形式（Basic Forms）

　　年齡從三歲到四歲，兒童可能仍然會畫塗鴉，但是他們也會變得

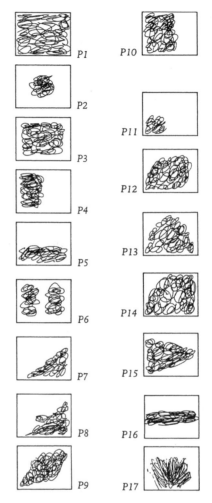

圖 4.6　Kellogg 所歸納塗鴉位置的模式（From *Analyzing Children's Art* by Rhoda Kellogg. Copyright 1970 by Rhoda Kellogg. Reprinted by permission of Mayfield Publishing Company.）

實際上更投入為它命名和創造故事。此一階段的藝術發展與初期的運思前期（preoperational period）約略同時，特別是持續從二到四歲的前概念階段（preconceptual phase; Piaget, 1959）。在認知發展的階段裡，兒童被認為是自我中心的，並且開始對因果關係至少有主觀性的

見解。如前面所提的，語言的重要性逐漸增加，象徵性的思考逐漸浮現，而且兒童能夠對他們的世界，以形式、顏色、大小的方式進行分類。

　　這個階段所畫的塗鴉和其他藝術表現的創作，樹立了一個發展的里程碑，因為現在兒童可以將他們在紙上的動作和符號，與他們周圍的世界連結起來。由於在這個年齡，關於繪畫的敘述變得更為重要，知道兒童會積極地尋求訴說他們繪畫的機會，對於治療師而言是很重要的，即使他們呈現給成人的是一幅無法辨認的塗鴉。然而，以一位正在觀看的成人，你可能會看見依稀難辨的繪畫，兒童卻能十分細緻地告訴你關於他或她的故事。

　　Gardner（1980）廣泛地探討「虛構故事」（romancing）的現象，或是對於塗鴉內容的命名，結論是兒童對於他們塗鴉繪畫的敘述，並沒有單一的解釋方式。如果成人向兒童詢問他們的繪畫，兒童簡單地告訴成人一個關於這個圖形的故事，那很有可能是為了要讓成人們滿意。另一方面，因為要看透這位兒童畫家的眼睛是很困難的，所以他或她可能會誠實地創作具有某種意義的符號，可能讓他或她繼續地向前發展，成為具象的圖形。而且，為了要應付我們讓我們了解，對於塗鴉的敘述經常出現在一些年幼兒童的身上，但有時從未或很少出現在其他人們的身上。

　　在治療師面對兒童工作時，這個階段非常地重要，因為說故事現在能夠引入成為藝術創作的一部分。可以想見一位孩童可能正在告訴聆聽的成人，討論一篇有關塗鴉的一些重要訊息，但這情形也可能是不確定的，因為這個年齡的兒童，可能仍然不能長時間非常專注於繪畫活動上，原因是受到專注時間上的限制。故事可能無法說得很好，因為年幼兒童的字彙範圍仍然有限，並且他們的專心程度也受到限制。而且，需知道塗鴉繪畫的內容會有很大的變化，甚至在短短的幾分鐘之內，所述的故事也可以有很大的改變。一位兒童在開始塗鴉繪畫時可以說：「這是我的媽媽」，不過稍後很快就會把所畫的人物稱

呼為其他的東西。事實上，第二天這位兒童可能再次為這幅繪畫重新命名，把它認作是一些完全不同的東西；再過幾天這幅塗鴉繪畫可能又會代表其他的東西。

例如，一位年齡三歲半的女孩凱特琳，幾分鐘前在這間藝術與遊戲室外面，她的祖母斥責她把果汁和餅乾弄翻在地上，後來她用一支氈頭麥克筆畫了一幅塗鴉畫（圖 4.7）。當我問凱特琳她圖畫的標題時，她說它是：「黑色蟲子的大妖怪，它對她做的壞事大吼大叫」，很明顯與先前她祖母所發生的插曲有關，也可能與別的時候她被懲罰或責罵時有關。這篇塗鴉具有相當控制性的重複短線條，大幅度的線條移動，跨越了半張紙，以及一些包括較寬線條的形式；由於那天凱特琳在進入這個單元時，有著很明顯的憤怒與煩惱，我想她繪畫裡的線條品質，反映出了她的感覺。然而，第二天當凱特琳回到這間藝術室看著她的圖畫時，她說那與音樂有關，並重新命名為「凱特琳的音樂」，當再詢問她時，她對前一天「黑色蟲子的大妖怪」不復記憶。這對這個年齡的兒童是很正常的，而治療師必須了解到，視覺符號意義的改變，對於在此一繪畫發展階段而言是適當的。

圖 4.7　一位三歲女孩凱特琳的塗鴉畫

　　Gardner（1980）關於塗鴉畫的命名提出另外一項重點，對年幼兒童界定了兩種類型的行為，這樣可以明顯地了解他們的繪畫和圖形所傳達的意義。在塗鴉創作的過程中和討論有關塗鴉的圖形時，他觀察到有兩種類型的反應。有些兒童是「模仿者」（patterner）；意思是他們對模式很有興趣，注意像顏色、大小和形狀等特徵。他們喜歡研究和實驗，但是通常不會特別對社會互動有興趣。其他的兒童可能會像是Gardner（1980）所謂的「編劇者」（dramatist）。他們會傾向於對動作、冒險和戲劇性情節與故事有興趣。這些兒童喜歡透過說故事來作扮演，並喜歡與同儕和成人間的社交活動。模仿者和編劇者兩者似乎都喜歡繪畫，但是模仿者傾向不會去評論他們的圖形，除非是為了要讓過分好奇的成人安靜下來。在另一方面，編劇者發現談論這些圖形，就像創作這些圖形一樣令人興奮，還要加上一些有關的真實或想像的故事給成人聽。也可能有些兒童並不會恰好符合這兩種類型，或他可能會遊走於這兩種類型之間。

　　雖然 Gardner（1980）對模仿者和編劇者的研究，是從對少數兒童的觀察中推論出來的，但是這兩種藝術表現的互動形式，對於治療師在對兒童工作和思考他們的繪畫時是很重要的。遊戲治療師或是那些以說故事或戲劇扮演應用治療性遊戲的臨床醫師，可能發現有些兒童（編劇者）更為渴望，與更有能力透過動作導向的方式表達他們自己。其他的兒童則享受於變得更投入於製作繪畫，更喜歡去享受活動的本身，而不是去把它再扮演一次或是廣泛地討論它。當我不贊成治療師將兒童評估和歸類為模仿者或編劇者時，很重要的是在創造性的活動當中，當兒童顯現出這些類型的傾向時，治療師需要對在此一階段兒童藝術製作活動上的喜好非常敏感。

　　除了塗鴉之外，這個時候出現了更為複雜的結構：曼陀羅（mandalas；圓的形狀、花紋或是圖案），以及像三角形、圓形、十字形、方形和長方形（Kellogg, 1969）。對兒童而言，這些素材是提供給兒童作為練習，以期在不久的將來發展成更為具象的圖畫。在這個階段

中，正常兒童的視覺語言快速地發展，包括畫出人物和其他形狀所需要的基本形式，成為次一藝術發展階段中的主要里程碑。

　　Kellogg指出，當曼陀羅開始出現時，它們通常結合了一個十字和一個圓圈、正方形或是長方形（圖4.8）。曼陀羅在兒童和成人的藝術中，都受到來自藝術、人類學、心理學等許多領域的大量注意及思索。許多作者注意到曼陀羅，出現在許多文化中的兒童及成人繪畫中（Jung, 1960; Kellogg, 1993）。榮格相信曼陀羅是構成集體潛意識（collective unconscious）、象徵平衡與和諧的原型意象（archetypal image）。雖然 Rhoda Kellogg 也同意如此，但她也觀察到曼陀羅會重複出現與結合兒童先前所學如何創作的形狀及線條。Allan（1988）指出：「曼陀羅反映出防護牆（protective walls）的發展情形，它具有預防爆發和行為崩潰等內在精神意義的功能」（p.6）。

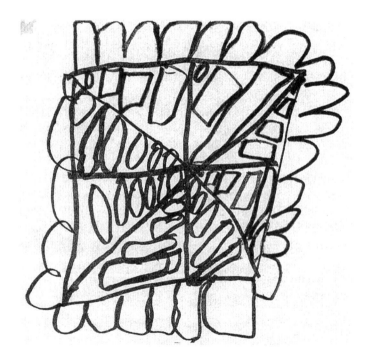

圖 4.8　一位四歲男孩所畫的曼陀羅

　　在我對此一階段兒童的實務工作中，我很少看到像 Rhoda Kellogg 在其研究中所說的如圖解、設計一般的形式。在我擔任藝術治療師生涯中的初期，我對一些事實感到有些困惑，我看過學前階段大約一百位三到四歲兒童的繪畫和藝術作品，並沒有觀察到 Kellogg 所描述和觀察到的形式。那時，我只看到有兩位兒童作出可能像是圖解、形式的組合體，或是像 Kellogg 所定義的曼陀羅。在大多數情況下，藝術表現包括塗鴉和具象兩種形式，從雜亂的塗鴉到長形、圓形的塗鴉，進而形成像發展不完整的人物形式。發展得很好的圓形塗鴉之曼陀羅形式是很豐富的（如圖 4.9），有如那些令人懷舊的手寫筆跡和印刷體字母符號的圖形（圖 4.10），但是把各種不同的形狀結合在一幅畫中，可能並不像研究報告中那樣普遍。Kellogg 如何得到她所發現的那些成果，也受到 Golomb（1990）和 Gardner（1980）的挑戰。Golomb 以正式的研究為基礎得到結論，兒童繪畫中如同 Kellogg 所描述的形式只有 4%。

　　很難說何時兒童才會開始第一次畫他們身邊所看到的物體和人物，但許多研究者相信大約是三到四歲開始的。例如，Rhoda Kellogg 相信兒童早期所畫的形狀與構圖，並未與他們所看到的相連結。其他的人則認為兒童所畫的都是他們環境中的事物，這樣的知覺透過塗鴉和其他早期製作的符號呈現出來。已有證據顯示，在兒童開始為他們的塗鴉或構圖命名或歸類時，他們也開始把自己的繪畫和他們周圍的世界連結起來。在一幅畫完成之後，他們可能開始能指出一幅塗鴉或形狀的某一部分，會讓他們想起他們曾看到的某些東西（一顆蘋果、一隻鳥）。

　　根據 Gardner（1982）的說法，通常會發現大約在這個年齡的兒童，喜歡抽象的繪畫更甚於寫實的繪畫，因為它們的顏色和構圖，對他們來說更能夠去認出一個特定的圖形，像是一個玩具或其他的東西。很明顯的是在藝術發展的這一個階段，具有想像力的思考是一個主要發展上的里程碑。

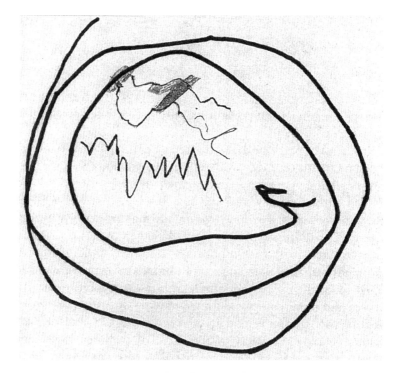

圖 4.9　一位四歲女孩所畫的曼陀羅

圖 4.10　一位三歲男孩所畫如手寫般的繪畫

階段三：人形和基模初期（Human Forms and Beginning Schemata）

　　這個階段也是部分的運思前期（四到七歲），特別是在稍後部分包括象徵性思考的增加、能夠分類的能力、看出關係的能力，和了解

數字的能力（Piaget, 1959）。這個時期特別重要的是兒童的空間概念，而他們一般來說所認為的空間，主要是與他們自己有關以及他們自己的身體。事實上，一位兒童對環境的概念可能牢牢地與他或她自己連結在一起，因此他或她的想法和感覺，會與這位兒童周遭的人物或東西混淆在一起。例如，如果一盞燈掉下來打碎了，兒童可能認為這盞燈「受傷了」，如同這位兒童就是這盞燈一樣。

　　如同前面所述，在這個階段中最重要的發展，是發展出不完整的人物造型，通常稱之為蝌蚪，因為它們很像早期的青蛙（Lowenfeld & Brittain, 1982）（圖 4.11）。這些人物造型通常很純樸，有的時候還相當迷人。雖然在某一位兒童的蝌蚪畫中，可能稍微有一些圖形上的差異，但是它們通常看起來都一樣，即使它們可能是代表不同的人物（如媽媽、爸爸、姊姊、嬰兒）。

圖 4.11　一位四歲男孩所畫的蝌蚪畫

　　兒童藝術表現的第一幅人物繪畫，一般來說會出現在四到六歲的任何時候，雖然某些兒童可能會出現得更早一些。開始的時候可能會有一些挫敗，有些兒童可能會因此退回塗鴉期好幾個月，才會再畫出他的另一幅人物畫。

　　蝌蚪的形狀被認為和基本的頭形一致（一個圓圈），通常會有兩條腿（從圓圈中畫出兩條線），和較少出現的手臂（從圓圈的任何一方所畫出的兩條線）。頭部有時會有臉部的特徵（眼睛、鼻子和嘴），有的時候在中間會有個肚臍。依據這個原因，有些人主張中間的部分可以想像成是頭部，也可以同時代表頭部和軀幹（Arnheim, 1974）。Arnheim（1974）指出，兒童可能試著創造出能夠被認為是人的最簡單形式，並且因為他們只有有限的圖形語彙，他們將人物簡化成幾何圖案的形狀。如 Cox 和 Parkin（1986）指出過渡期的蝌蚪人，有些兒童畫的是一個圓的頭，擁有一些特徵像是手臂、肚臍，或畫在頭下面衣服上的鈕釦。不是所有的兒童會畫這種過渡期的人，顯而易見的，此一階段時的頭所描述的，是同時包括這個人的頭和身體。

　　當詢問他們時，兒童可能會說他們的蝌蚪沒有身體，因為他們不會畫，或另一方面，他們可能為你準確地指出它在人物畫中的位置。大部分兒童似乎視它為頭部的一部分，是位於與腿之間的一塊較小的部分（Cox, 1989）。

　　在這個階段對於顏色仍是一種主觀性的運用，雖然有些兒童可能已經開始將他們繪畫中的顏色，與他們所知覺環境中應有的顏色連結在一起（例如，葉子是綠色的）。這個階段的兒童仍有較高的興趣去畫出人物或物體，而不是去畫出它的顏色。因為顏色仍然是一種主觀性的選擇，很難決定在那個時候所應用的媒材，怎樣才算是正常表現下鮮少出現的用色情形。對於正常的兒童而言，繪畫是自由的，而且通常是荒唐怪誕與充滿創意的；完全沒有任何規則，而太陽可能是紫色的，而母牛是黃色的。

　　Lowenfeld（1947）以及 Lowenfeld 和 Brittain（1982）指出，這個

時候相當於藝術發展的基模前期，強調去發現繪畫、思考與現實之間
的關係。而且，以沒有任何意識的方法來進行構圖或設計，兒童可能
在不考慮地平線或大小關係的情形下（圖 4.12），在紙張的任何位置
放置東西。一個圖形可能自由地浮在紙張的任何位置，在頂端或邊
緣，而且有些東西甚至可能呈現頭下腳上的情形，因為兒童並不關心
方向或是物體之間的關係。這種對於空間位置缺乏關心的情形，與運
思前期的思考相符，是一種在兒童他們自己的概念之外，一段尚未建
立空間關係的時期。然而，當一張紙上物品的位置，看起來可能完全
沒有邏輯的時候，這位兒童卻可能有他視覺上的邏輯（Winner,
1982），來規範他或她的布局形式，而這應該被視為藝術表現發展上
一種正常的觀點。

圖 4.12　由一位五歲女孩所畫，不考慮地平線的房屋畫

　　這些人物通常是自畫像或是以家庭成員的形式出現，因為是很受歡迎的主題，治療師、學校諮商員和心理學家們，這些會定期觀看人物繪畫細節和省略情形的專家們，應該了解兒童實際上所知道的，應該多於他們在蝌蚪畫中所畫出的。Golomb（1990）發現兒童知道的比他們畫出來的人物要來得多。她發現當年的兒童被要求為不同的身體部位命名時，他們經常提到手臂，但通常在他們的人物繪畫中省略它們。她也發現如果兒童被要求去畫一個人，但是需要用手臂來做一件事（例如畫一個人正在投球），他們就很有可能包括手臂。

　　需要強調給予年幼兒童討論其人物繪畫機會的重要性，因為他們通常會指出成人眼睛所無法看到的細節。例如，一位四歲的兒童可能畫出形狀不完整的人物，但是卻能夠詳細描述那些在繪畫中不明顯的身體的各個部位，像手和手指、嘴唇、腳和胃等。這些簡單的人物代表的是人類，而且對一位兒童而言，以描述方式所說出的人物身體細節，比我們能夠想像出來的還要多。

　　漸漸地，兒童變得更能夠畫出可以區分出彼此之間不同的人物。原先一個圓圈是用來表示頭和身體，現在可能會變成兩個圓圈，或一個圓圈和另一個能代表身體的形狀。在這個階段將要結束之前，大部分兒童將會開始包括更多的部位和特徵，如腳趾和手指、牙齒、眼球、頭髮和耳朵（圖 4.13）。會呈現出不同大小和形狀的個體，以及分別能代表一位嬰兒、一位父親、一位妹妹所有的一些微小差異，和有時在電視上或書上會看到的一些特徵。也會有一些發展不完整的動物，開始時看起來像是有更多腳的蝌蚪（如一隻狗或一隻馬）。兒童也發展出從直線形狀所發展成的房子基模，以及他們第一個能被辨識出的環境中普通物件，如太陽、花朵和樹木。在後來的幾年中（如接下來的三個階段），兒童變得更容易被寫實性所吸引，而在他們的藝術表現中出現棄簡單而就複雜的特徵。

圖 4.13　一位五歲半女孩的人物繪畫，包括腳趾、手指、頭髮和耳朵

階段四：具象式基模的發展（Development of a Visual Schema）

　　階段四，具象式基模發展的藝術表現，反映出兒童在運思前期的後半段部分，和初期具體運思期的認知能力。兒童能夠了解到能量守恆和重量的概念，他們能夠以有系統的方式排列東西，而且也開始能夠使概念變得有條理（Piaget, 1959; Piaget & Inhelder, 1971）。他們也變得較少自我中心，而且能夠根據它們彼此之間的關係來描述物體，而不只是以他們自己本身的立場來作描述。在這個發展階段中，根據Piaget（1959）的說法，兒童會在環境中尋找秩序，和從他們的生活中發展出行為和結構的規則（例如，避免去踩人行道上的裂縫，和重蹈別人的覆轍）。兒童透過繪畫和其他創造性表現方式來表達他們自己，這種行為基模的發展是非常明顯的。

　　從六到九歲的年齡，兒童在他們藝術上的能力上進步神速。首先

也是最重要的能力，是發展出具象化的象徵或真實的基模（Lowenfeld, 1947; Lowenfeld & Brittain, 1982），像人物、動物、房子、樹木，和其他在環境中看得到的東西。在大部分兒童的繪畫中，許多的這些象徵都相當一般性，譬如用一個圓形的頭、髮型、手臂和腿等特定的方式來描述一個人；一棵樹通常有著褐色的軀幹和綠色的頂部；黃色的太陽位於紙張的一角；和一間房子有著三角形、斜斜的屋頂（圖4.14）。他們已經發現了顏色和物體之間的關係，有的時候顏色甚至使用得非常嚴格（例如所有的葉子都必須使用同一種綠色）。

前一階段的蝌蚪，已經完全被包括一個頭和身體的人形所取代了，還加上許多額外的細節，現在這個人通常都站在基準線上，不是畫在紙張的底部，就是位於紙張的邊緣上。除了有物體站著的地平線之外，可能還會有一條天空線（一條橫過這幅畫頂端的線，通常是藍色的，代表天空）。當兒童的畫包括地平線或天空線時，表示還沒有

圖 4.14　一位六歲半男孩畫的人、房、樹、花和蜜蜂等基模式的繪畫

企圖想以真實三度空間的方式，來呈現這個世界。

　　在六歲時，兒童一般來說並不能表現出深度。例如，當畫一張桌子時，可能會使用一種簡單的側面圖，而桌子上的東西有時候畫得像是浮在上面一樣。在七到八歲時，桌子仍然是用同樣的方式來畫，但這時的東西則是放置在桌子的頂端。他們也可能以從桌子上方鳥瞰的方式，試著顯示出三度空間的繪畫，除了包括桌子全部的四支腳外，還會從表面向外伸展開來（圖 4.15）。這個現象就像是可以「摺疊起來」（folding-over）一樣（Lowenfeld, 1942; Lowenfeld & Brittain, 1982）。兒童也可能用這種方式，畫出一部汽車全部的四個輪子，或一張椅子全部的四支腳。在這個階段結束時，有些兒童可能會畫出兩個分開的地平線，顯示出他第一次真正地企圖在他們的圖畫中顯示出深度（圖 4.16），也可能包含一種形式發展不完全的觀點，把較遠的東西放在圖畫紙較高的位置。

圖 4.15　一位七歲女孩所畫的野餐桌，顯示出可以「摺疊起來」（folding-over）

圖 4.16　一位九歲女孩畫的包括兩條地平線的繪畫

　　兒童也會畫出一種看穿（see-through）或 X 光透視的圖畫（圖 4.17，顯示出一棟房子的剖開面），能夠讓人們看到裡面所有的東西。Winner（1982）指出實際上有兩種不同類型的 X 光透視圖畫，包括一種可以顯示出一個物體或東西裡面內容的繪畫，例如描繪出一隻動物胃部裡面的東西；另一種類型的 X 光透視畫包含著透明的東西——為了顯示出一個人在桌子的後面。例如，這位兒童可能畫出一張透明的桌子，以容許能夠穿透看到後面的這個人。

　　在階段三和階段四初期兒童所畫的繪畫，通常被認為是非常迷人的，完全不受規則或慣例的限制，而且，從大人的眼光來看，色彩是非常美麗的。凡是廣泛研究過兒童藝術發展的學者，常會指出這個年齡層的藝術表現，是非常具有創意且不受約束的，代表「藝術表現的黃金時期」（golden age of artistic expression）（Gardner, 1980），而且某種程度類似於現代藝術家的作品（Winner, 1982）。不論在這個時期的兒童繪畫，是否具有或多或少的視覺性美感，仍在持續地爭辯之中；但是在這麼多的圖形中，它們不受約束和深具魅力的特質，卻是無法否認的事實。

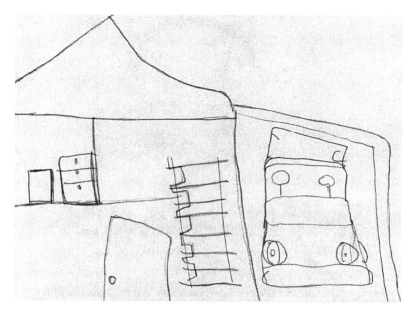

圖 4.17　一位九歲男孩畫一棟房子的「Ｘ光透視」畫，顯示出汽車在車庫裡，以及樓梯和梳妝台在房子裡

　　大小尺寸上的誇大手法，是此一階段兒童能夠自由運用的成分之一。應用大小尺寸不同的變化來強調重要性，在這個年齡是很正常的；例如，這位孩子可能描述的他（她）自己，會比在同一幅畫中的房子或樹木還要大，假使他（她）是想要強調這個人物的話；或是一位兒童描述一個人在投球，畫出的手臂可能會比平常還要長得多。喬伊，一位七歲男孩想要向我顯示他有多麼快樂，因為他們家搬到一個全新的房子裡，他用一種凸顯的、有著一張大嘴和露齒而笑的方式畫出他自己（圖 4.18）。另一位男孩得意地畫出他自己，手上拿著一支很大的氈頭麥克筆，因為就像他告訴我的：「我是用一支綠色的麥克筆畫圖哎！」（圖 4.19）。而且，不重要的細節可能會被忽略；例如，假使一位兒童畫一個人在投球，他（她）可能會忘記這張圖畫中不重要的身體部位（例如，臉部的耳朵）。

圖 4.18　一位七歲男孩喬伊，畫他自己微笑的繪畫

圖 4.19　「我用一支綠色的麥克筆畫圖哎！」一位六歲男孩畫他自己，拿著一支很大的綠色氈頭麥克筆

　　這些以誇張手法、或強調其中成分、或省略圖形的方式，對於尋找兒童繪畫中的不尋常特徵是很重要的，在一特定的發展階段裡，很難說這種放大的、戲劇性強調、或甚至省略明顯的細節，是一種不尋常和重要的。在許多例子中，這些特質對某一特定兒童而言是正常發展過程中的一部分。例如，喬伊露出牙齒的微笑，可能會被某些人解釋為一種敵意（特別是如果當一個人，以一些投射性繪畫測驗所表列

的特質，來考慮他的繪畫時），因為牙齒被一些人認為是代表著攻擊性，而不是他在這種情境下所表現的單純快樂。雖然喬伊的自畫像能夠以各種不同的方式，和完全不同的觀點來進行了解，但是從發展的觀點來看，以誇大的方式呈現在這個階段的確是普遍的，而在這個脈絡中也是具有意義的。

有些情形是兒童誇大某一部分、形式或物體，是這位兒童為了要強調某物給旁觀者看，而且也是某種創傷經驗的結果。先前所展示的圖 4.14，是這個階段典型繪畫風格的一個例子，也顯現出這種情形。畫這幅圖畫的兒童先前才被一隻蜜蜂叮咬過，可以理解這段經驗受到相當程度的創傷。那隻叮咬這位兒童的「壞」蜜蜂，在這幅畫的上半部，看起來是最大的一個圖形，和其他比較小的蜜蜂一起飛過頭頂，在與其他蜜蜂比較時，透過體型來把它強調出來。（也有一種主題反覆出現的做法，也就是許多反覆出現的蜜蜂圖形，可能是兒童創傷性繪畫的特徵，這在第五章的主題中有更多細節上的討論。）

最後，在創造出時間順序的能力逐漸增加（例如，顯示出旅行、旅程、打擊手正在打一顆球的圖象），能夠畫出意味著一系列的事情將要發生。例如，六歲大的艾恩畫出一位棒球投手，他剛才把球投給打擊手，現在正看著球飛過頭頂（圖 4.20）。這幅簡單的繪畫意味著許多事情——這位投手投出這顆球、那位打擊手打到球、那顆球正飛出棒球場（根據艾恩所敘述出的結果）。這些故事情節和時間順序的觀點，以及出現像 X 光透視的圖畫，是治療師或老師們在面對這個年齡層的兒童時，在繪畫中能夠激發出來的兩個發展性主題。

階段五：寫實主義（Realism）

兒童們在這個階段的藝術發展（大約九歲到十二歲），具體運思的階段還在持續，逐漸從自我中心的思考方式中進行轉換。兒童開始會考慮其他人的想法、觀點與感受。他們對於彼此的相互關係、因果關係和依存關係的了解才剛開始，也是為在團體活動中的基本能力而

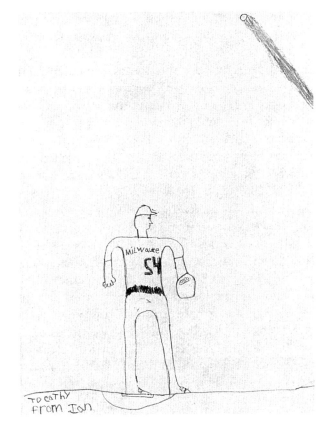

圖 4.20　六歲大的艾恩所畫的棒球投手

準備。在這個年齡的兒童也開始增加對周遭世界的了解，而早期的表現方式（亦即基模的表現），在他們的繪畫中，不再能滿足兒童表現他們知覺時的需求了。

　　一般來說，在九到十歲的時候，兒童在他們的繪畫中，變得非常喜歡去描述他們所知覺到的真實事件。這是在基模的表現方式之後，透過線條、形狀和細節，逐漸增加所要表現事物的複雜度，這包括第一次嘗試使用透視法。兒童不再畫那條簡單的基準線了，取而代之的是，畫出地面連接著天空以創造出深度。開始能更準確地描述自然情況中的顏色（例如，葉子會有很多種不同的顏色，而不是只有單調的

綠色），而且人物會有更多的細節，並隨著性別而有所差異（例如在頭髮、衣服和體型上更多的細節）（圖 4.21）。

　　許多研究兒童藝術的學者們相信，在這段年齡所完成的繪畫，比起他們先前階段所完成的繪畫，所表現出來的自由度和迷人程度都要少得多。實際上，此時兒童的藝術表現開始變得更傳統，而且變得更為沒有創意，因為他們想要讓自己的表演達到更具有如「照相效果」（photographic effect）的境地。階段五的兒童更無法像在四或五歲時的他們，能夠像魔法般呈現充滿想像的世界。每一樣事物都是從實際的角度來看，兒童們相信把物體、人或環境描繪得愈精確，就代表有愈好的藝術表現。然而，對於寫實主義開始產生興趣，是始於他們的前一個階段。大約在六到七歲時，兒童對於現實世界的興趣開始作為

圖 4.21　一位十一歲女孩所畫的人物畫

主導，而他們也開始比較喜歡更寫實的傳統繪畫，甚至認為照片比繪畫還要好，因為它們比較逼真（Gardner, 1982）。

　　兒童也了解到先前嘗試以透視的方法表現摺疊的特性是不正確的，而以模擬三度空間的方式來進行校正。例如，現在兒童能夠從上方畫一張桌子，像一個長方形，有兩條腿在前面，和兩條比較小的腿在後面。Willats（1977）所作的一項研究，調查五到十七歲兒童，在看到桌子上的東西時，他們所畫物體的發展性改變（圖 4.22）。Willats 的研究發現其中最年幼的兒童，畫一個長方形來代表桌子，所畫的物體浮在桌子上面。在七到八歲時，兒童畫了一條直線當作桌子，然後把物體放在那條線上；這條線似乎與先前提到的階段四，具有作為基模的基準線相同的功能。在九歲時，兒童開始以寫實的方式來呈現深度，用平行的邊來畫桌子的頂端，然後把物體放在桌子的表面。在此之後，兒童逐漸開始畫出更為精確的平行四邊形作為桌子的頂端，但是缺乏準確的透視法。最後，青少年（階段六）能夠以透視法來繪畫；桌子較遠的一邊，畫起來要比近的這一邊小一些。

　　很重要需記得的是，在這個階段的兒童都很關心他們繪畫的完美程度，他們在繪畫的發展和構圖的表現方式上，和前幾年相比可能會有很大的不同。例如，兒童會較少考慮構圖，較有興趣於事物看起來的樣子，而不是它們在圖畫紙的什麼位置。兒童也可能會省略那些他們感覺無法完美或畫得很好的東西——例如，把握著的手畫在身體後面，因為他們很難用寫實且令人滿意的方式畫出來。

　　卡通圖形或漫畫在這個階段變得很普遍，這並不讓人感到訝異。當要求他們畫一個人時，此時的兒童和青少年可能比較喜歡畫卡通或連環圖畫的人物，是為了讓他們的圖畫感覺起來有更舒適的品質。因為卡通人物的特徵會是誇張的、可笑的或粗暴的，在畫一些人物時，它們允許缺乏一些能力上的技巧，或是逼真所需要的正確性（圖 4.23）。然而，這個階段的兒童有些會訴諸於刻板性的圖形（除了創造屬於他們自己的獨特圖形之外）或傾向於抄襲。

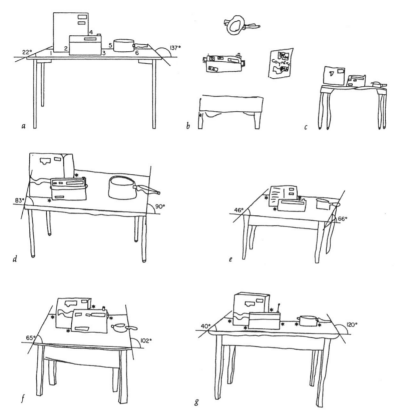

圖 4.22 五到十七歲兒童如何畫出桌子上物體的發展性改變。(a)透視法正確的桌子圖畫，顯示出角度的大小和六個重疊的點。(b)階段一的繪畫，沒有深度或重疊，物體浮在桌子的上方。(c)階段二的繪畫，沒有深度或重疊；從這個方向看桌子頂端，所以只看得到這一邊。(d)階段三的繪畫，以上下的關係（top-bottom relations）來表示前後的關係（back-front relations）（星號表示重疊）。(e)階段四的繪畫，桌子頂端畫起來像平行四邊形。(f)階段五的繪畫，以新手的觀點，線條稍微能夠會合。(g)階段六的繪畫，以正確的觀點，根據光學定律會合線條。

（From "How Children Learn to Draw Realistic Pictures" by J. Willats, in *Quarterly Journal of Experimental Psychology, 29,* 367-382. Copyright 1977 by The Experimental Psychology Society. Reprinted by permission.）

在這個寫實期階段中，許多兒童感到洩氣並且可能不再畫畫，除非它被父母親所鼓勵，或是再上國中或高中的美術課。正因為這個原因，許多由成人所畫的繪畫（包括在本書所看到的那些圖畫），看起來都像十到十一歲兒童所畫的圖畫。人們在其他的發展領域上持續進步，如語言，但是繪畫技巧的發展卻可能並沒有繼續。更確切地說，如 Lindstrom（1957）所說：

> 不滿於他自己的表現，和極度焦慮地想以其藝術取悅他人，他傾向於放棄原來的創作和個人的表現方式……視覺化的能力長足地發展，甚至他原創想法的能力，和他將自己透過個人感受與其環境產生連結的能力，都可能在這個時刻阻塞住了。這對許多成人未能進一步的發展，是一個重要的階段。（p.13）

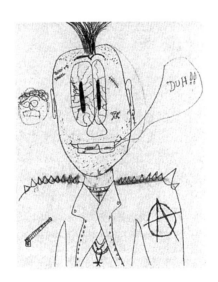

圖 4.23　一位十二歲男孩畫的卡通人物

對治療師而言，很重要的是要知道，在他們的工作中不只有兒童，還有包括成人，他們所創作的繪畫或其他的藝術表現，都是在對

他們治療時的一部分。在許多年來對成人的工作中，我經常聽到有關他們不能再畫的痛苦記憶，或是當他們能夠透過藝術表達出自己時的舒暢感。他們也可能提到在繪畫過程中的挫折感（例如，「我沒有辦法畫得很像」或「我在美術方面沒有天分」），正像是在這個階段兒童所說的，如無法以更逼真的方式畫出他們繪畫的挫折感一樣。其他人可能會記得有人以貶抑的方式，批評他們的畫像兒童畫，可能是出自一位有欠考慮的老師、家庭成員或朋友的評論。我的同事伊娃，她擁有一個人類學博士學位和兩個碩士學位，她告訴我清楚地記得在她九或十歲時，國小老師對她公開地稱讚：「多麼漂亮的一台縫紉機啊」，……就在他看過她所畫的一匹馬之後。很明顯地，她對老師的評論感到非常沮喪，而這可能就是在她繪畫發展上特別敏感的時期，增強了她不會畫畫的想法。伊娃從此以後在藝術上不再感到舒暢。

　　Gardner（1980）探討兒童為什麼會從先前對繪畫的興趣，轉移開來的其他可能原因。

> 這裡還有另外一種可能性──兒童可能只是認為無法再生動地捕捉他們的感受，或是繪畫不再是面對個人自我感受的適當方法……表現性的繪畫最有可能包括那些成長過程非常坎坷的兒童──那些兒童，由於個人、家庭問題、智力或社會的困難，仍未屈服於那些能壓垮其他孩子的壓力。（p.152）

　　然而 Gardner 的結論認為，繪畫中的內容並不全都是真實可信的。其中最可能的原因是現在有許多其他的方法來表達他們自己，特別是用語言，這在學校中是受到鼓勵的，與同儕溝通也非常有用，而同儕在此時又非常重要。不管是什麼樣的原因，大多數個人在這個階段結束時，繪畫的發展通常都會趨於中止，不是因為缺少對於繪畫的探索或鼓勵，就是因為負面的回饋或自我批判。

階段六：青少年（Adolescence）

這個階段的青少年，雖然不是本書的首要主題，但仍對完整了解兒童繪畫發展的範圍十分重要。正如先前所提到的，許多成人從未達到過藝術發展的這個階段，因為他們在大約十到十一歲時，在缺少技術能力的情形下，由於別的興趣或氣餒的感受而沒有繼續繪畫或創作藝術。因此，在面對青少年時，必須了解許多人已經停止發展他們的藝術技巧和繪畫經驗。因此看到青少年畫出階段五的繪畫風格，可能也是很正常的，特別是如果他們在那個時期之後，就很少或完全沒有更多藝術創作方面探索的話。治療師可能也會因為前面一段所敘述的原因，而發現一些對繪畫的正常抗拒反應。

然而，在十三到十四歲時，那些繼續創作藝術的兒童將能夠在他們的繪畫中，更正確及更有效地應用透視法；會在他們的作品中包含更豐富的細節；對於環境知覺的批判性增加；對於工具媒材的精熟度增加；對於顏色和設計更為留心注意；並且能夠創造出抽象的圖象。當年輕的孩子受到鼓勵，並給予機會繼續去發展和增進繪畫的技巧時，他們的作品會變得非常令人印象深刻、鉅細靡遺、思慮周詳，並在風格與內容上充滿了創意（圖 4.24 和 4.25）。

有些青少年精進於學習成人藝術家的藝術技巧，不僅是因為他們擁有精緻的技術能力，還因為他們開始選擇如何去畫好一個物體、人物或風景。例如，要畫一幅靜物畫（still life），畫這幅畫的青少年會謹慎地思考如何描繪這個圖象，以創造出一種氣氛和個人的表達形式（圖 4.25）。當較為年幼的兒童把焦點集中在描繪人物、動物和環境的圖象時，青少年可能把這些素材不只是用來作為他們作品的一部分，而且還包括他們對於問題、個人哲學和自己，具有目的性的象徵意義和溝通的概念。

圖 4.24 一位十六歲女孩的自畫像

圖 4.25 一位十七歲男孩所畫的大水罐

第二節 兒童繪畫發展觀點的重要性

（The Importance of Developmental Aspects of Children's Drawings）

　　兒童藝術表現的發展階段，是一般了解兒童繪畫的基礎。知道什麼是「正常」或對某一特定年齡表現的預期，在與不正常或非預期的兒童繪畫作比較時，提供了一條基準線。透過一種以發展性的觀點來了解兒童的繪畫，不只為評量提供了重要的訊息，而且也為提供有效的介入，建立了一個起始點。

　　儘管知道與辨識兒童繪畫發展的特徵，對於兒童藝術表現的任何工作方面都是重要的，還有在一些情形下可能不僅是有用的更是必要的。發展的特徵在面對發展遲緩、學習障礙，或某種類型智能遲緩的兒童工作時特別有用。一般來說，學習障礙或智能遲緩兒童，他們的藝術表現上可能會有發展遲緩的現象，這要視他們的障礙類型與其他因素而定。例如，一位七歲的學習障礙者和一位智能遲緩的青少年，可能都仍處於努力塗鴉的階段，從握著蠟筆或氈頭筆的過程中尋找成功的經驗，以求在紙上塗鴉獲得某種程度的控制。在稍後的例子中，從紙上塗鴉的線條和隨機出現的符號中，可能會標示出兒童藝術發展的特徵，晚於預期塗鴉出現年齡之後的許多年。

　　學習障礙包括知覺和神經病理的損傷、某一特定學習問題（如閱讀理解）、注意力缺損障礙（attention-deficit disorders）及閱讀困難（dyslexia）等，因此學習障礙兒童的繪畫特徵和發展狀況，會有很大的變異性。透過兒童的藝術表現，沒有一種固定的方式可以完全呈現學習障礙本身；事實上，學習障礙兒童的繪畫可能受到除了發展以外的許多因素影響。然而，藝術表現仍能夠對認知與知覺技巧的發展，提供非常大量的適切資訊。

　　有發展上障礙的兒童，可能會在運用主題、產生刻板化圖形等方面受到限制，或是受到對工具媒材進行實驗能力的限制。一位面對兒童某一特定發展問題的治療師或老師，即使經過一段相當長的時間，可能也無法看到其他太多發展階段上的進展；或者當改變發生時，他們只能出現很少的進步。像繪畫這樣的藝術活動，可能在探索活動所佔的比例更高。雖然創造具有個人象徵意義的圖形，可能會是一項治療目標，但是對許多這類兒童而言，內容可能不會像對工具媒材的實驗，所產生的問題更多。

　　在透過繪畫對兒童進行工作時，思考許多發展方面的問題是很有幫助的。其中一個可能思考的領域，是繪畫時所用的媒材類型。適應（adaptation）對於兒童自我表達方面有幫助嗎？例如，能夠畫粗線條的大支鉛筆，還是能夠畫清晰線條的小支繪畫工具，對個人比較有助益？這位兒童對某些媒材（例如像粉筆這樣「一團亂」的媒材）覺得反感嗎？媒材和對繪畫外觀的適應，可能對於發展遲緩兒童的繪畫經驗，具有某種程度的影響。

第三節　以繪畫來測量創造和認知的能力

（Drawings as Measures of Creative and Cognitive Capacities）

　　雖然學習上的障礙、遲緩和其他方面的損傷，可能會影響藝術表現的內容和品質，但是對於以繪畫來測量創造和認知的能力，一些發展性的觀點會更接近衡量的效果。正如第一章所提到的，繪畫能夠用來測量智力與認知（Harris, 1963; Koppitz, 1968）。使用標準化的繪畫測驗，通常包括有一項人物繪畫測驗，且相當倚重兒童藝術表現的發展性觀點，但是在考慮到繪畫構圖時的複雜性、空間關係和心理運作等領域時，它的作用就受到了限制。如同本章所述，兒童繪畫中所包含的遠超過僅包含細節或省略的部分；例如像結合線條和形狀、讓紙

上每一物體彼此產生關聯，和創造出深度與透視等能力的觀點，都是
在看兒童的藝術表現時，所必須考慮到許多構成要素中的一部分。

　　Silver（1978, 1992, 1993, 1996）致力研究從發展性的觀點了解兒
童的創造性與認知能力，已經有多年的歷史。希爾渥繪畫測驗（the
Silver Drawing Test; SDT）是 Silver 在這個領域中研究的一部分，最初
是為了探討藝術表現與智力之間的連結所發展出來的。SDT 是 Silver
認為兒童的常因為較差的語言技巧，智力因此被低估的假設而逐步發
展出來的。她認為藝術表現具有了解兒童能力的可能性，並指出透過
繪畫和其他的藝術活動，語言技巧不佳的兒童（或是對於那些了解別
人、或是讓他們自己被了解有困難的兒童）能夠比使用文字更容易表
達他們自己。

　　Silver 設計出一系列的繪畫作業，以圖形的方式評估兒童解決概
念性問題的能力。她把焦點集中在三方面來測量認知的發展：預測性
或連續性的繪畫、源自觀察的繪畫和源自想像的繪畫。當繪畫測驗如
「畫人測驗」（Draw-A-Person）愈限定於畫特定的項目，Silver 的活
動在視野上就顯得更為寬廣，包括一系列有趣的活動，並允許兒童選
擇和改編繪畫的圖形。這個繪畫活動包括一種結構式的協定（一項預
測性的繪畫作業和一項對單一靜態生活觀察的繪畫），以及一種透過
較低結構的方式繪畫，藉由想像力從一系列圖形的選擇和結合它們於
一幅繪畫中，並提出一個標題及故事。

　　在發展方面的里程碑，Silver 的預測性繪畫作業和讓兒童透過觀
察畫出所設計的作業，是本章中最受肯定的。預測性繪畫作業的目
的，是測量兒童能夠把水平、垂直和順序的概念處理到什麼程度。兒
童首先會被問到應用透視技巧，以加線條於空的汽水杯，顯示出汽水
看起來逐漸喝完的情形（圖 4.26），以及顯示如果一個瓶子以特定方
式傾斜放置，水看起來會是什麼樣子。第三項作業需要在一個陡峭的
斜坡上畫一棟房子。Silver 設計了一個量尺來對這三種可預測的範圍
進行評分，在五點量尺中較高的分數表示更高等的技巧。

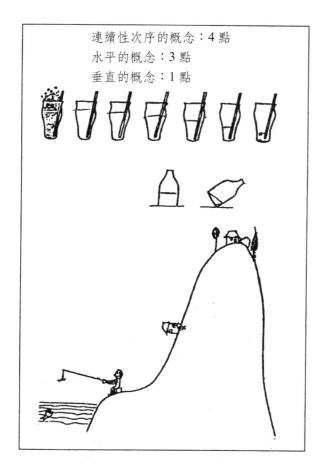

圖 4.26　Silver 預測技巧的測驗（From *Silver Drawing Test of Cognition and Emotion*（3rd ed.）by Rawley Silver. Copyright 1996 by Rawley Silver. Reprinted by permission.）

　　這三項作業對於了解兒童的認知發展階段非常顯著。例如，汽水杯的練習，特別能夠了解兒童在面對連續性概念時的發展能力，這是一種對於了解因果關係和物質守恆的重要技巧。水瓶的練習強調水平的概念；例如，在四或五歲時當被要求畫出瓶子中的水時，兒童會傾向於在瓶子裡亂塗成圓形。逐漸地，他們學習去畫出與瓶底平行的線條，甚至學會發生在瓶子傾斜時候的畫法。在大約九歲時，大部分兒

童學會在傾斜的瓶子中畫出水平線條,顯示出對於水平的了解。

水平的概念在畫山坡上的房子時會很明顯。根據 Silver(1996a)的說法,兒童被要求畫出在山邊的房子時,會把它們畫在山坡外形的輪廓以內。後來,兒童會把它們畫成與山坡外形垂直,最後,在八到九歲的時候,他們才會較有可能把它們畫成直立的。

包括觀察的繪畫活動,強調處理空間概念的能力。由 Silver 所發展的測驗與 Willats(1977)的研究類似,表示五到十七歲的兒童,在看到一張桌子上物體時的畫法(圖 4.27)。Silver 的練習包括畫三個高度和寬度不同的圓筒排列,以及一個小石頭或物體。畫這四個物件(這些圓筒和石頭或物體),能夠幫助決定這位兒童,是否學得表示出包括高度、寬度和深度等空間關係的能力。

Silver的研究,雖然已經發展為一種認知和情緒的標準化測驗(她在情緒方面的研究敘述於第五章),但是仍然能夠提供重要的資訊,值得治療師、教師和其他與兒童工作的人注意。兒童空間概念化的情形和他們如何顯示物質守恆的情形,透過順序、水平和垂直,在他們的繪畫中都顯示得非常清楚。能夠對這些因素從兒童早期到晚期的出現情形都有清楚的了解,全部包含在兒童繪畫內容本身。

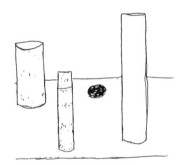

圖 4.27　Silver 處理空間概念能力的測驗:畫一張桌子上的物體(From *Silver Drawing Test of Cognition and Emotion*(3rd ed.)by Rawley Silver. Copyright 1996 by Rawley Silver. Reprinted by permission.)

　　這裡已經對 Silver 在此一領域的廣泛研究，提供了一個非常簡短的概述，讀者們請參閱她最近的文章〈希爾渥認知和情緒繪畫測驗〉（*Silver Drawing Test of Cognition and Emotion*, 1996a），以獲得更深入的資訊。

第四節　不尋常的繪畫能力
（Unusual Drawing Abilities）

　　有時候治療師可能會看到兒童表現出一種非凡或是資優的繪畫能力。治療師可能對該兒童許多的繪畫感到印象深刻，認為這位兒童的繪畫能力甚至優於他自己。由於對大多數成人而言，平均的繪畫能力水準是十歲，不難了解為何許多治療師會對部分兒童，有更高等的藝術天賦感到驚訝。然而，以複製或極為生動逼真的創作技巧來作判斷，則很容易被誤認為在繪畫或藝術表現的領域中，有非凡或真正資優的表現。雖然他們的能力和精熟度令人印象深刻，但實際上相對僅有較少兒童的繪畫能力被認為是「資優」。

　　只有很少關於非凡繪畫能力的兒童個案報告，能夠吸引研究者的興趣，特別是那些致力於人類發展和創造性表現的學者。有一個特殊的例子是一位年輕女孩娜蒂亞，被診斷為患有功能遲緩的自閉性情感（autistic affect）疾患，是少數例子中的一個。娜蒂亞成為一位受試者，接受一種深度研究（in-depth study）（Selfe, 1977），許多在藝術和心理學兩領域方面的學者進行探索（Gardner, 1979; Winner, 1986; Henley, 1989, 1992）。除了深度的障礙和缺乏功能性的語言外，娜蒂亞從三歲到六歲所創作的繪畫，堪與成人藝術家匹敵（見圖 4.28 和 4.29）。她的天賦是自然產生的，公然挑戰藝術表現發展階段的原則。然而，這種非凡的能力只有維持了幾年，在娜蒂亞成為一位年輕的成人時，她的作品便已經退化成顯示有嚴重心智障礙者的特質了（見圖

圖 4.28　娜蒂亞在幼年時的繪畫（From *Nadia: A Case of Extraordinary Drawing Ability in an Austic Child* by Loma Selfe. Copyright 1977 by the Academic Press Limited London. Reprinted by permission. Photo by David Henley.）

4.30）。在她身上的藝術特質消失，進而在表現風格上退化，使她的例子既不平常而且神秘。

　　雖然大多數的治療師或教師們，不太可能遇到像娜蒂亞一樣具有非凡能力的兒童，但是她的例子在兒童的藝術發展方面，帶來許多仍然無解的問題。當然，藝術天賦和可測量智力之間的關係仍然在討論之中。

　　Henley（1989, 1992）在娜蒂亞成為年輕成人時所作的研究中，指出她對於繪畫上的興趣，只有在特定時間才會不斷地有繪畫產生，在她作品中的變化，以及她繪畫能力顯而易見的退化，可能與她和母親的分離危機以及最後失去母親有關。有關娜蒂亞與她的卓越繪畫，Henley（1989）的觀察如下：

圖 4.29　娜蒂亞還是幼年時的繪畫（From *Nadia: A Case of Extraordinary Drawing Ability in an Austic Child* by Loma Selfe. Copyright 1977 by the Academic Press Limited London. Reprinted by permission. Photo by David Henley.）

儘管娜蒂亞擁有熾熱的藝術表現，但是她在成長方面是失敗的。雖然她接受了大量的語言治療和其他的特殊教育，她的自理能力和學業技巧卻沒有一點起色。娜蒂亞所表達的語言未曾到達過功能完整的狀態，而她的行為仍然維持自閉。因她的母親罹患癌症過世，因而她的情緒發展遭受到更嚴重的挫敗；就在這個時候，這位孩子的繪畫開始全面地退步。（p.46）

圖 4.30　娜蒂亞於青年時的繪畫（From *Nadia: A Case of Extraordinary Drawing Ability in an Austic Child* by Loma Selfe. Copyright 1977 by the Academic Press Limited London. Reprinted by permission. Photo by David Henley.）

　　雖然娜蒂亞在藝術表現上的退化，已經被認為是與認知、語言和神經學上的缺損有關，Henley 對於娜蒂亞的研究，引導他去探索兒童繪畫與情緒創傷之間的關係。他觀察到娜蒂亞繪畫開始於她的母親離開她，進入醫院去長時間住院的時候；她在其他的時候，可能也會以繪畫來適應或因應她的情感，來反映出與她母親分離時一種被遺棄的感覺。Helney 的結論（1989）談到有關藝術表現的發展，與情緒之間關係的有趣觀點，也就是本書第五章的主題。

第五節　結　論

（Conclusion）

　　兒童藝術表現的發展階段，是建立在了解一般兒童繪畫的豐富基礎之上。

　　實際上大部分兒童遵循著一個大致能夠預測的順序，這對於治療師在他們對兒童繪畫的評量上，是一個很好的起始點。本章中所呈現的階段，能夠作為評估兒童繪畫的基礎，能夠提供治療師擁有一個架構來思考兒童作品的表現，以一種發展性的觀點，能夠有助於界定和區辨認知與知覺成長上的遲緩情形。

　　雖然有大量的研究是從發展觀點來研究兒童藝術的表現，但是仍有許多尚未解決的問題。例如，兒童可能發展到另一個發展階段，但是突然間，又退回到較早期的藝術行為。正如 Lowenfeld（1947, 1982）、Gardner（1979, 1980）和其他學者所描述的，許多兒童在不同階段之間後退或前進的原因，並非總是那麼地明顯。外在的影響如父母、老師和同儕，或社會、文化，對於藝術發展會有何影響，也是另一個未能完整定義的領域。而且，性別在不同的發展階段如何影響兒童的繪畫，也仍然無法完全地了解（見第六章，有關性別與兒童藝術表現方面的討論），在自然（nature）（亦即生理的遺傳）與養育（nurture）（亦即社會的影響）方面，仍留下許多令人費解的問題。

　　關於發展與繪畫方面很重要的是，兒童的藝術發展並不是一個完全垂直的發展過程，而且在兒童生活中的許多因素，都會影響到它的發展。因為藝術的發展是由情緒、認知、社會和生理成長等許多因素所共同塑造而成的，繪畫風格的進步或退化，可能是一個或多個這類因素影響下的結果。兒童因為處在創傷、失落或危機中，在許多情緒壓力的生活下，通常會在他們繪畫的發展狀態中呈現波動。如第五章所描述的，發展狀態對於治療師了解兒童藝術表現的內容及風格，是很凸顯的一部分，對於兒童處理壓力的情境或情緒的困擾，提供了許多重要的資訊。

　　最後，如同 Lowenfeld 和 Brittain（1982）所說的：「對於兒童的成長，繪畫提供我們一個很好的指標，從一個完全自我中心的觀點，逐漸了解到自我只是較大環境中的一部分」（p.52），並強調藝術的表現能夠反映出兒童「整體」（total）的成長狀態。在這個情形下，

兒童藝術發展狀態的相關性，可能比認知的增進和智力的發展還要來得多。與繪畫相關的不只是兒童本身，還包括他們在人際發展中新浮現的發展——也就是兒童如何去看、去知覺，和對他們周圍的世界來作反應，也就是本書第六章的主題。兒童的繪畫提供了參考的單一思考架構，來評量兒童在許多領域中的整體性發展，因為這個原因，他們為治療師從許多發展的觀點中，提供了了解兒童的唯一方法。

第五章

兒童繪畫的情緒性內容

Emotional Content of Children's Drawings

Arnheim（1992）對於藝術的看法如下：

是人們在有煩惱時候的一個幫手，作為了解人類存在的狀
態，和在這些狀態下面對害怕感受的方法，〔並且〕在外在
現實無法控制的混亂中，創造出一種有意義的秩序，提供了
一個避難的場所。（p.170）

大部分對兒童運用繪畫的治療師都會了解，對於那些在情緒上受
到創傷、感受到混亂或悲傷的人，藝術表現會是一種有效的療法，而
且是一種包容與探索強烈和混亂情感的方法。因為這個理由，可以了
解助人專業者，對於藝術表現能夠告訴他們有關兒童的情緒生活，會
感到極大的興趣。這並不令人意外，因為藝術是以一種可辨認的方式
來傳達情感，而大多數對於兒童的治療性介入（包括那些介入性的藝
術活動），通常聚焦於情緒危機、創傷或混亂的解決方案之上。

第一節　使用繪畫於診斷與治療
（Uses of Drawing in Diagnosis and Treatment）

將藝術用來解釋情緒開始於二十世紀初期，對病人繪畫的興趣逐
漸增加，用以幫助精神病理學方面的診斷和了解個人的心理狀態。然
而，儘管運用藝術表現來了解情緒的興趣不斷地增加，以藝術表現來
診斷情緒或心理疾病方面仍受到批評，有些人甚至認為以這樣的方式
來利用繪畫是不適當的（Golomb, 1990）。

儘管有如此的觀點，大家仍然持續地探索兒童藝術表現在診斷上
的價值。特別是把強調的重點放在了解繪畫的內容上，兒童是在受到
生理的、性侵害、暴力、或其他嚴重危害的創傷後創作出來的，可能
是因為兒童經驗到嚴重的創傷，而通常會很痛恨再去談論他們的經
驗。雖然大部分的治療師同意，兒童的藝術表達是有關人格和情緒訊

息的重要來源，但是只有相對較少的一些可靠資訊，能夠對兒童繪畫中的情緒素材作明確的解釋，最多可能也只有少數特徵能夠明確地指出情緒問題。投射性的繪畫測驗便是如此，能夠指出繪畫中某些結構性要素和符號，所代表的情緒困擾。然而，如前所述，僅透過單一的測驗來評估兒童作品是會有問題的，對於要完整地了解他們的經驗，通常會有不良的後果。也有相當多的臨床研究，特別是在藝術治療的領域，能夠了解兒童藝術表現與他們情緒經驗之間的連結關係，但是很多這些資料都是以個案研究和該領域臨床專家的意見為基礎，而不是根據可以量化的資料。然而，近年來又開始再度地探索兒童繪畫中診斷價值的可能性（Neale, 1994; Sobol & Cox, 1992）。

　　儘管將繪畫應用於診斷仍然存有爭議，藝術治療界仍然在繼續地探索，認為兒童的藝術表現就像情緒的容器，透過藝術的情緒性表現，本身就具有治療上的價值。藝術治療的基本理念就是透過藝術製作，來達到溝通、控制和情緒衝突的解決（American Art Therapy Association, 1996）。這些概念緊密地與心理動力理論相連，強調未化解的感受和情緒調適之間的連結。像宣洩（catharsis）作用（表達出被壓抑的情緒）的經驗，被認為是藝術治療過程的一個重要部分，在繪畫或其他形式的藝術活動中，或許能夠幫助兒童透過圖象的創作，來解決情緒的問題和緊張狀態。例如，一位兒童畫出的圖象表達對他姊姊的憤怒，透過藝術來傳達有關這個情境的衝突感受，可能會使他獲得一些紓解。而且，對於缺乏能力以口語表達情緒的兒童，相信藝術表現能夠帶來一些秩序，並且可能包含一些矛盾、混亂或文字難以形容的情感。

　　Kramer（1993）強調藝術表現在情緒方面具有治療的可能性，其中不僅包括視覺符號的傳達，更強調創造的重要性。在 Kramer（1993）對來自納粹德國難民兒童的研究中，她說：

　　　首先我觀察到在兒童的藝術中，他們對於壓力所表現出的不

同反應方式，這些反應後來對我而言變得非常熟悉。我看到
退化；重複地出現訴說著未解決的衝突；我剛開始觀察到兒
童對於侵略者的認同，他們認同的是希特勒，以對它們極大
的破壞，證明了他的威力；我看到退縮到僵硬死板之中，最
後，在重重困難之下，以創造性表達出存活者的能力。（p.
xiv）

　　否定兒童能夠透過藝術來表達情緒，將會忽略他們是誰、他們對
自己的知覺和環繞著他們的世界等顯著的部分。藝術是他們情緒生活
中的有效容器，不可否認地是了解兒童的重要層面。

第二節　兒童繪畫中複雜性的情緒性內容
（The Complexities of Emotional Content in Children's Draw-
ings）

　　要開始了解兒童繪畫中的情緒性內容，首要的是須對他們所創造
作品的複雜性給予尊重。因為情緒的問題並不單純，而且每一位兒童
的經驗都不相同，以注視藝術作品來評估其情緒上的困難，並不是一
件簡單的工作。兒童的情感通常是複雜、矛盾和混淆的，對於兒童如
此，對於觀察的或是面對兒童工作的成人也是如此。很幸運地，藝術
是能夠同時包括眾多情緒的少數療法之一。

　　了解兒童繪畫的情緒內容最困難的部分，可能是要成人以這樣的
方式，認知出我們自己的情緒。如同前面所提到的，藝術能喚起觀看
者的情感，而兒童的藝術表現，特別是那些有情緒危機兒童的創作，
通常會讓那些親眼目睹者喚起強烈的情緒。對兒童藝術有興趣的成人
未能提供協助，卻投射出他們自己的情感，如高興、焦慮、害怕或悲
傷，融入在兒童作品中的顏色、線條、形式和內容之中。治療師能夠
學著辨識出，他們如何以個人的知覺受到兒童圖象的影響，能夠或不

能夠代表兒童所經驗或所傳達的內容。

在兒童期初期的藝術，很難說明兒童是如何透過他們的繪畫傳達情感，因為兒童們所表達出的情緒狀態，對他們來說是一種抽象的概念。非常年幼兒童的視覺語彙受到相當的限制，很難把他們繪畫中情緒狀態的結果表現得很好。然而在基模階段的兒童（見第四章），則能描述出更多可辨識為情緒的圖形。例如，當要求畫一幅情緒是快樂的、生氣的和悲傷的圖畫時，兒童反應的圖形通常會是一張笑臉或臉上有大的牙齒（快樂的）、一張皺眉的臉或扭曲變形的微笑（生氣的）、或哭泣的臉（悲傷的），或其他可辨認的臉部表情出現在他們的繪畫當中（圖 5.1）。Colomb（1990）指出十歲以前的兒童，會具體的以一張臉來表達出情緒，當要求表達特定情緒時，會使用彎曲的線條、眉毛和有時用眼淚來表達出悲傷。在十歲以後，更有可能會包括身體的部分，像手臂等部位會以不同的位置，顯示出與情緒的關係。

要了解兒童自發的藝術表現所顯示的符號內容，結構上的要素包括線條、形狀、顏色、大小和整體組織，在觀察時都同樣地重要。這些表現出來的成分，如何受到成長特性的影響，已經在第四章作過討論。很明顯地，一般而言較年幼兒童的動作控制，比較年長的兒童為差，這會影響到他們繪畫中的線條、形狀和組織的品質。同樣重要的是不能過度熱心於解釋圖畫的結構性成分。從成人的眼光看起來像是焦慮的或憂傷的線條，可能僅僅是缺乏控制工具媒材的能力，或是與使用鉛筆、麥克筆或蠟筆有關。

顏　色（Color）

兒童如何運用顏色來表達情緒，在兒童繪畫方面已經強調很多年了。由於顏色被認為與情感的關係很近，很難不以情緒性以外的反應方式，來看待這些藝術表現。

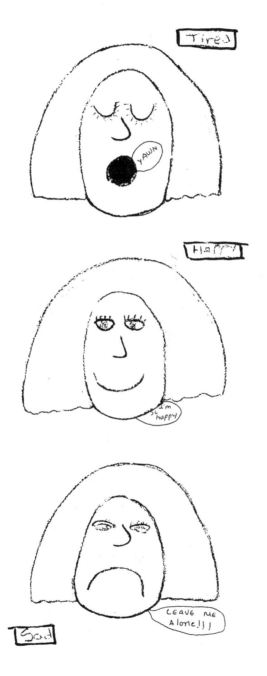

圖 5.1　一位九歲女孩所畫的各種情緒：疲倦、快樂和悲傷

　　每一位個人所提出對顏色涵義的看法，很多都是與文化、社會影響、傳統，以及個人的意涵相連結的。

　　因為顏色有許多情緒上的意涵，治療師自然想要知道，是否顏色具有任何特定的意義或診斷上的價值，特別是對那些有情緒上的煩惱或情緒上創傷的兒童。也時常要考慮兒童對顏色使用上的限制，如只用特定一種顏色（也就是單色的用法）、使用不常見的顏色，或於繪畫各種顏色中特別強調某一種顏色。雖然這些情形可能會有某些意義，但是很重要的是要記得，在他們的藝術表現中，有很多因素會影響到兒童如何使用顏色。

　　當考慮到在兒童藝術中的顏色時，特別重要的是要記得，在每一階段所使用顏色的發展性常態。在藝術發展的最初階段（階段一和階段二，從十八個月到四歲），兒童一般來說沒有意識到顏色的選擇，通常是直接去拿所能抓到任何顏色的蠟筆或麥克筆。稍後（階段三，四歲到六歲），開始以主觀的方式使用顏色，雖然有些兒童可能已經將他們繪畫中的顏色，與他們在環境中所知覺到的顏色相連結。相較於通常發生在這個階段對於媒材的實驗性做法，很難去決定顏色是否具有任何特定的意義。Golomb（1990）指出像年齡四歲的兒童，已經開始以具象的方式使用顏色；雖然在選擇顏色方面仍然有相當多的自由，但是多數是與物體所代表的顏色有關。下一個階段（階段四，六歲到九歲），出現一種基模式的顏色運用，而且在他們的繪畫中，兒童發展出對顏色的使用規則（例如，一棵樹有棕色的樹幹和綠色的樹頂）。雖然這個時候對於顏色的使用，能夠更為精確以及規則導向，不常使用的顏色更容易被注意到，並比前一個階段更容易呈現顯著性。較大的兒童（階段五，九歲以上）傾向以寫實的方式使用顏色，而且在他們的繪畫中傾向於像出現在自然中一般地使用顏色。

　　這些是從發展的模式來看兒童使用顏色的指引，然而在各種年齡或階段對顏色的使用，可能仍有一些變異性，視不同的兒童而定，或是根據他（她）的經驗。然而，就整體而言，思考兒童如何運用顏

色，和角色情緒（role emotions）會或不會出現在這個過程之中，正常的藝術發展階段是一個很好的起始點。一項更為深入研究的絕佳資源，是 Golomb（1990）對顏色、發展狀態和情感所作的研究。

　　繪畫中對於顏色之習慣用法的涵義，特別是與情緒的關係，已經有過大量的討論，但是這些資訊大部分是以軼事和印象主義的方式呈現。例如，紅色一般被認為是最有情緒的顏色，所作的歸因是與攻擊、憤怒和憤恨有關，「一件極其重要的顯著事件、一個爆炸性的問題、洶湧澎湃的情緒或危險」（Furth, 1988），以及熱情、情感與表現力。紅色在年長和年幼的兒童中，似乎也被認為是較優勢與被喜愛的顏色。純粹的黃色一般來說與能量、光亮和正向的感受相連結，而藍色則與像平靜或憂鬱的情緒相連結，以及聯想到水和天空的意涵。過度地使用黑色，在大部分的情形下，呈現在人們腦海的似乎是較負向的連結。Furth（1988）在他對兒童多年的研究工作中，指出「黑色可能呈現或象徵著未知的領域；如果是以明暗的畫法，通常是表示負面的，投射出『陰沉邪惡』的想法，以及一種威脅或害怕」（p.97）。

　　在早期兒童繪畫的研究中，Alschuler & Hattwick（1947）指出年幼的兒童，較喜歡像紅色、橙色等溫暖的色調，而較年長的兒童則較喜歡藍色、綠色等這些較冷的色調。這種選擇上的差異，一般認為是由於年幼兒童的自然反應，較年長兒童則是正在發展控制感。他們的研究所包含的是以畫架上的兒童繪畫來作精神分析評量，不幸地，他們犯了方法學上的錯誤（他們缺乏一套標準化、有足夠數量及類型的顏色，呈現在受試者面前）。他們的研究似乎也只在顏色的使用，和已知的兒童行為、人格特質等資訊，特別是刺激的控制與衝突之間，尋找其間關係的證據，這是一種強調能夠代表當時心理動力的思維。

　　在兒童藝術表現中這些顏色的意義，只是許多見解其中的一部分而已。正如期望中的，也會有一些具有個人意義和文化觀點的顏色。兒童對於顏色的使用，有時候似乎是矛盾的，甚至與我們一般期待的相去甚遠。例如一項研究發現，在沮喪兒童的作品中，比非沮喪兒童

使用更多的顏色（Gulbro-Leavitt & Schimmel, 1991），這與一般認為沮喪兒童使用黑色或單色基模的情形互相矛盾。這結果可能要依情況而定，但是這仍然反映出，要透過藝術表現才能了解兒童情緒狀態的複雜性。

顏色的使用也會受到作業或藝術的活動，而影響到對於顏色和情緒的了解。Golomb（1990）指出在家庭或人物的繪畫圖形中，五歲時通常只使用一個顏色，但當要求他們去畫花園時，通常就會出現很多顏色。這可能是在像線條或形狀等細節變得比較重要時，顏色就變得比較不重要了，當顏色在主題中變得比較重要時（在這個例子中，花園，包括了許多花），這個年齡層就會經常去使用各種顏色。但是，顏色的使用隨著年齡而改變，Golomb（1990）發現在兒童去畫人物和花園的圖畫時，不同的時間也會有相當大的不同。一般來說，當兒童喜歡在他們的圖畫中包括更多細節時，他們似乎比較喜歡使用單色的模式。有些兒童甚至可能比較喜歡用鉛筆，因為畫一個人需要複雜的銜接，而且它也容許擦掉任何「錯誤」。在這個例子當中，顏色可能並不是一項重要的考慮因素，也不能解釋出情緒的顯著性。兒童也會受到當時流行顏色的影響；例如，紫色，眾所皆知角色邦尼（Braney）的顏色，就會經常出現在許多兒童的藝術表現之中。

大小尺寸（Size）

繪畫的另一項結構性成分，物件的相對大小尺寸（特別是指人物）被認為有情緒上的顯著意義。幾乎所有投射性繪畫的文獻都認為，一幅繪畫中人物圖形的大小是有極高地顯著意義的，大部分認為這與自尊（self-esteem）或個人效能（personal adequacy）的狀態有關（Buck, 1948; Hammer, 1958; Koppitz, 1968, 1984; Machover, 1949）。這個信念的基本假定是兒童透過繪畫以象徵的方式表達他們自己，當要求他們畫一個人物時，他們會畫出自我的意象（self-image），以反

映出他們自己的情感。雖然非常小的繪畫，特別是人物繪畫，可能與兒童對自我的感受有關，但是也有可能是除了低自尊（low self-esteem）以外的其他原因。例如，一位小男孩告訴我，他把自己畫得很小是因為「我對爸爸很生氣，我要變得很小，讓所有憤怒都跑出去，這樣才不會被我爸爸看到」（圖 5.2）。可以理解的是，他的爸爸會虐待他的媽媽和他，他不要讓他的爸爸知道他很生氣，害怕他爸爸可能會進行報復，而且某種程度上，他對父親的憤怒感到有罪惡感。他在他的繪畫中讓自己變得很小，因此能夠較不受到施虐父親的威脅或注意，這與保護自己免於暴力的另一種技巧的想法一致。在第二章中所描述的小女孩，她與治療師在初次會面時，畫了一個非常小的人物，是另一個很好的例子（圖 2.4、2.5 和 2.6）。有時兒童畫出很小的人物，只是想在他們認為是侵入者的成人面前，把他們自己隱藏起來。一旦建立了關係與信任之後，即使在很短的時間裡，人物的大小可能就會有戲劇性的改變。

圖 5.2　「我對爸爸很生氣，我要變得很小，讓所有憤怒都跑出去，這樣我爸爸才不會看到」。一位七歲男孩所畫的，他曾受到他父親的身體虐待。

「藝術的行為」（Art Behaviors）

　　除了要看藝術成品的情緒性內容之外，兒童的藝術表現還包括要觀察他們「藝術的行為」（art behaviors）（Malchiodi, 1990; 1997）；也就是他們如何對藝術的指導或繪畫的作業做反應。除了要看他們最後的作品之外，很重要的是還要看兒童以怎樣的狀態（試驗性地、自信地、害怕地、反社會地、重複地）應用媒材。

　　例如，在他們自己身上曾經驗過暴力的兒童，通常會保持一種持續性的警戒和假性恐懼症的狀態（Silver, Karyl, & Landis, 1995），害怕先前的創傷性經驗會重演。當感覺到對個人的威脅逼近時，一位兒童可能高度地警戒，展現出一種「僵直性的警戒」（frozen watchfulness）（Ounstead, Oppenheimer, & Lindsay, 1974）；這可能是被原來創傷事件的任何一項特徵所觸發，包括景觀、聲音、氣味或其他的經驗。此一藝術過程可能會變成回憶起創傷的一項觸發事件，反映出兒童的害怕和其他強烈的情緒。因此，當一位受虐或受創傷的兒童在潑倒一罐顏料時，他可能會害怕這位治療師（或這位權威人物）會對他的行為作任何反應。這可能是在晚餐桌上潑倒一罐汽水，導致其中一位父母對這位兒童、兄弟姊妹、或是配偶行為變得非常粗暴。這種潑倒顏料的經驗，似乎會成為家庭系統中，突然演變成為暴力場景事件的一種象徵。

　　兒童繪畫中的情緒內容通常十分引人注目，治療師經常要面對表現出危機、害怕、焦慮和其他痛苦的經驗。本章後面的部分將會把焦點集中在兩方面的領域上，那是兒童的心理健康專業經常遇到的兩項基本領域：憂鬱與創傷。藝術表現或許能反映出兒童的觀點與情感，在最低程度上，也能供作容納與危機有關之強烈情緒的容器。兒童能經由透過繪畫表現他們自己而受益，傳遞能夠顯露出他們的焦慮、絕望和害怕的意象，以及呈現出像適應力和恢復力等更為積極的觀點。

第三節 兒童期的憂鬱
（Childhood Depression）

在面對兒童工作時，我經常會考慮到憂鬱，尤其是因為兒童的憂鬱通常會被其他行為所掩飾。根據美國心理分析學會（the American Psychiatric Association, 1994），在《精神異常診斷與統計手冊》第四版（the fourth edition of the *Diagnostic and Statistical Manual of Mental Disorders;* DSM-IV）大部分最近的診斷標準中，診斷兒童的憂鬱實際上與成人相同。憂鬱的表現方式在兒童身上是很明顯的，然而卻也是具有爭議性的。當其他人認為兒童的憂鬱被隱藏起來，並透過其他行為問題來呈現，有些人則相信憂鬱的異常方式應與成人相同（Kashini et al., 1981）。兒童的憂鬱是許多其他異常和疾病中的一部分，讓它很難被區分開來，而且不易界定。許多年來人們並不相信兒童容易受到憂鬱的影響；現在大部分臨床醫師都同意，許多兒童的確經驗過憂鬱，而且那是一種令人擔心的心理狀態。

憂鬱的兒童可能看起來像悲傷或是退縮，但是有些兒童可能透過其他回應或反應，來隱藏他們的感覺。憂鬱的典型外觀是一種無助的感覺、或是退縮、缺乏能量、過度的罪惡感，或是無法控制的哭泣。然而，年幼兒童尤其不會顯示出任何這種行為，看起來可能一點也不悲傷，而因此忽略了他們的悲傷。其他的兒童表達憂鬱則是透過憤怒、易怒或攻擊性行為，而且可能被評估為行為異常，因為他們不斷有與同儕或家人相處上的困難。有些兒童的憂鬱可能是表現他們的挫折，透過傷害動物、縱火、大便失禁、夜間尿床，以令人不安的方式表現對人們的敵意。

治療師自然地會在他們所看到的兒童中尋找憂鬱的指標，而透過他們的藝術或遊戲活動，通常會很有希望地發現兒童憂鬱的線索，以

提供適當的協助。很可惜的，透過兒童的藝術表現來界定憂鬱，卻是一點也並不容易、也不簡單。事實上，這是看兒童繪畫時更為困難的一種認知觀點，可能因為憂鬱本身表現在兒童身上時的複雜程度使然。甚至連最有技巧的心理健康專業人員，都很難區辨出兒童的強烈憂鬱、哀傷反應與悲傷的不同點，除了兒童用繪畫或描繪的方式，通常還需要其他線索，才能夠決定兒童所經驗到的是什麼。不過，考慮到憂鬱使人疲弱的後果，尋找兒童藝術表現中可能的跡象，仍是一件重要的工作。繪畫有一個重要的目的，就是可以讓兒童經驗到憂鬱，因為它提供他們一種表達悲傷的方式，以及可能隨之而來的憤怒、焦慮和挫折感。繪畫容許表達複雜的情感，也提供兒童一個機會，向前來協助的成人表達他們的個人故事。

第四節　投射性繪畫測驗、以藝術為基礎的評量與憂鬱
（Projective Drawing Tests, Art-Based Assessments, and Depression）

　　為數眾多的文獻是以投射性評量來測量憂鬱的，例如房—樹—人測驗（House-Tree-Person; HTP）、動力家庭繪畫（Kinetic Family Drawing; KFD）和畫一個人測驗（Draw-A-Person; DAP）。大部分能夠作為特徵的觀察重點，像畫非常小的繪畫、筆觸異乎尋常輕微和缺乏細節，都能夠作為憂鬱的指標。然而，這些研究大部分都是以成人為對象。Wadeson（1971）研究憂鬱成人的繪畫，指出當出現嚴重的憂鬱時，會使用較少的顏色，空白的部分增加，在過程中會呈現出較少努力與精力的投入，所包含的範圍會更為狹隘和較少具有意義的意象。由於研究的主體是成人，很難把這些資訊應用在兒童身上，雖然它們彼此間可能會有些關聯。Gantt（1990）也贊成憂鬱病人所畫的繪畫，會比正常的組別使用較少的空間和出現較少的細節。

　　以兒童繪畫的結構成分來界定憂鬱，可能比用特殊符號來推論還要更有幫助。Gulbro-Levitt 和 Schimmel（1991）使用了一個改編的繪畫評量工具繪畫診斷系列（Diagnostic Drawing Series; DDS; Cohen, Hammer, & Singer, 1988），目的是以兒童繪畫中的結構性成分，來評估憂鬱。雖然他們並沒有明確的發現，但是他們指出會有下列特徵的趨勢：只使用三分之一的紙張，較少使用個人癖好的顏色（idiosycratic color），使用更多的陰影和幾何的形狀，和在他們的繪畫上介紹許多動物而不是人物。這項研究的限制之一，是自我評定量表（self-rating scales）的使用，它假設界定兒童的憂鬱具有足夠的敏感度。再一次地，所提供的憂鬱症狀傾向與其他的診斷重疊，這項研究凸顯出，發現憂鬱通常是很困難的，其中以兒童尤其如此。

　　Silver（1988, 1993）使用畫一個故事測驗（Draw-A-Story; DAS），這是她所發展出的一種繪畫協定，做了一個廣泛的研究，探討兒童繪畫的圖形與憂鬱的關係形式，希爾渥繪畫測驗（the Silver Drawing Test; SDT; 1996a）隨後的 DAS 形式，強調對於憂鬱以及認知和創造性技巧等方面的評量。DAS 的設計是用來對憂鬱作篩選，運用一套由 Silver 創造出來的簡單線條，刺激兒童發展出關於他們的繪畫和故事。選擇這一套圖形是因為 Silver 自己的判斷，它們似乎能夠刺激負面的幻想。實際上的活動包括容許兒童從這套圖形中選出兩個圖形，要他們把這些圖形結合在一幅繪畫中。兒童們被鼓勵以任何他們所希望的方式來進行繪畫，可以增加細節或是改變原始圖形的特徵。然後這位兒童被要求為這幅圖畫定標題，並提供有關這幅畫的一個故事，而且描述在這幅圖畫中的內容。

　　例如，圖 5.3「森林中動物們的婚禮」，是一幅被評為強度正向的繪畫，因為根據 Silver 的量表，圖象和標題都表示出一種愛的關係。圖 5.4 圖象的正向程度較低，標題為「這隻貓要吃東西，沒有人餵牠，這隻狗嚇到牠了」。這幅畫被評為中度的負向，因為這幅畫主要是驚嚇而且飢餓，環境是有敵意的，這情形的結局並不清楚。最後，圖 5.5

圖 5.3 「森林中動物們的婚禮」，一位十一歲女孩所作的 DAS 繪畫（From *Draw-A-Story: Screening for Depression and Emotional Needs* by Rawley Silver. Copyright 1988 by Rawley Silver. Reprinted by permission.）

是一位十三歲男孩所畫的圖畫，標題為「祈禱」，描述一隻老鼠正被一條蛇吞噬。這幅畫傳達出一種強度負向的主題，顯示未來是無望的（在這個例子中是指老鼠），主要的主題是無助而且瀕臨死亡。

　　Silver 的研究所根據的概念，是指範圍從中度憂鬱到更嚴重的憂鬱，為一種連續性的憂鬱和自殺與自我毀滅的想法，以及各種不同程度的憂鬱，都可能在兒童的 DAS 測驗中看到。根據 Silver（1996a）的說法，至少有三項初步的研究，支持DAS在臨床上判斷憂鬱是有效的，其中的兩項研究包括有兒童。雖然兒童繪畫中強烈的負向內容，並不必然表示那就是憂鬱，而強烈的正向內容也不排除憂鬱的可能，但是研究結果建議，當兒童在DAS中的反應，包含有強烈的負向主題時，可能有較高憂鬱的危險。

圖 5.4 「這隻貓要吃東西，沒有人餵牠，這隻狗嚇到牠了」，一位八歲女孩所
　　　　作的 DAS 繪畫（From *Draw-A-Story: Screening for Depression and Emo-*
　　　　tional Needs by Rawley Silver. Copyright 1988 by Rawley Silver. Reprinted
　　　　by permission.）

　　Silver 的 DAS 在探知童年期的憂鬱方面，成為一項令人關注的工
具有許多原因。DAS 的評估基礎是建立在繪畫的內容或意義上，而不
是結構性的成分，諸如在兒童繪畫中的空間、顏色或線條品質。DAS
也是一種開放式的活動，容許兒童在選擇和表達上某種程度的自由。
像 HTP、DAP 或 KDF 這些投射性繪畫活動，對於要畫些什麼會較為
明確，而且可能更少出現創造性或幻想性的素材。

　　Silver 的繪畫協定和有關兒童憂鬱方面的思考，支持隱喻和故事
是一種重要的成分概念，能夠了解和判斷兒童是否具有情感性異常方
面的危險。兒童所經驗到的憂鬱有許多的方式，在繪畫中關於他們自
己的故事，對於了解他們在憂鬱時的感受特別地有用。兒童的敘述在
治療過程中十分地重要，特別是他們在情緒上有大量的痛苦，或是有
自我毀滅的傾向時。

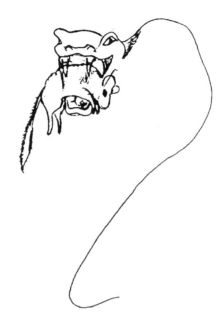

圖 5.5 「祈禱」，一位十三歲男孩所作的 DAS 繪畫（From *Draw-A-Story: Screening for Depression and Emotional Needs* by Rawley Silver. Copyright 1988 by Rawley Silver. Reprinted by permission.）

第五節 在評估憂鬱時主題與陳述的重要性

（The Importance of Themes and Narratives in Assessing Depression）

　　我自己對憂鬱的看法，和兒童的自發性繪畫如何能夠揭露出憂鬱，也是以兒童自己對他們圖形的敘述為基礎，而不是以在他們藝術表現中的特定成分或符號。在藝術表現的內容和兒童的陳述中，似乎有四個主題特別地重要：悲傷／喪親、孤立、絕望和破壞性或自我毀滅的主題。然而，這四方面並不容易分隔開來，而且兒童通常會在他們的繪畫和關於他們藝術表現的敘述中，表達出一種或是更多這方面

的內容。

悲傷或是喪親的表達方式，一般來說很容易在兒童的藝術表現中辨識出來。圖 5.6 是由一位九歲女孩所畫的黑色彩虹，從外顯的部分她看起來並不憂鬱，其實在她歷經數年來生理上的忽略與虐待，以及目睹發生在家中的暴力，她已經累積了相當大的憂鬱了。她的彩虹畫很容易了解，大部分填滿了黑色和一點點綠色，在頂端的部分籠罩著一片黑雲的陰影。在與她同年齡的大部分兒童使用許多顏色的意象時，使用黑色的意象，有時候會是代表存有憂鬱的一種直接指標。其他的明顯指標包括眼淚（圖 5.7）和下雨（圖 5.8），這些都可能是出現在房屋畫、風景畫或其他環境主題的繪畫。這些並不必然都是表示哀傷或悲痛，而可能真的是像兒童畫中所表示的那樣，但是當治療師考慮到兒童可能存在的憂鬱時，就應當注意到眼淚或下雨所代表的意義。

孤立可能包括疏遠、遺棄和拒絕的感受。有時候，兒童繪畫中孤立的主題非常引人注目，但是換個角度看，它們卻是詭譎難以捉摸的。

圖 5.6　一位九歲女孩所畫的黑色彩虹（From *Breaking the Silence* by Cathy A. Malchiodi. Copyright 1997 by Brunner/Mazel. Reprinted by permission.）

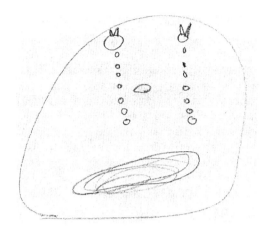

圖 5.7　一位憂鬱的八歲女孩，畫出臉上掛著眼淚的圖畫

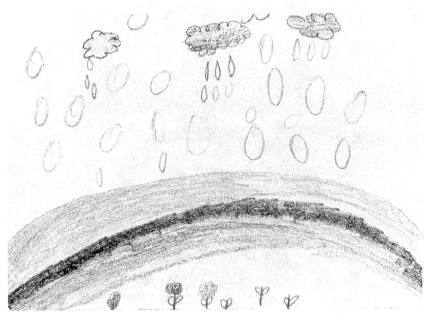

圖 5.8　一位憂鬱的八歲女孩，畫出下雨的圖畫

有一個鮮明的例子，一位八歲女孩受到她母親與其同居人的身體
虐待，多次畫出她自己與其他人隔離的意象，封藏（encapsulatc）在
房子的架構之內（圖5.9）。身體上的重創、性侵害或心理上的虐待，

當然都會造成孤立和疏遠的感受，特別是當傷害來自於她自己的家庭時。在這位女孩的例子中，所經驗到的孤立感是憂鬱與絕望，並從一個身體虐待的家庭情境中，提供個人的保護手段。

記得重點是，憂鬱的兒童由於創傷而顯得退縮，或感覺與其他的人疏離，他可能因為心理上的麻木或是侵入性的想法，而在藝術治療的團體中安靜地坐著，也可能因為專注上的困難或是心理解離（dissociation），而很難集中注意力於繪畫的活動上。憂鬱的兒童通常會感覺到絕望、無助與空虛。他們所感受到的可能是全然的絕望，而且在

圖 5.9　一位八歲女孩畫出她自己與其他人隔離的意象，封藏在房子的架構之內

他們自己的感受、想法或行動中，通常會包含著內疚。他們也可能會表達出，希望他們的人生、家庭或生活情境能夠發生一些改變，這或許是不可能達到的，如此則更會加深他們對未來的絕望感受。一位十二歲女孩，她的父親曾對她與她的姊妹性侵害，在對執行保護的服務人員揭露性侵害一事時，她表達出悲傷以及罪惡感。她公開地呈現出她的悲傷，眼淚即將從臉頰上滑落，此時因為她的揭露把她與父母之間隔離開來，她祈禱著與父母之間能夠發生正向的改變（圖 5.10）。一位九歲的憂鬱女孩，她和她的兩位姊妹都遭到她們父親的性侵害，對於她家庭情況的改善，她表示出悲觀的看法，由於她的母親已經懷孕，她說：「我希望這一次會是一位男孩。也許上帝會幫助我們，因為我對這種事無能為力」。她的描述表達出她渴望改變家庭的亂倫情形，希望一位弟弟嬰兒將不會像他三位姊姊一樣，遭受到父親的侵害。

圖 5.10　一位十二歲女孩畫她自己哭泣和禱告的圖像

　　她的繪畫是一幅自畫像，有著一個不完整的身體，和一張看起來沒有表情的臉（圖 5.11）。

　　與憂鬱有關的破壞性主題包括自我憎恨（self-hatred）、自我貶損（self-destruction）、內疚和極度地低自尊。兒童可能會以一種自我貶抑的態度面對他們自己，畫出來的自我形象在取笑他們自己，或是以「醜陋」或不具吸引力的方式來描繪他們自己。被忽略或被虐待的兒童，在他們的繪畫中會以一種毀壞的、怪異的或缺乏吸引力的方式看待他們自己，這些都並不會讓人感到意外。例如，一位被忽略和被虐待的八歲女孩，以一種滑稽和否定的特徵來描繪她自己，標題為「『女孩的名字』叫作討厭嗎？」（圖 5.12）。

　　其他憂鬱兒童的繪畫，可能反映出他們自己自我貶損的行為和挫敗感。一位八歲男孩菲力克斯，他因家庭問題被安置在男孩的團體家庭中，他因為與家庭和學校隔離開來而感到沮喪，於是透過大便失禁來表現他的挫折。很不幸地，開始時很難判斷是哪一位男孩發生這種情形，因為大便失禁的跡象只有發現在家庭以外的公共區域（在遊戲

圖 5.11　一位九歲女孩的自畫像（From *Breaking the Silence* by Cathy A. Malchiodi. Copyright 1997 by Brunner/Mazel. Reprinted by permission.）

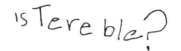

圖 5.12　「『女孩的名字』叫作討厭嗎？」，一位八歲女孩所畫的自我形象

室和幾間浴室的牆上），所以沒有人能確定是哪一位男孩遺留，並去塗抹他的排泄物。雖然在這個團體家庭中，菲力克斯是幾位有嫌疑的人之一，但是沒有人能夠十分地確定。一位同事心理學家問我，是不是有什麼方法可以找出是哪個男孩做的，但很可惜地，我像其他同事一樣茫然不知所措。

　　我決定召集所有的「嫌疑者」集合在藝術教室中，和他們討論這個問題，然後要求他們畫出任何他們所想要畫出東西的圖畫。菲力克斯畫了一幅非常細膩的賽車，從後面的排氣管排放出一大團黑煙（圖5.13）。雖然賽車出現在男孩的繪畫中是很典型的主題，但是黑煙顯然過多了。當黑煙可能只是汽車所排放出來的，讓我驚訝的是那可能代表的是另一種形式的排放，特別是因為菲力克斯在他的圖畫中，花了相當多的時間來把它畫得更好。在團體之後，我向菲力克斯表達我的懷疑，他向我承認他的確是把排泄物塗抹得到處都是的那個人。他不只是憂鬱和對他的家庭情境感到挫折，而且也對他的大便失禁感到煩惱，並對他所做的事感到羞恥與尷尬。

　　菲力克斯的汽車排放廢氣，證明是對他問題的一種隱喻，但是相較於一些嚴重憂鬱的兒童，這還算是一種仁慈的意象，我們可能會看到更為暴力的圖畫。有些繪畫的內容看起來更為激烈，可能表示對他

圖 5.13　八歲的菲力克斯畫的一輛排放黑煙的賽車

人或對自己的極度憤怒（圖 5.14）。自我毀滅意象所帶來的顧慮是自殺，甚至對兒童也是如此。自殺的威脅永遠是最危險的情況，也可能發生在憂鬱的兒童身上。雖然自殺潛伏在兒童年紀的人數相對較低，但是比率卻正在逐年增加之中（Pfeffer, 1986），而且臨床上也在擔心這種情形。所幸，大部分兒童並不像成人那樣孤立，通常會有較好的情緒支持，較不太可能去完成或實行自殺的企圖。然而雖然不常見，但是自殺的威脅仍然是兒童憂鬱中很重要的一項考慮因素。

　　兒童自殺的威脅通常是一種態勢或企圖，想要改變害怕或是無法接受的情境。麥克是一位八歲的男孩，他受到他母親與其為數眾多的同居男友的身體虐待，有一天他決定站在二樓的窗戶上，威脅著要跳到樓下的天井裡。機構人員和治療師安全地把他勸離了窗戶，是因為他解釋清楚不會告訴他的媽媽。在這次企圖之後，他的治療師立刻與他晤談，他畫了一張小型臉的圖畫，據他說這是一張喊叫的嘴（圖5.15）。他在創作這幅畫時非常地焦慮，可能是因為他了解已經非常接近問題的核心，不是嚴重地傷害他自己，就是結束他的生命。簡單的繪畫非常有效地捕捉這個事件中，他的驚恐、焦慮與困惑的感受。

圖 5.14　「兇手」畫出拿一把長斧的男人，一位有憂鬱和行為異常的青少年男
　　　　孩的作品

圖 5.15　八歲的麥克在企圖自殺之後所畫的自己（From *Breaking the Silence* by
　　　　Cathy A. Malchiodi. Copyright 1997 by Brunner/Mazel Reprinted by per-
　　　　mission.）

　　這幅繪畫的內容中最重要的部分，是自殺的威脅對這位孩子的意義或目的。在看到特殊的意象像是「哭著求救」，或是深沉絕望的訊息時，很重要的是要決定這個意象所指的對象是誰。在這個例子中，這個意象所指的是他的母親，她自己有虐待的行為，並允許她的兒子被其他人虐待，並讓機構人員介入這位兒童的福祉。當問他畫中描繪的這個人想要說什麼時，麥克只簡單的說「這個人的媽媽會非常、非常難過她的孩子死掉」。

　　在繪畫中像憂鬱這種自殺意圖的證據，通常很難在藝術的表現中準確的顯示出來。例如，麥克在他企圖自殺之前的繪畫，顯示出他對家庭情境有挫折感，和他對自我的卑微感受，但顯然並沒有要進行自殺的明顯意圖或計畫。事實上，在他有這樣企圖的前幾天，他對那些環繞在周遭的事物，外表上都非常正向而且反應良好。

　　Cox（1984）在她對有憂鬱和自殺傾向的兒童、青少年和成人當事人的研究中，提出在藝術表現上有十項主題是與自我毀滅方面有關，對治療師可能會很有幫助，從經過一段時間對兒童繪畫的觀察，來判斷這位兒童是否有憂鬱的情形，以及作為具有自殺危機時的警告：

(1)憤怒、敵意、攻擊；(2)自我憎恨、自我譴責、自我貶損、自我破壞、內疚、極度低自尊；(3)絕望、無望、無助、苦惱、空虛、順從；(4)疏離、拒絕、放棄、孤立、失去或害怕失去重要的他人、極度脆弱；(5)懷有敵意的人際關係；(6)依賴需求的挫敗、早期的剝奪；(7)渴望與心愛的人在精神上的再生、恢復與重聚；(8)緊張、焦慮、挫折、即將面臨混亂的感受、衝動性增加；(9)破裂、崩潰、人格解體；(10)對於死亡的猶豫。（p.44）

　　Cox假設經過一段時間的藝術表現後，如果有五項或更多的指標，可能就構成嚴重顧慮為潛伏性自我破壞行為的充分證據。雖然Cox所建議的主題是根據他對兒童與成人的工作中得到的，然而在觀看兒童

繪畫的內容，來預測憂鬱或自殺的傾向，這些仍然是很有用的指標。

第六節 身心創傷
（Trauma）

　　兒童的創傷經驗逐漸受到保健專業人員的注意，是由於提升有關家庭暴力、身體和性方面的虐待、街頭暴力和災難事件效果等方面的知覺有關。精神受創的兒童經驗到起伏很大的情緒和深邃的心理痛苦，包括焦慮、無助、害怕、孤獨、憂鬱、脆弱和絕望。失落在任何類型的創傷中都是一項核心的議題，可能與父母親或重要他人的分離有關，發生的原因包括離婚、入獄、心理或生理的疾病、或死亡。

　　兒童也可能對父母親的失業或遷移新的住處、街坊或國家，而產生創傷性的反應。多重的失落也很容易發生在任何一種的創傷情境中，並以各種不同的方式影響著兒童。

　　根據 DSM-IV（American Psychiatric Association, 1994）的描述，創傷後壓力症（post traumatic stree disorder; PTSD）的症狀，包括失去參加原來喜歡活動的能力、感受變得狹隘、變得對未來短視、抱怨身體不適、害怕再次的創傷，以及創傷後可能的「心理麻木」（psychic numbness）。過度警覺（hypervigilance）焦慮、退縮、一再重複的夢魘和認知能力衰退等，也都是 PTSD 常見的症狀（Terr, 1990; Green, 1983）。PTSD 一詞原來是應用於遭受到自然災難、戰爭經驗和事故的倖存者，所經驗到的一些症狀。而現在很普遍地會認識到，遭受過暴力侵害的兒童，特別是任何一種的家庭暴力或身體虐待，也可能會經驗到創傷後壓力症（PTSD; American Psychiatric Association, 1994）。雖然傳統上這是對成人的一種診斷，但是 PTSD 出現在受虐兒童的身上時也能夠引用（Pynoos & Eth, 1985; Green, 1983; Anthony, 1986; Webb, 1991），而且可能發生在童年期的任何年齡。

兒童應用藝術表現來表達出創傷，以及與之相連結的哀痛、悲傷、失落等感受，而且通常透過遊戲活動或藝術表現來克服創傷。Alice Miller（1986）是當代著作許多受虐兒童創傷方面作品的作者，指出她自己受虐的童年和藝術創造力之間的關係。她觀察來自童年期的創傷感受，會在藝術表現上顯現很明確的形式：

> 在我的圖畫中，會浮現我童年時期受到壓抑的感受——害怕、絕望和完全的孤獨——。開始在面對這些感覺時，我是完全孤獨的。在那個時候，我不知道能否把我從童年時期所新發現的知識，分享給任何一位畫家聽，也不能找到任何一位同事，能夠向他解釋當我在繪畫時，在我身上究竟發生的是什麼事。我不要作心理分析上的解釋，也不要聽榮格象徵符號所提供的見解。我只要讓在我身上的兒童說話和畫圖，直到我能夠了解他的語言為止。（p.7）

波蘭的 Nelly Toll 在第二次世界大戰時還是一位小孩，那時就開始把她的經驗以文字和圖象寫成日記。她在最近的回憶錄（1993）中寫道：

> 畫圖……讓我能夠逃到幻想的世界裡去。我畫了超過六十幅水彩，創造了許多令人愉悅的故事，用白線把圖畫和故事縫成一本小冊子；經由藝術的魔力，我變成快樂幻想世界中的一部分。在 5×7 英吋和 7×10 英吋大小的紙張中，充滿了彩色的花朵、蔚藍的天空、相親相愛的人們和無憂無慮的兒童，忙碌在日常的生活之中。只有象徵式地反映出當時對我們周遭危險的恐懼感受。（pp. ix-x）

雖然 Toll 以成人的觀點，描述藝術對於她的意義，她的文字強烈地表達出，在遭受到壓力、危險和創傷時，藝術表現對於兒童的重要性。對於 Toll 而言，藝術創作是一個隱秘的世界，充滿了明亮的顏色

和圖象，似乎能夠闡述出一種世界，在其中不會受到發生在她身上恐怖事物的干擾。然而，透過圖象她能表達出在第二次世界大戰期間，她所經歷到極度恐怖事件潛在的害怕、痛苦與憤慨。她的繪畫和圖案在遇到無法抵擋的情況下時，會變成紀錄美好生命的一種方式，維持住穩定的生命線、一個有希望和夢想的地方，在面臨殘酷時可以連結到人性的層面。

Toll 的圖象和她深入的觀察也提示出一個重點：藝術能夠提供一種以個人的方式或獨特的觀點，來處理每一位兒童的創傷。她的研究也強調受過創傷的兒童，在表達方式上的多樣性。藝術，相對於作為危機和痛苦的反映方式，也是一種表達希望完成的夢想，和為了逃避痛苦和某些極難表達經驗的另一種表現方式。

由於兒童曾經受到家庭暴力、虐待或其他危難的創傷，繪畫可能會變成視覺性的幻想，出現一些不可能或無法達到的情形。一位來自受虐家庭的八歲女孩瓊安，一直在畫她家庭環境中很少經驗過的圖象。這些繪畫通常包括快樂的場景，以及包括有彩色的房子，旁邊有花園和玩具（圖 5.16）。她經常將這些圖象畫成是很安定，可以平安長大的家庭環境，她和她的家人可以在裡面住得很久，甚至可以種些蔬菜，都是一些她很渴望但是都沒有實現的事物。事實上，瓊安經常對她的媽媽感到憂慮與煩惱，她母親是一位實際上的虐待者，她不斷從這個虐待關係轉換到另一個虐待關係之中，以前也曾經虐待過瓊安和她的弟弟。在許多方面，瓊安的生活和戰爭或劇變之後的倖存者一樣，因為她在自己的家中會不斷地面對騷動和暴力。繪畫是創造更為正向的世界觀，以及她對未來家庭希望的一種方法。

藝術表現似乎是特別適合於兒童創傷的一種療法，因為對他們來說，在她們能夠說出創傷之前，更容易以視覺的方式來進行溝通（Malchiodi, 1990, 1997; Stronach-Buschel, 1990）。然而，正如所看到的，兒童以略為不同的方式來表達他們的創傷。雖然在對創傷或危難反應所創造出來的圖象，在結構和內容上有相當多的共通性，但是每一位

圖 5.16　來自受虐家庭的一位八歲女孩瓊安所畫的快樂家園

兒童都是以個人的方式，透過藝術表現來作反應。例如，兒童的創傷事件可能會以圖象方式完整地呈現，或是以稀疏的描述方式來表達；在其他的兒童傾向於將細節表達得愈少愈好時，有些兒童則會把他們經驗中的驚恐表現得淋漓盡致。

　　藝術表現的差異性可能是情境上的一種作用，也就是兒童是否受到家庭、朋友或其他人們的支持，或是能夠充分地信任治療師，得以自由而安全地表達；也不論他或她是否具有以藝術溝通的能力（例如，有些兒童天生就具有透過藝術表達的能力，而其他人卻顯得較不具有天賦或者興趣）；發展的狀態（例如，這位年輕藝術家的年齡和發展的水準）都會影響繪畫的內容、細節以及風格。創傷的類型和持續的時間，不可避免地會影響到藝術的表現；例如，一場龍捲風的經驗，那被認為是一種超過個人所能控制以及隨機的過程，會與家庭暴

力或虐待的表達方式非常不同。身為治療師很重要的是要記得，要拿起一支鉛筆或蠟筆，陳述出創傷性的回憶，對一位兒童而言是很困難的一件工作，而且兒童通常會因為害怕、個人的安全、保密或否認等理由，而不願自發性地開始去畫。

個人對危機的反應方式也會影響藝術表現的內容。有些兒童可能會希望或甚至被強迫，在一場創傷經驗之後立即以繪畫去表達他們自己。但是其他的兒童，則可能對描述發生的經過認為是危險的，特別是創傷中如果包括身體虐待或性侵害的話。對這些兒童而言，藝術表現可能並不會充滿恐懼、暴力或創傷的素材，而以一種平淡無奇的方式，卻可能包括更多他們經驗中難以捉摸的跡象，可能會表達出隱喻性的圖畫，而非只是表面呈現的樣子，甚至看起來可能並不包含情緒性的內容。

長期以來都受到創傷的兒童，可能也較不能自由地表達他們自己，當那些經驗到劇烈的創傷（也就是單一事件），可能會發現透過藝術來表達會容易一些。長期受創的兒童可能對任何一種形式的表達，都會比較沒有安全感，也包括藝術在內，他們可能需要較長的時間，以與治療師和治療的情境獲得一種信任感。

藝術表現能夠作為把個人的各部分統整起來的一種方式，這種統整性可能只是在遭受到創傷經驗時，暫時失落或是混淆了。當創傷發生時，兒童可能會讓感受變得破碎不連貫，或是用一種破碎不連貫的方式來看世界。這個創傷是作為區隔的一條分界線，區分出一種相對安全的時段，以及一種包括憂傷、害怕、焦慮和與創傷經驗相連結之其他想法的時段。

有一種很普遍的現象是，大部分的兒童儘管有痛苦事件的經驗，但是他們仍然會在藝術創作的活動中來尋找快樂。透過藝術的作品，可能會產生一種整體性（wholeness）或是努力朝向整體性的一種自然經驗，存於其中或是它的本身，都可能是了解受創兒童的繪畫，或是治療的重點本身最重要的部分。

第七節　兒童虐待與揭露家庭或社會暴力

（Child Abuse and Exposure to Family or Societal Violence）

　　許多治療師期待遭受到暴力創傷的兒童，能夠有生動而豐富的藝術表現，能夠很詳細地描述出家庭暴力或虐待的情形。然而，如同前面所述，許多例子中的兒童並不會自發性地畫出創傷事件，大部分兒童在結構成分、線條品質和內容方面，似乎都只有頗為稀少的細節。顏色的使用通常會很有限，兒童們明顯地在他們的繪畫中較常使用黑色和／或紅色（Malchiodi, 1990, 1997）。有暴力或虐待創傷的兒童可能很快就能創作出一幅圖象，但只用很少的注意力在細節上，繪畫中的人物整合或安排上很貧乏。他們的藝術表現過分單純化，通常類似刻板的卡通或亂塗（Terr, 1981, 1990; Malchiodi, 1990, 1997）。

　　內容、細節和顏色的缺乏，並不會讓人驚訝會有幾個原因：第一，來自暴力家庭的兒童，當暴露於街頭暴力或其他的虐待情境時，可能會表現退縮或害怕，或是他們可能變得完全與他們周遭的生活脫節。當一位兒童在心理上顯示出疲態時，表現的完整程度通常就會受到影響：也就是這位兒童完全沒有內在的資源，可以把一系列複雜與消耗性的創傷事件呈現在紙上。憂鬱可能要回了它的代價，讓兒童僅有很少的能量或耐性來作藝術的表現，即使一般而言藝術是一種快樂而充滿刺激的活動，他們仍然對於分享若干他們的感受，顯得退縮或毫無興致。兒童可能會感覺到他們與自己的表現能力脫節，而且在某些情形下，可能會對他們自發性表現顯得非常防衛，特別是當要求主題畫一幅直接與他們的創傷有關的繪畫時。例如，當要求畫一幅有關家庭的圖畫時，許多曾受過其中一位家庭成員虐待的兒童，或是他感到需要保護他們的家庭情境時，可能就不會遵循這個要求，或是把它畫得過分簡化或是以刻板性的方式描述，以完成這一項要求。他們在

治療的關係中可能會感覺到威脅與不安全，害怕把他們家庭的秘密揭露出來，或表達出一些他們與加害者曾有過的協議。

兒童暴露在極度的社會暴力下時，可能在他們的行為和藝術表現中，也會顯現出創傷的影響。Tibbetts（1989）在他對北愛爾蘭兒童所作的研究中，應用繪畫來幫助兒童表達他們自己，展開克服創傷性暴力的過程。Tibbtts 開始以一場簡短且具有支持性的談話，來討論他們的創傷性經驗，要求兒童畫一幅他們所想畫的任何東西，並且為他們的圖畫說一個故事。雖然兒童們不會明確地要求畫一幅與他們創傷有關的圖畫，但是大部分兒童所畫的圖象都與之有關，或是去描繪他們的創傷事件（圖 5.17）。

在 Tibbetts 研究中，一般來說兒童在他們的繪畫中都以最少的細節，以視覺的方式描述他們的創傷、感受或印象；採用有限範圍的聚焦（也就是缺乏背景的細節，以便於更能把焦點集中於創傷的事件）；或未將背景與實際上的事件整合在一起。Tibbetts（1989）觀察到「大部分兒童在畫後的訪談過程中，顯示出一種平淡而普遍的憂鬱情緒，努力地抗拒訪談者想引出他們有關創傷事件的感受」（p.94）。他指出這些兒童會順從一種環境，一種鼓勵暴力和促進固定持續的創傷與焦慮的環境，相較於那些沒有暴露在極度暴力中的兒童，可能是這些兒童在分享和釋放情緒上有很大困難的原因。

對於來自暴力家庭的兒童，似乎在結構成分和藝術行為上都會出現重複性的情形，他們親身經驗過虐待，也親眼見到暴力的行為。兒童可能會透過他們的藝術和遊戲的活動，來重複與他們經驗到創傷有關的圖形，或是重複援救的主題（如警察或消防隊員來了）、或是暴力與毀滅性的行為（如瞄準一位侵略者或犯罪者）。例如，一位六歲的男孩重複地畫他的房子，那是他父親對他身體施虐的地方。他敘述這棟房子畫的方式總是一樣：他的父親在這棟房子裡，會在一場火、爆炸、或其他不可能逃脫的災難中死去。

這幅畫通常會變得無法辨認，因為這像迷宮般的線條，隨著他毀

圖 5.17　兩位來自北愛爾蘭兒童的繪畫（From "Characteristics of Artwork in Children with Posttraumatic Stress Disorder in Northern Ireland" by Terry Tibbetts, in *Art Therapy: Journal of the American Art Therapy Association,* 6 （3），92-98. Copyright 1989 by the American Art Therapy Association, Inc. All rights reserved. Reprinted by permission.）

圖 5.18　　一位身體受虐的六歲男孩的畫，呈現出迷宮似反覆的線條

滅施虐雙親的故事而發展（圖 5.18）。一位身體有殘疾的七歲男孩，
他曾經驗過一九九二年的洛杉磯暴動（the Los Angeles riots），當一
位「壞人」正在放火燒他的房子時，他描述自己正在大哭，重複一層
又一層的顏色遍及整幅繪畫（圖 5.19）。這些重複可能作為治療過程
中的一種目的，它們可能用藝術的方式，透過一遍又一遍地重複圖
形，讓兒童得到超越創傷的一種象徵性力量。雖然可能重複同一個故
事，兒童也可能用一個簡單圖形或形狀來重複一幅繪畫，或從事於重
複製作符號，或在紙上用鉛筆或蠟筆作成像斷音般地移動。

　　治療師在面對受創傷兒童工作時的一項結構性特質，特別是那些
曾經驗過虐待或暴力的兒童，通常是想要了解兒童在繪畫中過度使用
陰影的意義。許多投射性繪畫的文獻，把在繪畫中過度使用陰影與焦
慮連結在一起（Hammer, 1958; Machover, 1949）。當然，對兒童來說
要把一幅畫都畫上陰影，是要花相當大力氣的，過度地使用陰影因而
轉變為受創傷兒童的繪畫特徵。

圖 5.19　一位七歲殘障男孩的繪畫，描述當一位「壞人」正在放火燒他的房子時，他自己正在大哭（From "Art Captures the Impact of the Los Angeles Crisis" by Shirley Riley, in *Art Therapy: Journal of the American Art Therapy Association,* 9（3），133-144. Copyright 1992 by the American Art Therapy Association, Inc. All rights reserved. Reprinted by permission.）

　　例如 Epperson（1990）的研究發現，在學齡的兒童暴露在暴力下時，雖然並未達到顯著的水準，但是繪畫時具有在環境中加上陰影的傾向。然而，加上陰影可能具有心理上的不同目的，而不是病理學上的現象或單是指焦慮而已。例如，有些兒童只是喜歡在他的整張圖畫中畫上陰影，喜歡在整張圖畫紙畫上顏色，或是記得一位藝術老師的建議，要把整張畫紙畫上顏色。有些受到創傷的兒童或許會發現，在他們繪畫中陰影的部分，會令人感到安慰或是具有催眠的效果。過度的陰影通常透過重複的方式把空間填滿，而具有一種自我慰藉（self-soothing）的功能，這也可能是為何重複性的活動，通常會出現在受創傷兒童的藝術和遊戲活動中的原因之一（Terr, 1990; Malchiodi, 1997）。

　　儘管主要的焦點並不是這個部分，但是兒童的父母親、親人或親

密朋友的死亡，都會讓他們感受到創傷，不論他們是否親眼見到這個人的死亡。這一類型創傷和那些來自暴力家庭兒童的經驗、那些暴力或虐待下的犧牲者、或那些遭受悲慘災難支配的人們經驗類似。

Steele、Ginns-Gruenberg 和 Lemerand（1995）指出兒童在失去所愛的人時，其反應和PTSD的症狀類似，包括憂鬱、憤怒、高度警戒、驚嚇反應、害怕和健忘等。治療師在面對兒童因家庭成員、重要他人或朋友的死亡而悲傷時，將會看到本章所述的若干特徵，特別是重複性的圖形、使用有限的顏色，以及有關悲傷的敘述與圖象、隔離、絕望與自我毀滅。然而，很重要的是要記得，每一位兒童所經驗到和表達出來的失落都不相同，發展的因素以及失落經驗的類型（例如突然死亡、暴力致死、父母的死亡、朋友的死亡等），都會影響兒童藝術表現的內容和風格。

第八節　性侵害

（Sexual Abuse）

性侵害的經驗、對象通常是家庭成員或是其他個人，往往會造成孩童嚴重的情緒後果。曾報導出現過的行為，包括失去了生活中的樂趣、缺乏情感、對未來變得短視、身體上的不適、害怕再次受虐、過度警覺、焦慮、退縮、一再重複的夢魘、認知能力的衰退等。侵入性的症狀如瞬間閃現虐待的過程、重複性的想法、脫節和麻木，以及在某些例子中出現的解離（dissociation）（Briere, 1992），在性侵害的情形下，會比其他類型的創傷還要來得更為凸顯與長久。還有一些額外的感受，包括羞愧、罪惡感和遭受污名等。

由於性侵害對兒童的影響深刻，以及因為兒童受害者通常不願意揭露或討論他們的受虐情形，經過了多次重複驗證繪畫中的結構性要素和內容，已經能夠指出兒童所遭受到的性侵害，和兒童對它們的知

覺。雖然在遭受性侵害兒童的繪畫中，能夠觀察到許多類似的特徵和主題，但是仍不容易形成一種定義或明確指標的列表。這並不讓人驚訝，因為每一位兒童的受虐經驗都不相同，隨著虐待持續的時間和頻率、兒童的年齡、加害者和所經驗到性侵害類型而有所不同。但是，仍會有一些有關性方面的創傷可能發生的特徵，和對兒童行為的進一步研究和介入方式的建議。

　　一項更強有力的指標，是兒童繪畫中包括有強烈性意味的主題或者意象。許多作者觀察到繪畫中包括生殖器和／或「陰部」，可能是代表性侵害的一種指標（Kelley, 1984, 1985; Yates, Buetler, & Crago, 1985; Hibbard, Roghmann, & Hoekelman, 1987; Faller, 1988; Malchiodi, 1990, 1997）。DiLeo（1973）是一位小兒科醫生，他看過數以千計的兒童繪畫，對於很少看到有任何生殖器的畫像而感到印象深刻，而把這樣的畫像與行為異常連結在一起，他指出兒童可能認為生殖器在他們的圖畫中並不會很重要，或可能因為文化上的禁忌而省略它們。Koppitz（1984）也指出，在西方文化中的兒童很少會描繪出生殖器，這樣的描繪在有情緒問題的兒童身上較常出現。

　　遭受性侵害的兒童在繪畫中的性意涵，可能會以畫生殖器或裸體畫以外的其他方式出現。兒童所畫的人物畫也可能展現過於性感的穿著、特別凸顯的舌頭（Drachnik, 1994）（圖 5.20）、過分的打扮、長睫毛、或其他顯示富有魅力的特徵。圖 5.21 是一位十歲女孩所畫的鉛筆畫，她受到她父親的性侵害，與她的母親和弟弟一起進入受創婦女庇護所，所提供的一幅包括性意涵的例子。這位女孩的圖畫描繪一位極為性感的女人，擁有沙漏般的人形和分裂的身體。雖然這位女孩並沒有展示出富有魅力或不當性方面行為的跡象，但是她的繪畫典型地包括肉體上的特徵，如同圖上所示。

　　她也畫出包括可能被認為是「陰莖」圖象的圖畫，如許多蜜蜂有非常大的「螫針」，要進入牠們的蜂窩圖畫（圖 5.22），把蜜蜂的螫針當作「在她後面的痛苦」。

圖 5.20　由一位受到性侵害的八歲女孩所作強調舌頭的繪畫

圖 5.21　一位受到性侵害十歲女孩的繪畫（From *Breaking the Silence* by Cathy A. Malchiodi. Copyright 1997 by Brunner/Mazel. Reprinted by permission.）

圖 5.22　同一位十歲女孩所畫的蜜蜂和螫針，亦即「在她後面的痛苦」

　　在兒童藝術中所表現的性意涵可能仍有爭議，在它們本身有可能並不是在指性侵害。某種程度上，兒童有可能創造出包含有性意涵的圖形，例如一幅由六歲男孩所畫的圖畫（圖 5.23），顯示的是擁有乳房的人物圖形，可能是包括有性的意涵，因此是一個值得懷疑的指標。然而，這位男孩並非遭受到性侵害，而是他著迷於母親用乳房為他新誕生的弟弟哺乳。女性乳房的魅力、撫育的問題和對母親的注意，是畫出這幅畫的主要原因。DiLeo（1973）觀察在繪畫中包括有陰莖，表示這位兒童最近可能接受過生殖器手術（割包皮或是疝氣手術）。像手術這一類的身體創傷，會引起對於這個部位的注意與關心，兒童可能會在他們的藝術表現中，包括或強調出身體的這個部位。

　　在當時社會大眾傳播媒體的影響，可能造成幼年時在繪畫中就有性的特徵，經由電視容易接觸到性的內容和主題，可能會對兒童透過

圖 5.23　一位六歲男孩所畫包括乳房的繪畫（From *Breaking the Silence* by Cathy
　　　A. Malchiodi. Copyright 1997 by Brunner/Mazel. Reprinted by permission.）

視覺藝術如何表現產生若干影響（見第六章）。可以看得出來電視節
目對於藝術表現會有某種程度的影響，但是以有關性的主題在電視、
錄影帶和電影中凸顯的程度，很難將它的影響能完全地排除。

　　在遭受性侵害兒童的人物繪畫中，一定會被指出的另一項特徵是
不完整的身體意象（Kelley, 1984; Cohen & Phelps, 1985; Malchiodi,
1997）。當被要求畫一個人或是自發性地畫一個人時，曾遭受性侵害
的兒童可能會只畫一個頭（如圖 5.24）或上半身的身體（如圖 5.25）。
後來的形式會以一個人出現在窗戶中或是在某些物體的後面，例如一
輛汽車，這樣可以遮掩身體的下半身。Kelley（1984）也指出遭受性
侵害的兒童所畫出的人，可能會強調他們的上半身。所謂的強調包括

圖 5.24 一位受到性侵害的八歲女孩所畫沒有身體的頭部畫像

圖 5.25 一位受到性侵害的九歲女孩,所畫沒有下半身的繪畫

在臉上和在上半身衣服上的很多細節，下半身的部分卻會被忽略。

　　曾遭受過性侵害的兒童，可能在藝術表現上具有某種程度身體部位錯亂的現象。在人物的繪畫中可能會出現發展退化的現象，表達不夠清晰，或可能會有一種猶豫矛盾的特徵；換句話說，就是不能夠很清楚地表達所代表的特徵。有些遭受性侵害的兒童，可能無法完整畫出一個人物圖形，由於他們曾經驗過的創傷，使得身體意象對他們來說是一個敏感的主題。而且，要求畫一個人可能會引起藝術行為的若干退化，使得繪畫看起來顯得缺乏結構。圖 5.26 是一位六歲男孩的自畫像，看起來不太像一個人物的繪畫，反倒比較像是純粹動覺的活

圖 5.26　一位六歲兒童自畫像的塗鴉繪畫

動。這位男孩曾遭受到她母親的性侵害，對他圖象的描述是「它的身上全都是血」。然而他的其他繪畫都畫得很好，合乎他的年齡，比他的自畫像更容易辨認，自畫像似乎會喚起焦慮和失去控制力。

　　一位十三歲女孩，最早可能從六歲開始，曾經遭受過許多他母親的「男友們」反覆性侵害，通常她所畫身體圖象的結構成分都很難界定。圖 5.27 是這位女孩十二歲時所作，標題為「野蠻女人」的人物繪畫。她畫的身體看起來少了一部分的軀幹，而且縮短了右邊的手臂。表現出的情感是很不安的，不只是因為身體扭曲變形，而且還包括空洞的眼睛、堅硬刻板的軀幹內襯和像棉花一樣的腿。這位女孩在十三歲時所畫的第二幅人物畫（圖 5.28），看起來發展退化而且有更嚴重的混亂現象。很難說在肩膀的線條是不是所謂的手臂，以及身體只有很少細節的粗糙畫法。當要求她辨識和描述這幅繪畫時，這位女孩的口語反應非常地少，而且無法辨認出她自己的繪畫。在她的例子中，

圖 5.27　長期受到性侵害的十二歲女孩所畫的自畫像（From *Breaking the Silence* by Cathy A. Malchiodi. Copyright 1997 by Brunner/Mazel. Reprinted by permission.）

圖 5.28　同一位女孩在十三歲時的自畫像（From *Breaking the Silence* by Cathy A. Malchiodi. Copyright 1997 by Brunner/Mazel. Reprinted by permission.）

推測她已經形成嚴重心理混亂的現象，甚至可能是一種分裂的狀態，這是多年來遭受性侵害，沒有解決方法或掌控創傷的後果。

　　這種在繪畫中顯示缺乏結構的特殊類型，可能發生在從童年早期就不斷發生傷害的兒童身上，顯示出一種嚴重人格異常的表現形式。我們可以合理地假定，長期的創傷能夠超出一般正常的預期，戲劇性地改變藝術表現的內容和風格。

　　其他與性侵害有關的特徵包括心的形狀意象、繪畫風格發展上的退化和自我貶損或憎恨自我方面的主題（Cohen & Phelps, 1985; Malchiodi, 1997）。雖然這些及其他的特徵與主題都是與性侵害有關聯，但是也有可能出現在並未遭受性侵害兒童的繪畫中。然而，由於性侵害的嚴重性，以及很可能許多兒童並不會說出遭受過性侵害，因此很重要的是要去考慮繪畫中的視覺線索，特別是這一節中所提到的部分。

第九節　解離症

（Dissociative Disorder）

　　像性侵害這種深度的創傷，對於兒童和成人都易於罹患解離性認同異常（dissociative identity disorder, DID）。解離的症狀包括：與當時的環境脫節，特別是在有壓力的時候、一種白日夢或「渾渾噩噩」（spacing out）的形式、情緒的麻木、有關虐待方面的健忘與多重人格。一般認為兒童和成人的倖存者都會透過這些行為，降低或逃避他們嚴重情緒上的痛苦與創傷，以容許他們在這個世界上繼續發揮功能。

　　傳統上而言，很難評估出兒童的解離症狀，因為對兒童而言，某種程度的解離是發展上的正常表現，特別是在五到六歲，當兒童創造出想像出來的同伴時，可以在幻想出來的信念與故事中自由地進出。正常的解離行為應當在十一歲以前會逐漸地減少，兒童會變得成熟並學習從想像中把現實分離出來。近年來，有相當多有關兒童解離情形的研究（Putnam, Guroff, Silberman, Barban, & Post, 1986; Putnam, 1989），大部分處理創傷的臨床醫師都會同意，解離的行為容易發現在許多曾遭受性侵害的兒童身上。

　　藝術表現中的解離現象有許多可能的圖形特徵，已經被列為可能是性侵害的一般性指標。例如，藝術能力上的退化（繪畫似乎是屬於不同的發展水準），可能表示這位兒童在不同的解離狀態之間作切換；解離性認同異常（DID）的成人，在不同藝術表現發展水準之間的變化，可能是各種不同狀態（也就是人格）轉換的一種訊號（Cohen & Cox, 1995）。一位曾遭遇性侵害經驗的兒童，隨著時間可能會漸進發展出更為明顯的多重人格，是為了要讓痛苦的感受與記憶封鎖在意識之外。較年長兒童的這些現象會在藝術表現中變得非常明顯，特別是當藝術表現的發展水準經常性改變和圖象的風格發生改變時。很重

要的是要記得，要評估藝術上退化的意義，對兒童比對成人要來得困難得多，如同前面所述，因為兒童在他們的創作活動中，通常會在不同的發展水準之間變動；所測量到的退化時常是創造過程的一部分。然而，任何在兒童繪畫不同水準之間，反覆的退化或變動，都是一項值得注意的特徵，需要作進一步的考慮。

已經觀察到兒童展示出高度的解離行為，使用藝術來「自我安慰」（self-soothe），通常會在繪畫中使用反覆的線條、符號和畫點，用顏料緊密結合和混色，或在黏土中反覆的戳刺或其他動作（Sobol & Cox, 1992; Malchiodi, 1994）。治療師也許會注意到兒童眼睛裡有一種「注視遠方」的眼神，看起來好像他們並不存在他們的環境之中。在創造性的活動中，兒童的解離可能出現在意識的轉換，而對他們的環境似乎沒有任何知覺，可能是想要逃離侵入性記憶或情緒的一種企圖。然而，通常很難判斷這是一種真的解離作用，或是一種全心全意投入藝術創作的過程，而這是一種容許兒童某種程度逃離產生困擾或焦慮世界的一種手段。藝術活動通常能讓我們從現實環境中抽離，不管是成人或兒童，當他全神灌注於創造過程中時，這個人似乎失去了與周遭世界的所有聯繫。

在成人藝術中的解離性認同異常，已經研究出更為廣泛的多重人格繪畫指標，結果有十種類別的列表敘述（Cohen & Cox, 1995）。直到出現更為明確的資料，能夠以藝術表現呈現出童年期的解離情形時，治療師才將有關成人藝術表現的內容，提供作為兒童繪畫中可能為解離型認同異常（DID）特徵的更多資訊。

第十節　災難的事件
（Catastrophic Events）

自然界的災難對於兒童以及每一個人，都是明顯的創傷事件。然

而，每一位兒童悲慘事件的經驗都不相同，需根據對兒童、對他（她）的家庭、和住家的災難類型與結果而定。在自然界的災難中，兒童可能會親眼見到建築物失火，或看到他們的住家被摧毀、看到人們的傷殘或被殺，或失去父母親、兄弟姊妹、家庭成員、動物或朋友。這通常會是一種巨大的失落感或經驗，特別是當他因為這個事件失去所愛的人、心愛的寵物或是家庭時。兒童也會考慮到未來，特別是他們自己或他們家庭的安全。有時，兒童會對父母親或照顧者變得很生氣或很挫折，因為沒有來解救他們或及時到達來保護他們。依據個別兒童對災難的反應方式，這個災難對於自己、家人、家庭和鄰居的影響，和過去對於創傷與失落的經驗，兒童的繪畫在內容和風格上都會有很大的變化。過去的失落和創傷特別具有影響力，而且時常會伴隨一場新的危機而再度出現；例如，許多年前對於一位家庭成員的創傷性失落，可能會不由自主地出現在最近發生危難的相關意象之中。

大部分人們都會同意自然的災難會對兒童產生強而有力的影響，而且會在他們的藝術表現上，產生包括長期和短期的情緒性影響。Herl（1992）指出，曾經驗過一九九一年發生在美國堪薩斯州 Andover 龍捲風的兒童，在發生那次事件之後，持續了數週都在畫像龍捲風似的圖形，以及其他想像畫出來的圖形包括協助龍捲風的受害者或對抗龍捲風等。

有些觀察在事件發生之後，兒童會處理自然災難中創傷的影響持續很長的時間。Roje（1995）指出，在她面對曾經驗過一九九四年洛杉磯地震的兒童工作時，甚至在數個月之後，兒童表達希望在治療結束後仍能得到支持的持續性需求，他們畫出負面的圖象像是鯊魚、蛇和槍，有時甚至會將他們的挫折直接指向治療師。因為先前曾經有過創傷性經驗的兒童，會在他們的繪畫中顯示出情緒上的悲傷，持續的時間比沒有經驗過危急或嚴苛創傷兒童所畫的繪畫還要久。

兒童利用繪畫來表達他們對悲慘事件經驗的方法有好幾種。有些兒童對於繪畫，只是在完全不知所措的情況下，獲得一種象徵性的控

制方法，和在對悲慘事件的覺醒後，建立一種對防護和安全的內在性
意義。他們可能會小心地建構他們的繪畫，有時候甚至會向治療師要
一把直尺以畫出完美的直線。兒童也可能會透過創造性的活動，試著
「整修」他們的住家和家庭，畫出不只是能夠反映他們所經驗自然界
災難危險的圖畫，還能以想像的方式透過藝術表現來應付這些情形。
一位七歲男孩小心地畫出在他的家裡牆上一條巨大裂縫的圖畫，害怕
如果它不夠強壯，會在一場餘震中崩潰（圖 5.29）。這位男孩對這房
子繪畫的深思熟慮，在他家房子已垮的面貌之下，提供了一種控制的
經驗（Roje, 1995）。在自然災害的經驗之後，有些兒童可能會完全拒
絕去畫，可能會因為創傷而產生情緒上的麻木。Roje（1995）指出，
有些經驗過一九九四年洛杉磯地震的兒童，傾向於用說或畫圖的方式
來表達這個經驗，且說他們「並沒有被嚇到」。這些兒童選擇以玩耍

圖 5.29 在洛杉磯地震之後，一位七歲男孩畫他的房子有一道巨大的裂縫（From
"LA `94 Earthquake in Eyes of Children: Art Therapy with Elementary
School Children Who Were Victims of Disaster" by Jasenka Roje, in *Art
Therapy: Journal of the American Art Therapy Association,* 12（4），
237-243. Copyright 1995 by the American Art Therapy Association, Inc. All
rights reserved. Reprinted by permission.）

喜愛或熟悉的遊戲，或畫出令人愉快的圖畫來描述災難前的時刻，可能是為了逃避他們創傷經驗的記憶。

再次地，兒童可能會退回較早期繪畫發展階段的風格；例如，一位七歲兒童可能在塗鴉或從事 Kramer 所謂的暖身性活動（precursory activities）中感到較為舒適，而不是創作一幅在發展上較為適當的圖畫（也就是基模階段）。像受到暴力或虐待創傷的兒童、曾經驗過災難事件的兒童，可能會使用重複的方式或重複的圖形，來建立一種控制的感覺。例如，一位曾經驗過一九九四年洛杉磯地震的五歲男孩，持續畫出相同形式的線條和圓圈，甚至在要求畫一幅不同的圖畫時仍然如此（圖 5.30）。重複一種熟悉的模式，可能對某些兒童能夠增強一種安全感，而其他人可能只是不斷重複對於危機的反應。

圖 5.30　一位四歲男孩不斷重複形狀與線條的圖畫（From "LA `94 Earthquake in Eyes of Children: Art Therapy with Elementary School Children Who Were Victims of Disaster" by Jasenka Roje, in *Art Therapy: Journal of the American Art Therapy Association,* 12（4）, 237-243. Copyright 1995 by the American Art Therapy Association, Inc. All rights reserved. Reprinted by permission.）

　　就像前面曾提到過的，創傷可能會影響兒童對於顏色的選擇，也包括那些曾經驗過自然界災難的兒童。對於一九八八年美國大地震的反應，Gregorian、Azarian、DeMaria 和 McDonald（1996）等人指出，曾遭受該次創傷事件的兒童，他們的顏色在選擇上變得「非常克制」（p.2）。大部分兒童只使用兩或三種顏色（絕大多數是黑或紅色），並不使用混合色，而且比較喜歡僅使用白色紙，來作為藝術表現的背景（圖5.31）。這種對顏色的選擇方式並不是偶然的結果。當治療師在兒童進入藝術治療室開始畫畫之前，就移走黑色麥克筆、黑色蠟筆、黑色水彩和鉛筆，這位兒童會拒絕繪畫，直到找回這些黑色為止。這些治療師所提出的假設是，受到創傷的兒童比較喜歡特定的顏色（在這個例子中是黑色），透過這種顏色的使用，才能在這個世

圖5.31　在美國大地震之後的兒童畫（From "Colors of Disaster: The Psychology of the 'Black Sun,'"by Vitali S. Gregorian, Anait Azarian, Michael DeMaria, and Leisl D. McDonald, in *The Arts in Psychotherapy,* 23（1）, 1-14. Copyright 1996 by Elsevier Science Ltd. Reprinted by permission.）

界中表達出他們的心理痛苦：焦慮、無助、孤獨、悲傷、感到威脅、
脆弱、害怕，甚至恐怖和絕望。

　　面對倖存兒童工作的治療師，在兒童的藝術表現上觀察到另外一
種對於黑色的罕見用法：出現一個黑色的太陽（圖 5.32 和 5.33）。黑
色太陽的意象與黑暗、死亡、害怕、恐怖、憂愁、絕望等情緒有關
（Gregorian et al., 1996），雖然在參與這項研究的年幼兒童當中，沒
有人是以相同涵義來描述他們的意象。然而，他們所經驗大災難的毀
滅性效果，很明顯地會在他們的藝術表現當中，看到嚴重的憂鬱、害
怕、焦慮和 PTSD 的症狀，可能與包括這些強烈的意象有關。

圖 5.32　在美國大地震之後，兒童所畫的黑色太陽（From "Colors of Disaster: The
　　　　Psychology of the 'Black Sun,'"by Vitali S. Gregorian, Anait Azarian,
　　　　Michael DeMaria, and Leisl D. McDonald, in *The Arts in Psychotherapy,* 23
　　　　（1），1-14. Copyright 1996 by Elsevier Science Ltd. Reprinted by per-
　　　　mission.）

圖 5.33　在美國大地震之後，兒童所畫的黑色太陽（From "Colors of Disaster: The Psychology of the 'Black Sun,'"by Vitali S. Gregorian, Anait Azarian, Michael DeMaria, and Leisl D. McDonald, in *The Arts in Psychotherapy,* 23 （1），1-14. Copyright 1996 by Elsevier Science Ltd. Reprinted by permission.）

第十一節　身心創傷與恢復力

（Resilience and Trauma）

　　兒童像成人一樣，會對創傷的情況作不同的反應。有些人會以強烈的情緒作反應，有些人會變得退縮，而其他人則可能容易受到 PTSD 長期效果的影響。然而，許多兒童可能很快地就重新振作或恢復了，儘管那些人們遭遇到耗損嚴重的情況，仍然擁有一種自然的適應性和恢復力。這些人們雖然會憂鬱或者害怕，卻展現出應對的技巧和人格特質，顯示出他們進步與恢復的傾向。通常在尋找混亂、困擾和問題

的跡象時，治療師會在兒童的繪畫中搜尋，尋找表達出處理和克服他們創傷事件的力量、技巧和能力的可能性。

　　恢復力（resiliency）一詞是表示一種從憂鬱、不幸、疾病或其他負向情境中復原的能力。對兒童而言，恢復力的定義是「暴露在相關危險因素下的人，能夠克服那些危險和避免負面結果的能力，這些結果包括少年犯罪、行為問題、心理失調、學業困難和身體併發症等」（Rak & Patterson, 1996, p.368）。有恢復力的兒童擁有一種對人生保持正向和具有意義觀點的能力，能夠積極地解決問題，擁有一種樂觀的態度，能夠防範未然以及尋找新的經驗（Werner, 1992）。當然，恢復力是由許多事物所共同決定的，包括來自家庭和朋友的社會性支持，人生剛開始幾年的養育過程，和作為榜樣的認同角色如老師、教練和治療師，但是有一種特性在兒童是經常被低估的，特別是那些在困難或創傷性情境中成長的兒童。

　　不幸地，繪畫中能夠告訴我們有關兒童正向特質如恢復力和適應性的內容並不多。有關兒童繪畫情緒內容的研究，大部分都聚焦在可能的問題上，而不是兒童可能成功的部分。在我自己面對兒童的臨床經驗當中，他們所展現的恢復力提醒我在他們的藝術表現中，可能會有一些特徵能夠顯示出他們的恢復力。許多像這樣的特徵並不是很容易量化的，但是它們似乎仍然強調出這些兒童，對他們自己和他人的正向自我尊重、他們對生活的熱忱和對未來充滿希望的觀點。例如，許多曾經遭受虐待，或來自虐待或暴力家庭的兒童，儘管他們的經驗如此，仍然在他們的繪畫中展示和描繪出正向的觀點，一種強調他們能夠有效應付創傷，在他們周遭世界上發現意義與希望的能力。

　　例如，一位來自虐待家庭的七歲男孩，當要求畫一幅自畫像時（圖 5.34），畫了一幅很大的自畫像、有一個很寬的笑容，指出「我家裡現在的狀況非常糟糕，但我和妹妹總有一天會好轉」。這種充滿希望的感受，在他自信的自我意象和從他的口語敘述中，就是恢復力的關鍵，以及顯示出一種來自內部而非外部，能夠掌握他的人生的

圖 5.34　一位七歲男孩畫他自己能夠快樂和自信的樣子

信念。其他來自虐待或暴力家庭的兒童，可能透過充滿對正向家庭生活期望的意象，表達出他們的恢復力，正如瓊安對於養育和穩定家庭環境所畫出的繪畫（圖 5.16）。

　　有些兒童所畫出的圖象，可能描述他們自己是主動，而不是被動的人生參與者，顯示出他們對他們自己的情況，以及對於其他人的情況是具有效能的。Tibbetts（1989）指出，對生活在北愛爾蘭暴力陰影下兒童的研究當中，有些兒童會畫出表示有積極企圖的圖畫，希望能解決或克服創傷的感受。這種能夠去影響事件的感覺，似乎就是某些兒童所擁有的一種恢復力類型，儘管情勢無法抵擋，他們的藝術仍會描繪他們想要以積極的企圖，解決他們的感受和困擾他們的情境。

　　在捷克斯拉夫，Terezin 的納粹集中營所保存的兒童繪畫，是受到深刻創傷兒童之恢復力的一項重要證據。保留了大約有四千幅繪畫，雖然其中許多繪畫描述的景象和事件，都是與集中營的生活和大屠殺有關，兒童仍然創造出描繪美麗事物的圖象：模糊或想像的風景、動物、鳥類和蝴蝶、兒童遊戲和以前住家與家庭生活的記憶等。這些繪畫可能有些是由集中營老師所分派的主題或活動，以作為藝術教學的

一部分，這可能能夠部分說明了他們的這些主題。然而，藝術表現主要部分的焦點，並不是特別集中在納粹泯滅人性與殘暴上，取而代之的是記錄一些能夠傳達出希望與信念的日常事件和印象。這些兒童的藝術表現顯示出他們表達自己的需要，和他們對深刻悲慘與可怕情境賦予意義的能力。正如 Golomb（1990）指出，這些繪畫「也是納粹在毀滅其受害者任何存在的痕跡，在壓倒性權威表面下所累積的一種精神上的反抗行動」（p.148）。

　　這些僅是非常少數的例子，說明兒童如何以藝術表現的方式，為治療師打開的一扇窗，以了解更為正向的人格和情緒品質，如正向的自我尊重、樂觀、希望和適應性等。然而治療師也對兒童們使用繪畫，來了解哪些東西可能是代表消極的、痛苦的，或令人煩悶的情緒，了解到藝術表現的範圍也能包括情緒整個幅度的另外一端。幸運的是，許多兒童儘管有痛苦的個人經驗和悲慘的家庭生活，相對於他們可能經驗到的失落、憤怒、焦慮或害怕，藝術似乎仍然是一個充滿快樂與希望的地方。這些兒童並不必然會對他們的創傷、害怕或悲傷予以否認或防衛；他們只是發現繪畫是一種正向的溝通方法，和一種允許他們創造正向世界觀點的活動，或想像出其他的可能性或情節。毫無疑問地，繪畫和藝術創作能夠包括無法言喻的痛苦和棘手情感的一種經驗，但是它們也是能帶來快樂和某種程度安全感的一種活動，並顯示出兒童在艱困的環境中能夠適應、應付，並進一步能夠茁壯的潛能。這種藝術表現的觀點，不論是過程或是其本身，都能引導出兒童具有支持性的恢復力，比僅僅將繪畫單純視為情緒狀態的反映，是不可相提並論的。

第十二節 結 論
（Conclusion）

　　雖然兒童在對抗痛苦的情感、創傷或危機時，通常會透過藝術表達出他們的情感，很重要的是要了解情緒的內容有很多形式，而且受到包括發展的影響和脈絡等許多因素的影響。治療師的工作通常是尋找在兒童身上所看到的問題、情緒困難的跡象，或壓力所產生的影響。當這些變成面對受創傷或情緒苦惱兒童工作的重要部分時，似乎也同樣合理地透過兒童的藝術，尋找潛能存在的可能性，特別是那些在治療中被強化的情緒張力，能夠讓這些兒童轉移到活動結束後的日常生活之中。把焦點放在情緒的健康之上，能夠幫助對兒童工作的心理健康專業，了解到兒童需要透過創造性活動來表達他們自己，像繪畫並不只能表達出創傷、危機或痛苦的意象，也能呈現出朝向發現健康、安樂與情緒完整性的效果。

第六章

從人際觀點看兒童繪畫

Interpersonal Aspects of Children's Drawings

　　「人際」（interpersonal）一詞能夠定義為與另一個人或一群人之間的互動，通常是與團體動力和家庭工作有關的一個語詞。人際關係會特別在家族治療（family therapy）領域中被強調，人物和事件會被視為在脈絡中彼此銜接並且互相影響，而不是認為人們與他人或周遭環境完全沒有關係，這個觀點尋求從一個較大的系統，包括家庭、家族、重要他人、社群和整個社會的反應來了解個人。

　　兒童受到與他們的父母、兄弟姊妹、親戚、朋友和老師（與治療師）之間的人際關係影響，並且在藝術表現中反映出他們對這些彼此互動的印象。兒童對於鄰居街坊、學校和社區的印象，能夠被視為是他們自己的反映，同時這也是兒童對於其他人和環境，經由看、感覺、經驗和思考所產生的意象。雖然在兒童繪畫中以人際觀點來看創造性活動，能夠被視為情緒內容的一部分，這些觀點也能反映出兒童在與其他人的關係中對自我的看法，以及從人際觀點真正值得關注的事項。

　　在本章中所描述的，有三種類型的繪畫經常能反映出兒童的人際觀點：兒童對於他們家庭的繪畫，可以從家庭繪畫中了解他們家庭的情形；兒童對於房子的繪畫，強調這些繪畫對於了解人際的動力非常有用，以及兒童對住家、環境和社區的知覺；兒童對治療師的繪畫，有助於了解兒童對這位協助他的成人的知覺，以及和他之間的關係。還有一篇有關性別和兒童繪畫的簡短討論，因為性別是一種特徵，不但能反映出對自我的知覺，而且還能反映出兒童在與他人產生關聯時，他們如何看待自己的方式。

第一節　兒童對於他們家庭的繪畫
（Children's Drawings of Their Families）

　　當考慮到兒童如何表達他們的人際觀點時，家庭繪畫是一個很合

理的起始點。許多對兒童使用繪畫的心理健康專業人員相信，兒童透過家庭繪畫的內容、位置、人物大小，以及建構這幅繪畫的過程，能夠傳達出有關家庭動力的資訊（Burns & Kaufman, 1972; Burns, 1982; Oster & Gould, 1987; Oster & Montgomery, 1996）。在對兒童的治療中，使用家庭繪畫是很普遍的方式，因為在治療中了解家庭互動是很重要的一項課題。

家庭繪畫經常被用來作為評量的一部分，以及在面對兒童工作時一種治療性溝通的方法。面對兒童工作的專業人員通常會要求他們畫出他們的家庭，通常是用來作為評量的一部分，或是蒐集更多有關他們對家庭生活知覺的方法。社工人員和執行保護的人員經常要求有家庭問題、或懷疑有家庭暴力、兒童虐待情形的兒童，畫出他們的家庭繪畫。作為整體評量當中的一部分，兒童對於他們家庭的繪畫認為有助於治療師的了解，不只包括兒童對他們自己的感受，還包括與他們生活中重要他人的關係，他們如何看待自己，以及他們如何看待在他們家庭中的系統、階級與界線。就因為這些原因，在家庭諮商需要更進一步介入的鑑定工作時，兒童對於他們家庭的繪畫可能是很有幫助的。

以家庭繪畫來作為兒童評量的一部分並不是一個新的構想，早在一九三〇年代就已經用來作為投射性的繪畫測驗了。Appel（1931）和Wolff（1942）首先建議兒童對他們家庭的繪畫，可能能夠提供對於人格的洞察力。其後 Hulse（1952）蒐集並研究數量眾多的兒童對他們家庭的繪畫，並比較一般兒童和被認為有情緒困擾兒童的繪畫。Hulse研究的焦點放在了解兒童家庭繪畫中的整體表現，而不是單一的特徵。他觀察到在兒童的家庭繪畫中，他們會投射出對父母和兄弟姊妹的深刻情緒感受，以及在家庭情境中的家庭動力。

近年來，在兒童的家庭繪畫之中，有相當多的強調與涵義被放入特定的符號和象徵之中。雖然許多治療師僅僅是要兒童去「畫你的家庭」，但有些人則使用到「動力家庭繪畫」（Kinetic Family Drawing;

KFD; Burns & Kaufman, 1972），這一項受到廣泛運用的繪畫作業。程
序中要求兒童「畫一幅包括你自己和所有家人在做一些事情的圖畫。
試著畫出整個人，不要畫卡通或筷子形式的人。記得，讓每一個人在
做一些事情——必須要有一些動作」（Burns & Kaufman, 1972, p.5）。
在指導語當中強調有關「做一些事情」的部分，是為了鼓勵兒童在畫
圖時，讓人物之間包含一些動作。如同其他的投射性繪畫測驗，它認
為透過家庭繪畫，會比透過文字更容易傳達出觀念、感受與看法。

　　除了從兒童的觀點來了解家庭動力之外，KFD 測驗也被認為是一
種家庭系統中自我發展的視覺性紀錄，特別是在經過一段時間的繪畫
蒐集之後。然而，正如許多的投射性繪畫測驗一樣，那些質疑的人在
兒童對他們家庭的繪畫中，質疑解釋特徵、符號和象徵等有效性，
KFD 也同樣地受到批評（Golomb, 1990）。雖然有相當的注意力都放
在家庭繪畫之上，但是仍然很難真正地顯示出多少家庭動力，和哪些
特定特徵的結果是顯著的。整體研究在兒童對他們家庭之敘述所產生
的資料，包括KFD的資料，算是最少量的資料，所觀察到內容在大型
量表中還不曾被再製出來。

　　當治療師傾向去解釋兒童家庭繪畫的內容和風格時，很重要的是
作出任何判斷時，需要審慎地提出個人的解釋，和考慮本書中所提到
的所有觀點。因為家庭繪畫包括一系列的人物，為何兒童以各種不同
的方式安排家庭成員彼此間的關係，或在人物之間畫出可見的界線
〔使用線條來隔離、區分或封藏（encapsulate）人物〕，其中包含相
當多的思考。雖然兒童如何安排人物和可見的界線，可能提供他們對
家庭關係知覺中的一些線索，但仍很難說明這些特徵對每一位個別的
兒童，究竟具有何種程度的實質意義。例如，當繪畫中一個人以封藏
或隔離方式，與其他人區隔開來時，會被認為是一種逃避他人的形式
（Burns & Kaufman, 1972），對於某些兒童和在某些特定的情境當
中，這個特徵會被認為是在尋求安全，甚至獨立的一種表示。在家庭
中如果有不適當、或甚至虐待行為發生時（如身體上的虐待或性侵

害），這位兒童可能會在繪畫中試著以象徵的方式建立界線，作為一種適應性的應對技巧，一種保護或是逃避的手段。在其他的例子中，它的情形則可能只是想要或需要他自己的「空間」而已。兒童以特定的方式放置這些人物，通常有他們自己獨特的原因。因為會有各種可能的涵義，治療師會與兒童們討論他們的家庭繪畫，以獲得更多的資訊。

當要求兒童畫家庭繪畫時，同樣重要的是要考慮到，當給予他們自由畫任何他們想要畫的東西時，對兒童而言，家庭繪畫通常不會是他們特別喜愛的主題。不像兒童所畫的其他繪畫，在我的經驗中，大部分家庭繪畫都不是自發性畫出來的；也就是當給他們機會畫他們想畫的任何東西時，兒童似乎並不會去畫家庭。例外的大概是第三階段的兒童（四到六歲），這是人物變成繪畫中重要部分的一段時期，兒童自然地會畫他們自己、他們的父母、兄弟姊妹，和其他對他們而言是重要的人物。到了入學年齡的兒童（像階段四和階段五，六歲以上的兒童），似乎就不會畫有關他們家庭的即興之作，為了想從兒童手中得到有關家庭的繪畫，治療師通常需要提出特定地要求。

當只是要求「畫一幅有關你的家庭的圖畫」，一般來說適應良好並與家人相處融洽的兒童，通常會畫出迷人且充滿創意的圖象，捕捉家庭的生活細節，以及畫出父母、兄弟姊妹和自己鮮明而獨特的特徵。七歲大的艾恩畫出他的家庭（圖6.1），顯示他自己是最年輕的家庭成員，他的姊姊艾密莉、媽媽蘿莉、爸爸佛瑞得，和他們家的狗魯比。艾恩在他的繪畫中，對像是衣服和顏色（包括頭髮的顏色）等細節都非常小心，而且喜歡包括像是頭頂上的電燈這樣的細節。以他的年齡，艾恩的繪畫非常地熟練，而且他畫的人物不只包括大量的細節與精確度，而且還能表現出家庭成員正確的大小比例和個人的特徵。我特別喜歡他對腳部的處理方式，他所畫的腳全部都朝向同一個方向（見圖4.20棒球選手和打擊手的圖畫，和本章後段的圖6.17）。

圖 6.1　七歲的艾恩畫他的家庭

　　相對於適應良好的兒童，處於一種極大壓力或擔心家庭問題的兒童，可能會發現畫一幅家庭繪畫是很困難的，或甚至會產生焦慮感。兒童可能會因為各種安全的理由而產生猶豫，或因為他們對家庭生活有負面的感受，或害怕描繪出家庭秘密的後果。畫人物、特別是家庭成員，似乎很容易在兒童的生活中帶來正向或負向的爭議。在我面對遭受家庭暴力創傷的兒童工作時，「畫你的家人在做一些事情」的要求，經常會引起複雜的結果。有時候兒童的確會畫他們的家人在進行一些活動，但是他們更常畫出一系列的人物排成一列（圖6.2）。儘管是要求畫出他們的家人在進行活動，兒童們仍然不是抗拒去畫，就是一點也畫不出來。

　　其他不願意去畫他們家人的兒童，是因為他們對現在的家庭情形感覺到衝突或覺得困窘。那些最近在家庭中經驗到分居、離婚或死亡的兒童，可能會對家庭繪畫中應該包括哪些人感到不確定或是困擾。

圖 6.2 「家人在做某些事情」繪畫，人物以排列成行的方式呈現

雖然觀察去畫他們家人在做一些事情的要求，這些兒童很少會不同意，但是當兒童對他們的家庭情形感到害怕或困惑的時候，他們則會拒絕或是忽略這項要求。要求這些兒童去畫他們的家庭，可能會太具有威脅性，特別是在治療關係中太早作要求，和在建立足夠的信任度以前。Hulse（1952）指出在學校中兒童所畫的家庭繪畫，比那些在治療師辦公室或診所畫出來的，還要更為複雜與精細，凸顯出當面對臨床醫師時，可能會引起許多兒童的焦慮、懷疑與抗拒。

此外，畫出一個人的家庭是一項複雜的工作，某些情境下甚至是難以應付的。例如，在我所居住的地區，由於宗教的盛行，他們的家庭通常非常龐大（摩門教，他們鼓勵大家庭），治療中的兒童通常會對這樣的工作感到挫折，需要畫八、十或十二個人（加上家庭的寵物，也經常包括在他們的家庭繪畫中）。要畫出非常多人物是很困難的，在許多例子中，包括那些平常以寫實方式畫圖的兒童，都會傾向倉促地以一組筷子人（圖6.3）的方式，來代表他們眾多的家庭成員。當有許多人物包含在同一幅畫中時，可以理解地發現許多兒童很難正確地計畫，每個人物應該放在什麼位置，有時甚至會把一張 8.5×11 英吋標準紙張的空間用完。當一位兒童的家庭繪畫是以這樣的方

圖 6.3　一位十一歲孩子所畫的家庭繪畫，是由筷子人所組成，代表眾多的家庭
　　　　成員

式完成時，就很難以相對大小或圖象位置的方式，來看出這個意象的
意涵，除非他把這個大家庭的所有成員都完整地表現出來。

　　在這個階段的藝術發展，對於兒童的家庭繪畫也有相當程度的影
響。例如，階段三當兒童剛開始畫人物的原型或早期的人物繪畫時，
很難根據位置來作判斷，因為這個階段的兒童，在整個構圖過程中是
自由地放置圖形。在寫實主義階段的兒童（階段五），有時會對畫他
們的家庭有些勉強，因為他們並不能畫得有如相片一般地正確。有時
青少年前期或青少年期會退回到較早期的表現形式，例如僅以筷子人
的方式以求能完成這項工作（如圖 6.3）。當要求他們去畫他的家人在

進行一些活動時，任何年齡層的人都很難把他們的家庭畫出來，這是一項甚至連成人都會拒絕的複雜工作。治療師們自己應該充分地了解，家庭繪畫這項作業要求其中所蘊含的困難程度。運用時間去畫一個人的家庭，透過這項活動能給予治療師對其中的複雜性和挫折感進行敏銳的觀察。

第二節 有關家庭成員的繪畫
（Drawings of Family Members）

要求兒童畫一幅完整的家庭圖，或畫出所有的家人正在作某些事的替代性做法，我經常要求兒童畫他們自己再加上一位他自己選的家庭成員，具有一種讓兒童在畫整個家庭時，減輕可能經驗到之壓力的效果。兒童畫出特定的家庭成員時，可能會產生令人驚訝的發現，這似乎在引介家庭繪畫時會有較少的威脅感，因為它給予兒童可控制地選擇誰來作描述。它讓兒童有機會把焦點放在他們最重要的他人身上，以對他們自己和治療師界定家庭的支持情形。它也提供一種表達關心的感受，或在生活中與重要他人分離之失落感的架構。例如，當要求他畫自己和一位家庭成員的畫時，一位在受虐婦女庇護所的六歲男孩，畫他自己和他的父親在一起（圖6.4）。這幅畫很快就呈現出這位男孩的焦慮，對於即將面臨的離婚，將決定孩子的監護權究竟如何判決。這位兒童害怕如果要跟隨母親，可能將無法再見到父親。這幅關於父親繪畫的關聯性，不只是因為它提供了一種表達對父母親感受的方式，而且它也降低了這位男孩對於即將分離所帶來的一些焦慮。

圖6.5是一位受到身體虐待的五歲男孩所畫的鉛筆畫，畫的是自己和他的祖母。他在與治療師討論這幅畫時所描述的祖母，是他人生中一位正向且可信賴的社會支持力量。雖然這位男孩與他的母親住在一起，但是她並不是被選擇去畫的對象，可能是因為她經常不能提供情

圖 6.4 一位六歲男孩畫他自己和他的父親

緒上的需求，而且並不能有效地阻止被虐待的情形。相對來說，這位祖母通常是這位男孩的照顧者，保護他免於一些身體上的虐待和處罰。雖然這位男孩並不能以舒適的方式畫出其他任何家庭成員，但在完成這幅畫時他自然而主動地對治療師說，他的父親是一位壞人，他有一支槍，而他的母親有時候會打他，確定了他的確曾經被虐待。

　　一位治療師對於從兒童的觀點來看家庭感到興趣，可能會要求兒童畫他「特別喜愛的」人物。圖 6.6 是一位七歲女孩畫她最喜愛的人物，在這個活動中也畫出她最喜歡的食物、地方、喜歡做的事和讓她害怕的東西。她把母親、祖母和剛誕生的弟弟，定義為三個最喜歡的人，而遺漏會對她和她母親施暴的父親。當要求畫出「讓我害怕的東西」的指導語，給予她有機會在這個單元之中，把她的父親列為兩個妖怪的其中之一。這個例子強調的重要性，是在兒童對某一特定家庭

圖 6.5　一位六歲男孩畫他自己和他的祖母（From *Breaking the Silence* by Cathy A. Malchiodi. Copyright 1997 by Brunner/Mazel. Reprinted by permission.）

成員感到害怕或焦慮時，提供一個沒有感覺壓力來表達這些情緒的方法，而能把重要他人包括到家庭的素描中。

　　Gillespie（1994, 1997）在她投射性的評量研究中，探討母親與孩子（mother-and-child）繪畫的應用。指導語要求兒童「畫一位母親和孩子」，目的是鼓勵去畫可能顯示出兒童如何看待親子關係的繪畫，特別是希望能夠表現出兒童與母親最基本的關係。雖然這項作業並沒有特定地要求兒童畫他或她自己的母親，但是這種以相對關係的觀點，來了解其早期發展的情形，仍被認為是一種有效的方式，凸顯出延緩、共生、合併、分離以及個別性（Gillespie, 1997）。雖然這項作業在界定兒童的特定症狀，似乎並未建立足夠的可信度，但是它連帶地有助於了解兒童與其父母親，或與其主要照顧者之間的關係。

圖 6.6　一位七歲女孩所畫的「特別喜愛的家庭成員」

　　最後，家庭成員的繪畫也是一種有用的方式，幫助心理健康專業和那些面對兒童工作的人，了解兒童的社會價值和對世界的觀點。兒童透過他們自己的特殊觀點，來看待父母親、兄弟姊妹與其他親戚；透過畫出他們生活中的重要他人，能夠傳達個人的知覺和傳遞有關他們的信念與態度。例如，在一項兒童對於老年人繪畫的小型研究中，兒童透過故事和藝術表現，表現出他們對老年人的知覺（Weber, Cooper, & Hesser, 1996）。年齡從八到十一歲的兒童，被要求「畫一幅老年人的圖畫」，並且在他們繪畫中說出其中的特徵及特色。由於大部

分兒童是透過祖父母來認識老年人，他們的繪畫反映出他們對這些年老家庭成員的知覺。當兒童對他們圖畫所敘述的故事，透露出他們對於年老觀點的重要訊息時，他們的圖象也同樣會顯露出來。例如，一位九歲的女孩描繪一位九十九歲的婦女在跳舞（圖6.7），是一幅畫她祖母的圖畫，她說她喜歡跳舞，而這位女孩希望教她如何使用滑板。雖然這個圖象可能反映出女孩自己對搖滾音樂和舞蹈的喜好，但是它也傳達出她對祖母精力充沛與活潑的知覺。在這個研究中的大部分兒童並未視年老為一種負面的經驗，而且在他們的繪畫中，經常把老年人描述成快樂、精力旺盛而活潑的。

　　無疑地，對於自己和家庭成員的繪畫，提供兒童一種可以傳遞人

圖6.7　一位九歲女孩畫她九十九歲祖母正在「跳舞」的圖畫（From "Children's Drawings of the Elderly: Young Ideas Abandon Old Age Stereotypes" by Joseph Weber, Kathy Cooper, and Jenny Hesser, in *Art Therapy: Journal of the American Art Therapy Association,* 13（2），114-117. Copyright 1996 by the American Art Therapy Association, Inc. All rights reserved. Reprinted by permission.）

際知覺的方法，這是透過其他類型的繪畫所不容易表達出來的。經過對兒童適當地使用和謹慎的思考後，家庭繪畫能夠有助於了解兒童對家庭生活的感受，特別是在連結性和社會支持性方面。儘管在這段簡短的章節中並未提及，家庭繪畫還有可能顯露出在一段時間之後，兒童對他們家庭中歸屬感的知覺變化情形（Burns, 1982），和治療之後家庭關係改善的情形，或家庭成員之間溝通方式改變的情形。假如治療師希望進一步看到兒童在一段很長時間後的變化情形，家庭繪畫和家庭成員的繪畫，能夠有助於兒童指出對他們的父母親、監護人和重要他人等主要關係之知覺的改變情形。

第三節　房屋畫與人際間的觀點
（House Drawings and Interpersonal Perspectives）

　　兒童的房屋畫通常是用內在的心靈，而不是以人際的觀點來作考慮，強調如何能夠反映出個人的人格。到目前為止已有許多文章討論關於房屋畫的心理重要性，包括那些與人格特質或心理混淆有關的特徵（Buck, 1948），其中也包括大量凸顯的個人特徵，如是否包括門、窗戶、有或沒有冒煙的煙囪，以及將這些特徵與人格、智力、神經病症狀或情緒困擾等建立起連結關係。

　　在了解兒童對他們家庭和家庭生活知覺的嘗試中，許多治療師自然地會想要知道，兒童的房屋繪畫所畫特定特徵的涵義，特別是像煙囪、煙囪冒的煙和浮動的房屋。這些特徵在所有投射性繪畫的文獻中都有提到，與自我知覺（self-perception）和人際間的狀態有關（Buck, 1948; Jolles,1971）。雖然我並不會單方面地相信，認定任何特定意義於兒童繪畫的單一特徵之上，但我必須承認這些特定的特徵讓我十分著迷，特別是因為兒童們會以詭詐的方式創造出這些成分要素。

　　在房屋畫中的煙囪似乎一致性地讓治療師產生最多的疑問與注

意，認為它是具有衝突性的意義，然而在結果上，它們在兒童繪畫上的涵義卻是令人困惑的。煙囪與家庭成員人際間的溫暖有關，另一方面，有些人則認為那具有陰莖的意涵（Jolles, 1971）。煙從煙囪中冒出來似乎也引發許多人的想像，治療師通常會想要知道或仔細地記錄，煙囪在房屋畫中冒煙的內容（特別是過多的煙）。

煙囪冒煙與憤怒或深層緊張有關，可能存在於個人內部，或是家庭內部人際層次的人與人之間（Oster & Gould, 1987），但是這項資料並非十分具有說服力，因為事實上有許多兒童經常會在房屋繪畫中，畫出煙囪中冒煙的情形。以我的經驗中，如果以顯著與否的話，很難肯定煙囪中冒煙，是否包含一些重要的或隱藏性的意義。儘管如此，煙囪冒煙仍經常出現在兒童的繪畫中，特別是在階段四的兒童，基模在他們的藝術表現中開始變為重要的時段（圖 6.8）。

浮動的房子，它的定義是指房屋並非安放在底線上或是紙張的邊緣，這也會出現在兒童的房屋和環境繪畫之中。非常年幼的兒童所畫的房子，普遍地不會考慮所安放的位置或是地平線。因此就這些兒童而言，在他們的繪畫中沒有地平線或是上下顛倒的房屋並不罕見。在視覺基模架構十分重要的階段四當中，需要包括有地平線或是利用紙張的邊緣，作為畫房屋繪畫時的基礎。然而，其他的兒童被要求去畫房屋畫時，會務實地畫出被要求的部分，而不會包括基準線；這似乎在只有給他們一支鉛筆，而不是彩色的繪畫媒材時特別會如此，因為它可能會給予刺激畫出青草或土地。當我問孩子為什麼在他們的房子中沒有畫地平線，他們的反應通常會說：「嗯，因為你叫我畫房子，所以我就只有畫房子」。因此，看到像是沒有地平線的浮動房屋，可能只是兒童順從治療師的指示而已。

在我對來自暴力家庭、生活反覆無常、或無家可歸兒童的臨床經驗中，我曾看過這些兒童所畫的許多像是浮在地平線之上的房屋（圖6.9），而其他的則是圍繞著一堆混亂的線條，就像是遇到了一場龍捲風或是風暴（圖6.10）。很難不去推測這些漂浮的房屋、有時混亂的

圖 6.8 六歲兒童的房屋畫畫著煙囪冒煙

圖 6.9　一位來自暴力家庭的六歲男孩所畫，浮在地平線之上的房屋

圖 6.10　一位來自暴力家庭的七歲女孩所畫，浮動的房屋包圍在一團混亂的線
　　　　條中間

環境和這些兒童的反覆無常，通常會是暴力家庭生活之間的可能連
結。然而，也很重要的是要記得，在一些例子當中，一個浮動的房屋
畫可能是指這位兒童發展上的遲緩，或是在工作時受到一些其他因素
的影響。當看到一些應該是階段四或更年長一些的兒童，所畫的房屋

是漂浮的或是沒有接觸到地面，治療師可能要考慮到是否有發展上遲緩的可能，特別是如果這位兒童在學校還有一些學習障礙方面的問題時。

　　雖然像是煙囪、窗戶、門，和其他房屋畫中的實際細節都很有意思，但是兒童對於房屋畫所訴說的故事，通常能夠告訴治療師更多有用的訊息，比單一特徵還能顯現出更多有關這個房子中的家庭生活。房屋繪畫是一種真實情境的繪畫，所以它有機會不只是問有關這個房子本身的特徵，還可以問這個房子之內和之外發生了什麼事。在這種情形下，房屋繪畫是一種了解兒童人際關係的有效方法。房屋將兒童對家庭生活的印象、其他重要的關係，和他們與環境關係的觀點予以具體化。他們會自然地說出故事，不只是關於有誰住在裡面、裡面發生了什麼事，還包括這棟房子的鄰居和所處的環境。治療師有許多方式可以達到這樣的目的（見第三章，有更多關於如何進行繪畫活動的資訊），而兒童似乎能夠愉快地提供有關他們房屋圖象的故事。

　　房屋也可能比一張標準的房屋繪畫，顯示出有關誰與這個家庭住在一起的些微不同訊息。例如，一位兒童可能不會在一幅家庭繪畫中，把一位家庭的朋友或是離婚母親的男友包括在圖畫中，但是當問到有誰住在他們的房子中時，則可能傳達出這樣的訊息。此外，兒童通常會順從且願意去畫房屋，並發現他們所受的挫折比畫人物畫時還要少，而且一般來說比晤談來得舒適自在。

　　有時候我會要求兒童畫他們的家庭，當我懷疑有些事情發生在這個家庭之中，特別是如果在這個家庭之中，發生了一些對這位兒童可能有害的事時，可能還需要知道更多一些重要的事。為了要發現更多特定的訊息，我會要求兒童畫一個特定的房子，如「畫出就在你來學校之前的房子」或是「畫出星期日早上的房子」。這會提醒兒童把家庭生活中的特定場景和房屋本身畫在一起，它通常會產生一種X光式的繪畫，來描述在家裡面發生了什麼事。例如，當要求「畫出你在晚上時候的家」（圖6.11），一位七歲女孩畫出每一個人在床上：她的

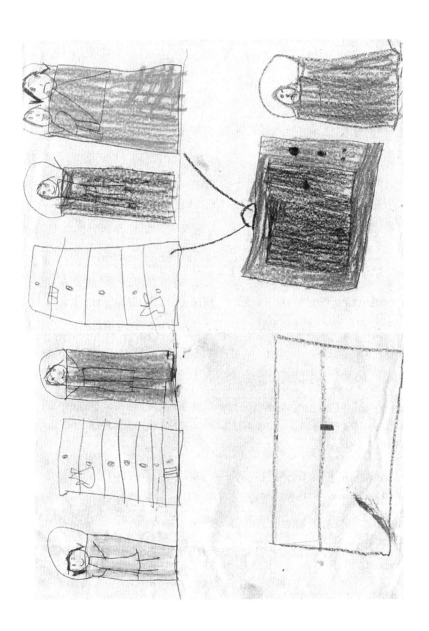

圖 6.11 一位七歲女孩所畫的「晚上時候的家」

兩位姊姊、哥哥、爸爸和媽媽，他們睡在樓上的床上，而她自己則睡在樓下電視機旁的床上。當我問她有關睡覺的安排，特別是為什麼她會睡在離家人這麼遠的樓下床上，她說這麼做「晚上我爸爸才可以來到我的床邊，跳到我的身上」。在晚上的時候，這位女孩遭受到她父親的性侵害，而且爾後的時間裡也都保持與家人分開，以方便他的企圖。這幅繪畫提供了一些重要的細節；例如，電視在這幅畫中是最大的一個物體，顯然是在進行侵害時打開電視，目的是抵消女孩被性侵害時的聲音。

當與兒童討論他們的房屋畫時，問誰住在他們的鄰近地區（或公寓或是複合式住宅大廈），也能夠提供一些重要的訊息。經常兒童會討論有關他們一起玩耍的朋友（或是打架的對象），和家庭之外的鄰居。當我從治療的觀點，想要知道兒童在家庭之外，所能得到社會支持的品質與數量時，這樣的作法非常有用。有些兒童甚至會自願地提供他們鄰近地區有關衝突的訊息，這通常對於了解他們的世界觀很有幫助。例如，當要求他畫房屋的繪畫時，一位八歲男孩畫出雙併式住宅（也就是有兩戶家庭的住家），在那兒他與媽媽和姊姊住在一起（圖 6.12）。他描述這個住宅「很大，而且有我自己的房間」，但是當問及這雙併式住宅住在另一邊的鄰居時，他說「他們信摩門教，而我們信天主教，所以他們不讓他們的孩子和我們玩。他們在那兒總是有聚會，但是摩門教徒不會邀請天主教徒參加他們的聚會」。不論這位兒童懷有偏見程度的描述是否真確，很難加以判斷；但很明顯的是他的信念，在他們家和隔壁家庭之間，因為宗教的不同而存有的衝突。

就一棟房屋裡究竟發生了什麼事，除非兒童以 X 光透視或以切開的方式來畫房屋畫，房屋畫的特徵通常並不能提供許多有關家庭生活的完整資訊。當要求畫房屋畫時，一般來說兒童會畫出最少的特徵像一扇門，和可能是幾扇窗戶、屋頂、煙囪，以及有時偶爾有一條引導朝向門口的通道。再次地，問一些有關這幅繪畫的簡單問題，能夠引出比繪畫本身細節更多的訊息。十歲的瑞奇畫他的房子（圖 6.13），

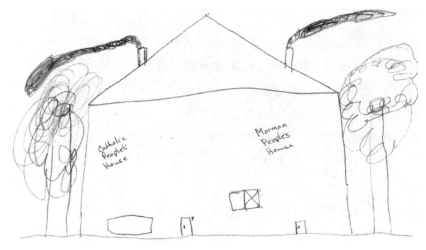

圖 6.12　一位八歲男孩所畫兩個家庭的住宅

會強調他的房間，但是當問到誰住在那兒時，他說住在那兒的「有他和他的媽媽、姊姊和哥哥，但不包括繼父，因為他的脾氣太壞。我們住在紐澤西的爸爸會回來，會一直和我們在一起」。這單一幅畫和瑞奇的敘述，能夠很快地提供給治療師一個素描，說明誰住在這個房子裡，以及他們與住在別州的生父之間的關係等額外的訊息。在一位八歲女孩畫出最小的房屋畫中，形狀像是一頂印地安帳篷（圖 6.14），她所提供的細節非常少，但是從她對房屋裡房間的口頭敘述中，澄清了她母親和父親睡在樓上不同的床上，對於治療師在了解家庭動力方面，是一個很重要的部分。

第四節　與治療師間的人際關係

（Interpersonal Relationship with the Therapist）

　　本書中有幾個章節已經碰觸到治療師與兒童之間關係的重要性，及其對兒童繪畫的影響。在同一個脈絡下，經由繪畫治療師能夠提供

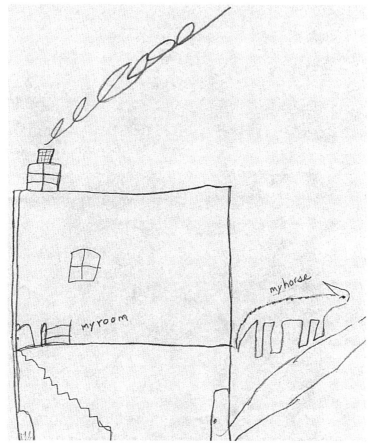

圖 6.13　一位十歲男孩的房屋畫

另一種看待治療同盟（therapeutic alliance）的觀點，而且能夠提供兒童如何知覺和陳述他們生活中重要關係的另一項來源。這些圖象通常能夠在治療過程中自發地呈現，儘管他在被要求的情況下，有足夠的勇氣能夠承擔去看畫出來的結果！兒童經常能夠呈現出有趣的治療師畫像，或在最低程度上，他們通常會強調在他們觀點中最凸顯的特徵，往往也是令人驚訝的圖象。

　　例如，我的眼鏡，在兒童對我的畫像中似乎總是占很大的一部分，可能由於它們看起來的確是很大或是不平常（根據當時的流

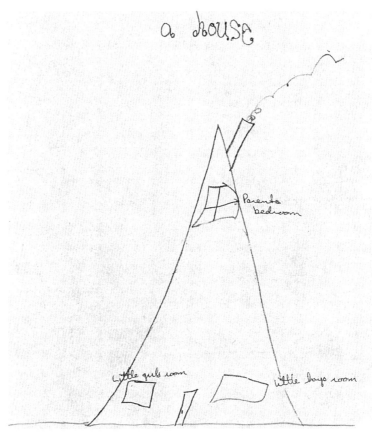

圖 6.14 　一位八歲女孩所畫形狀像印地安帳篷的住家

行），或可能是因為在這個過程中，我幾乎總是企圖想看兒童在畫或
是在創作些什麼（圖 6.15）。

　　兒童對於治療師的各種特徵和行為也需要有敏銳的觀察，以清楚
闡釋兒童對治療師和治療本身的知覺。例如，圖 6.16，由一位在受虐
婦女庇護所的女孩所畫的繪畫，外表上描述一些重要的特徵，例如像
是用來傾聽的大耳朵（這位治療師的母語並非是英語，她必須謹慎地
傾聽，以了解美國的說話方式），和明顯的眼睛來注視她所畫的畫。

　　這位女孩敏銳地觀察到，這位治療師極度地注意她的說話和舉
動，或許，也總是抱著懷疑的觀點。這位女孩也在她的畫紙寫上「藝

圖 6.15　一位兒童所畫的治療師（From *Breaking the Silence* by Cathy A. Ma-lchiodi. Copyright 1997 by Brunner/Mazel. Reprinted by permission.）

圖 6.16　一位兒童所畫的治療師（From *Breaking the Silence* by Cathy A. Ma-lchiodi. Copyright 1997 by Brunner/Mazel. Reprinted by permission.）

術老師」字樣，顯示出對治療師是做什麼的一些疑惑，特別是一位對兒童應用繪畫的治療師。在許多像是庇護所、醫院或診所的環境中，兒童可能會對治療師是誰、和他或她為什麼會在那兒幫忙而感到困惑；繪畫可能會將兒童對這位幫助他的大人，以視覺性知覺的方式，呈現出他猶像未說的或是不能以文字表達的部分。這項資訊對治療師而言是很有價值的一項回饋，可以從兒童的觀點了解他或她如何看待治療師及治療本身，以決定是否需要進一步澄清此種助人的關係。

根據Rubin（1984a）的說法，兒童可能會以許多不同的方式看待治療師：養育的、寬容的、限制的、苛求的、追根究柢的、邪惡的等等。治療師可能代表其中一種，或結合數種這樣的知覺，有時候他們還描述得相當正確。治療師必須了解這些知覺可能具有許多意義，而且可能包括兒童在特定的經驗中，對於一般成人、父母親、或對於照顧者移情（transference）方面的問題。例如，當面對曾遭受過家庭暴力、虐待或性侵害創傷的兒童時，他們所畫的治療師繪畫，可能表示出他們一般對於成人的感受：這位治療師可能被描繪成控制的、處罰的、不可信賴、暴虐、或不穩定的，儘管治療師最大的功能很可能完全地相反。這位治療師也可能代表一種強而有力與全能的形象，而兒童可能幻想治療師能夠改變不快樂的家庭情境，或讓分離開來的父母破鏡重圓。當對這位治療師的知覺是以這樣的方式呈現時，這位兒童可能會有意味著解救或養育等不切實際的期望，表現出一種過度依賴，一種普遍對於危機的不良反應方式。

第五節 性別與兒童的繪畫
（Gender and Children's Drawings）

雖然兒童繪畫中許多方面都需要碰觸到人際的議題，性別角色必然都會成為治療師在了解兒童繪畫時的一個重要領域。不幸地，當許

多治療師想要知道性別如何影響兒童的繪畫時，在這個主題上卻只有非常少量特定的研究，而性別對於兒童繪畫的影響仍然困惑著人們。

社會和文化必然都會引導塑造男孩和女孩們的繪畫，兒童的藝術表現，某種程度上也會受到傳統的性別角色、大眾傳播媒體的性別意象、文學作品的規範，以及受到兒童所能接觸到的成人性別價值觀與信念的影響。

性別主題與兒童繪畫的關係，將能很容易地切合本書的其他章節內容，特別是從發展性的觀點而言。雖然正式的研究較少把焦點放在此一主題的探討上，但是仍有一些關於兒童藝術表現方面的研究，是在探索性別與藝術發展之間的關係。Gardner（1982）在他對兒童與藝術活動的大規模研究當中，在非常年幼的兒童以藝術表達他們自己，得到可能有一些性別差異的結論。他觀察女孩傾向於在藝術創作的過程中唱歌，或是使用表情豐富的聲音，她們擅長於混合媒材、結合姿勢、象徵性表演、敘述和三度空間的形式。根據 Gardner 的研究，男孩則傾向於擅長使用黏土或單一媒材的活動；他們經常會長時間陶醉於某一特定的角色或像是蝙蝠俠之類的超級英雄。如本章先前曾畫過家庭圖畫的艾恩，蝙蝠俠是他長期以來所喜愛的一個角色，而它似乎也經常出現在許多年幼男童的繪畫之中（圖 6.17）。

關於藝術的發展，人物繪畫的性別特徵是開始於六歲的時候，通常從衣服的形式（例如女孩和女人是穿洋裝，男孩和男人是穿褲子），雖然有時我曾經看過更年幼的兒童，使用簡單的細節來區分男孩和女孩。在基模期（schematic stage）階段（階段四，六到九歲），兒童不僅開始使用包括衣服等可辨認的基模形式，還會使用頭髮的式樣來辨別男孩和女孩。在稍後的階段中，區分不同性別的興趣明顯地出現在青少年前期和青少年階段的繪畫當中，對於性別之不同的探索，透過肖像畫（圖 6.18）可以得到更強有力的證明。

Levick（1997）從她多年來面對兒童工作的經驗當中，製作了一份在兒童繪畫中，出現有關性別差異有趣的軼事觀察記錄：

圖 6.17　艾恩所畫的「蝙蝠俠」

一九六〇年當我剛開始從事藝術治療時，當電視仍然維持清
純的時期，我所知道大部分七歲左右的兒童畫的都是筷子人
（stick figures）。這是期待中的行為，因為兒童通常會有興
趣於區分不同的性別。……在一九七〇年代，筷子人方面的
變化變得十分明顯。七到九歲的兒童，開始會在他們的人物
畫中畫出性別特徵，區分出男性和女性的不同……相較於過
去，現在更年幼的兒童會變得很自然地想要畫出性別的特徵，
因為兒童會在電視中看到強調男性和女性的特徵與差異性。

Levick 的觀察強調出一項重點，關於何者會對兒童的描繪人物造
成影響，以及像是電視、錄影帶和最近盛行的網際網路，會如何影響
兒童有關性方面內容的繪畫。這些影響會變得更為明顯，而且也已經
改變了以前在兒童藝術表現中，被認為顯現性別差異中屬於「正

圖 6.18　一位青少年所畫的女人

「常」的部分。

　　兒童繪畫的主題可能也會與性別有關。Golomb（1990）指出，在男孩和女孩的繪畫中一般主題的差異性，她觀察到「男孩們的自發性作品顯示出會熱切地關注戰爭、暴力與破壞性活動、機械和運動競賽等，而女孩則會描述浪漫情調、家庭生活、風景和兒童玩耍等較為平靜的景象」（p.158）。她也發現女孩會應用童話故事的圖象，如國王與王后、和像馬之類的動物，來作為繪畫的主題。不論男孩和女孩描繪特定主題的傾向是發展來的，或是親代教養的結果，或是社會的影響，或是兩者都有，Golomb 並沒有作進一步地討論。然而不可否認地，一般由男孩和女孩所描繪的主題都與性別有關，大部分治療師也可能會同意，特別是那些發展到基模階段（階段四）的兒童，當繪畫

是一種重要的說故事方式時，Golomb 所建議的是包含有對象和主題的創造性繪畫。

Silver（1992, 1993, 1996b, 1997）在兒童的繪畫中廣泛地探討性別的角色，所使用的是在前面章節中所介紹的畫一個故事測驗（Draw-A-Story; DAS），研究兒童的圖象在風格和內容方面的可能差異。Silver 的研究強調兒童如何解釋所描述的對象、主題和口語敘述的重要性，來了解兒童繪畫中性別的角色。

Silver 透過 DAS 測驗所探究的一項基本問題，不論男孩和女孩是否在他們的繪畫中，根據相同的性別來選擇主題（也就是男孩畫屬於男性主題的繪畫，女孩則是畫有關女性的主題）。最近一項以 DAS 應用於各個年齡層的研究（Silver, 1997）也支持這個觀點，顯示大部分兒童和青少年會畫出與他們相同性別的主題；然而，在這項研究中有些兒童和青少年，卻會畫出相反性別的主題，而且是以一種令人訝異的方式。Silver 發現那些畫出相反性別主題圖象的兒童和青少年，他們顯著地以負向的方式來描述這些主題，把這些主題描繪成險惡、荒謬或是不幸的。圖 6.19 是這項研究中的一個例子，由一位男孩使用 DAS 中的三項刺激圖形（一位新娘、一把刀和一隻狗），所創造出來的一幅有標題的想像式圖畫「這位女士將要嫁給一隻狗，她想要把牠殺掉」。

雖然這幅繪畫可以視為一種幽默，但是它傳達出一種包含暴力的負向主題（例如這位女士拿著一把刀，她想要殺掉那隻狗）。包括這兩種性別的兒童和青少年，都會以一種負向的方式來繪畫或描述異性；不過，整體的評價對於男性受試者而言，他們的繪畫會比女性受試者出現更為負向的內容。

一項稍早的研究（Silver, 1996b）探討一百三十八位青少年的 DAS 繪畫，其中約半數是受到少年法庭看管的青少年罪犯，提交療養所看護；另一半則是在居住地就學的正常青少年。在兩組的繪畫中都出現一種有趣的趨勢：有更多的男孩會比女孩畫出喜好攻擊關係的圖畫

圖 6.19　「這位女士將要嫁給一隻狗，她想要把牠殺掉」，一位八歲男孩所做
的希爾渥繪畫測驗（From "Sex and Age Differences in Attitude toward the
Opposite Sex" by Rawley Silver, in *Art Therapy: Journal of the American
Art Therapy Association,* 14（4），268-272. Copyright 1997 by the Ameri-
can Art Therapy Association, Inc. All rights reserved. Reprinted by per-
mission.）

（也就是描述一個人對另外一個人出現暴力或威脅的動作）。不過，
在這項研究中比較青少年犯男孩和非青少年犯男孩的反應，非青少年
犯比青少年犯男孩畫出更多喜好攻擊的關係。Silver 假設對這項發現
的可能解釋為：

> 關於暴力的幻想和暴力行為之間的差異。一位男孩將被禁止
> 的行為內在化而表現在生理上的慾望，遠比一個涉及攻擊行
> 為的人還要富有幻想。這也可能是監禁反社會行為的兒童，
> 會抑制他們表現出攻擊性的幻想」。（pp.548-549）

一些在兒童和青少年的繪畫中可能與性別有關的特徵，在內容和表現方式上則是難以捉摸的，可能是代表價值觀、信念，和這個人所在的社會與文化對於性別考量的影響。例如，在一個僅有少量自畫像的樣本中（也就是這些青少年被要求畫出他們自己），蒐集自美國中西部一所高中的一個班級（Malchiodi, 1990），優勢文化的影響和有關性別角色的信念都是很明顯的。在一個包括二十五位女孩和二十五位男孩的青少年小組中，出現了兩個普遍的主題。這個研究中的男孩總是描繪他們自己是活躍的、正在從事一項運動、或是其他動作導向的活動（圖 6.20）。相對的，女孩所描繪的自畫像不是頭部像就是全身畫像（圖 6.21），但是這些女孩所畫的二十五幅繪畫中，沒有任何一幅呈現的是一種動作或是運動。

圖 6.20　一位青少年男孩畫他自己在滑雪

圖 6.21　一位青少年女孩的自畫像

　　由於地方上主要宗教的文化，對於男性和女性的性別角色已經建立強有力的規範，這些信念將會對這些男孩和女孩青少年，在他們自我畫像的內容上產生強大的影響。在此一宗教中，男人被期望為一家之主、在外工作和教堂中的領導者；換句話說，會積極主動於領導者角色和其他的活動。女人則鼓勵成為家庭主婦、照顧小孩和儘可能地待在家中，用意在鼓勵女性較不主動、更為被動和保持傳統的角色。似乎在這特定樣本青少年所畫的內容和主題，強烈地受到成長環境對於性別角色信念與價值的影響。可是，如果對美國全境作更大規模青少年男孩和女孩之繪畫的研究，相近的特徵也會發現在可能反映出相對的信念系統和傾向的性別角色上。

　　性別對於兒童繪畫的影響，大部分仍是無法預期的領域，但是這對治療師了解兒童表現的內容仍然十分重要。顯然兒童在社會中有關性別角色的知覺，通常是受到成人（父母親、照顧者、老師和其他人）所傳達的訊息，和兒童看電視、電影與閱讀書籍的影響。可能也有一些發展上的觀點會影響男孩和女孩如何創造出圖象，而這些很難

從社會和文化的影響中分離出來，不過這樣的影響確實存在。雖然要完整地了解性別對於兒童繪畫的影響仍是有限制的，但是治療師所需要大量學習的不只是兒童的自我知覺，還包括他們對那些環繞在他們身邊，考慮到性別角色之藝術表現風格和內容的知覺上。

第六節　結　論

（Conclusion）

　　人際的觀點提供了一個不同的窗口，透過他們的繪畫來了解兒童。在兒童對他們家人、住家和家庭生活之繪畫的獨特敘述方式，對於兒童如何看待在他們生活中的重要他人，提供了重要的資訊。這些繪畫能夠反映的是兒童對於關係的觀點，不只包括和父母親、兄弟姊妹、延伸家庭與朋友的關係，還包括這些關係在較大的社會中的功能，不論是在鄰近地區、學校或是其他的環境中。

　　繪畫的功能不只是能夠反映出兒童的獨特人格，還包括他們與其他人的獨特知覺和經驗，以及對其他人的影響。很重要的是要記得，繪畫不是隔離在這個世界以外所創作出來的；父母親、重要他人、社區和社會，的確會影響到兒童所表現的內容，而這些人際的觀點通常都會包括在他們的繪畫之中。因此，兒童的繪畫是關於他們自己在這個世界上，一種獨特的個人陳述方式，不只反映出人格，還包括個人的觀察、價值、判斷和對他人的知覺，以及他們和家庭、學校、社區與社會的關係。

第七章

身體和心靈觀點的兒童繪畫

Somatic and Spiritual Aspects of Children's Drawings

　　有關身體和心靈觀點的兒童繪畫，並非以另一種觀點來看兒童藝術表現的擴大性研究。當大部分有關兒童繪畫的文獻都把焦點集中於創造性活動，來代表他們在發展和情緒方面的影響時，很難忽略兒童繪畫中可能還包括其他的要素，因為不可能恰好總是侷限在幾個類別的項目之中。身體和心靈的觀點，在本書其他單元中可以認為是領域重疊的兩個部分。然而，因為它們在兒童的藝術表現中也呈現出一些獨特的領域，在了解兒童創作的圖象方面也是特別地具有意義，尤其是那些正經驗著威脅生命的疾病、應付悲慟或即將臨終的兒童，身體和心靈的觀點在他們的情況中是很重要的部分。

　　「身體」（somatic）一詞的定義是指肉體的身體或與之相關的部分，而與心靈和環境不同。從兒童身體觀點和他們的繪畫，可能包括表達或描繪出身體損傷或殘疾的特徵，以及嚴重或慢性的身體疾病。在稍後的例子中，藝術的表現會反映出兒童遭逢生命受到疾病威脅的經驗，或遇到像是癌症、心臟或腎臟疾病，手術或侵入性醫學治療，或是因為意外或虐待所導致的嚴重創傷性傷害等情況。

　　兒童繪畫中的心靈觀點所指的狀態或特徵，是指反映出兒童對上帝的經驗，或像是天使、宗教人物等不具形體的事物，或鬼魂或超自然現象，和與教堂或宗教產生連結的經驗等。「超個人」（transpersonal）一字有時候用來代替心靈一詞，而且是一種用來描述超越人格與跨越文化現象的一個詞彙，以它字面上的意思是「超越自我（beyond the self）」。

　　在其他時候「宗教上的」（religious）這個字是用來表示心靈的觀點，但是宗教實際上只是表達心靈的一種方式而已。本章的目的，使用「心靈」一詞所包含的不只是宗教的信念，還包括與超越自我有關的知覺與經驗。

　　本章所呈現的是身體和心靈的觀點，如何反映在兒童的繪畫之上。本章前半段的焦點集中在兒童如何傳達出身體的疾病，對醫療介入與治療的反應和對疾病本身的信念。本章後半段調查兒童如何藉由

強調那些威脅生命、疾病末期和悲慟的經驗，而把心靈議題包含在他們的繪畫之中。

第一節 兒童繪畫中對於身體狀況的表達
（Somatic Conditions Expressed in Children's Drawings）

在第二章當中我曾描述過一位八歲女孩，她一致性地在圖畫中的每一個人物中間，都會畫上黑色的陰影。在治療的過程中，最後她說出那個黑色的記號，是和她所經驗到身體胃部的疼痛有關，這是一項她沒有提到過的症狀，原因是她不想要成為家庭中的負擔。就像許多來自受虐家庭的兒童一樣，他們最擔心的是他們家庭中的其他成員，而不是他們自己，所以這位女孩認為她不能提及所經驗到的身體疼痛。她在繪畫中反覆地使用黑色，變成她說出感受和顧慮的一種方式，尤其在她所不願意表露的身體症狀方面更是如此。雖然並不是每一個人物中央黑色的部分，都能把它解釋成身體的痛苦或疾病，但是這仍是一種稀有的特徵，可能會是與身體的狀況有關。在我與這位女孩工作的經驗當中，對我作為一位藝術治療師而言是一個轉捩點，因為在此之前我從未考慮到，藝術的表現竟也會顯露或反映出身體或生理的狀況。

雖然相對來說僅有較少的作者，曾探討過兒童繪畫中所表達有關身體狀況的主題，但是已有一些先前的案例以這樣的觀點來了解兒童的圖象。Lowenfeld（1947）（見第四章）是第一位指出兒童在人物繪畫中顯露出身體損傷的學者。他觀察到當兒童在人物身體上，反覆出現誇大或扭曲同一部位或區域的身體疾病時，通常表示在身體上會有一種缺陷或是「異常」（abnormality）。例如，一位經驗到身體半邊麻痺的兒童，可能會透過自畫像中一邊較短的腿或是手臂反映出來。或是一位手臂殘缺的兒童，可能會在繪畫中某種程度地強調那隻手

臂，不是把它畫得更大，就是用顏色把它凸顯出來。雖然兒童在他們的人物畫中，可能會強調某一部分的特徵來反映出身體的狀況，但是也很重要的是要記得，兒童也可能因為其他的原因，以誇大的方法來畫他們的繪畫。在看一幅繪畫時，治療師需要了解到任何的扭曲，可能不是來自發展上的因素，就是起源於情緒，或可能只是兒童創造性或藝術表現的結果。

　　Uhlin（1979），如同 Lowenfeld 一樣，表示身體受損的兒童，可能會用他們的藝術表現方式來描繪出他們的狀況。他相信他們至少有部分的畫像，會包括他們的損傷和對他們損傷的反應。換句話說，兒童會以各種不同的方式，來對身體上的損傷或狀況作反應，而這些反應會在他們的繪畫中呈現他們自己。在他面對有神經疾病損傷的兒童工作時，Uhlin 在兒童繪畫中觀察到他認為能夠指出兒童身體狀況的特徵，她特別把它稱作「身體意象投射」（body-image projections）的部分。如同 Lowenfeld，他觀察許多患有精神疾病和其他損傷兒童的繪畫，他們不是使用誇大、就是使用省略的方式，來對他們身體的受損部分，表達出包括意識和潛意識的感受。

　　Martorana 也觀察到，給有身體損傷這一類型兒童的繪畫指導語時，可能會影響到整個結果。例如，當只是要求「畫一個人」（draw a men）時，患有整形方面問題的兒童會壓倒性地畫出正常的人物（出自 Uhlin, 1979）。但是當要求同一群兒童畫他們的自畫像時，有四分之三的兒童會用誇大或扭曲身體部位的方式畫出他們的損傷，或是以省略的方式來反映出損傷。這項發現強調出此一類型的繪畫指導語（在這個例子當中，畫一個人對畫一幅你自己的自畫像），對於圖象內容所造成的影響，至少在身體特徵這方面是如此。

　　在有身體損傷的案例中，治療師通常會事先了解該特定兒童的身體狀況或缺陷情形，比較容易在透過這位兒童的繪畫後產生其間的關聯。在兒童患有像癌症、腎功能敗壞、心臟病、或其他的嚴重疾病時，則較少知道兒童如何透過繪畫表達他們自己。繪畫被認為能夠提

供給治療師，兒童對痛苦或症狀之知覺的資訊；對於手術或藥物治療等醫療介入的反應，健康上的可能趨勢、痊癒或身體上的惡化等（Malchiodi, 1993），而這些是透過文字所難以表達出來的。

Susan Bach（1966, 1975, 1990）是少數專注於嚴重疾病兒童之藝術表現的研究者之一，他們希望在繪畫之中能夠容納有關身體的訊息。Bach是一位心理分析師，對兒童的自發性繪畫產生興趣，而開始研究塗色的應用，以作為了解情緒衝突的一種方式。她認識到從多重向度的觀點來了解兒童的可能性，指出「不只能夠反映出心靈和心理的狀態，還能夠反映出身體的情況」（Bach, 1990, p.8），並且說：

> 以典型的顏色、形狀、圖案所作的自由塗色，能夠反映出特
> 定的身體疾病。它們能夠顯示出此時的嚴重狀態，和回溯指
> 出過去的創傷事件。通常在尚未辨認出症狀之前，它們就可
> 能指出一個疾病未來的發展，甚至在無症狀的過程下，而這
> 在那時還無法被診斷出來（1975, p.87）。

雖然 Bach 的工作焦點維持在把藝術表現當作診斷的工具，而不是為了它們的治療價值，但是她從身體的觀點來了解兒童的藝術表現領域上，的確提供了重要的貢獻。

後來的 Furth（1988）更深入於 Bach 的研究，他進一步強調身體的狀況，可能在這個狀況被真正診斷出來前的數週或數月，就已經悄悄地透過兒童的自發性繪畫表現出來了。如同 Bach 一樣，Furth 指出繪畫可能包含能夠預測疾病、復原和預後的內容。Furth的研究工作和他所謂的「即興繪畫」（impromptu drawings），也強調在一幅藝術表現中能夠呈現出一位兒童所經驗到的許多層面，這不僅對於注意個人內在和人際的訊息十分重要，而且還能從繪畫中呈現出身體狀況的可能性。

在我自己對於大眾的醫療工作中，我已經注意到似乎兒童的確會直覺地透過他們的繪畫，表達出他們身體上的狀況。他們也經常在他

們的繪畫中，記錄他們對醫療的過程如手術、放射線或藥物治療的反
應。許多兒童無疑地會表現出有關進行手術、接受化學治療或放射線
治療或疼痛的治療時，他們的害怕、焦慮或其他的感受。但是，其他
兒童所表達的經驗會更直接地與他們身體狀況的觀點有關。例如，一
位七歲兒童身上有一顆移植來的腎臟，她在畫自己的軀幹側面會附著
了一顆腎臟（圖 7.1）。不是所有接受過器官手術移植的兒童，之後都
會以這樣的方式描述他們的經驗，他們也不知道為什麼會捲進這樣的
一場災難中。以我的經驗，那些捲入到關於這樣的疾病手術或過程的
兒童，可能會對發生在他們身上的疾病，積極地尋找方法來傳達他們
的害怕、疑問或困惑。在另一位接受腎臟移植兒童的例子當中，她非
常關心別人會怎樣看待她身上的疤，以及她對其他人的吸引力，因為
在她接受移植手術時，正好是一位十多歲的青少年。她也對腎臟移植
有一些疑問與顧慮，並想知道有某個人的器官在她身上的涵義。她的
繪畫，正如那位七歲兒童一樣，出現視覺上的線索得以讓治療師適時
介入，以陳述出她的擔心、知覺與害怕。

　　在治療期間，大部分兒童住院是治療身體上的疾病，並接受某種
藥物的治療作為醫療介入的一部分，這項治療也可能影響到她們繪畫
的內容與風格。一些有腎臟問題等相關狀況的兒童繪畫，指出這一個
群體在藥物效果的領域中有一些有趣的可能性。例如，一位接受了腎
臟移植的十三歲女孩，在手術後服用類固醇藥物，會一致性地畫她自
己（圖 7.2）和其他的人都有一顆極大的頭。類固醇藥物會產生嚴重的
副作用，包括臉上和其他身體部位的腫脹。很重要的是要記得，從發
展上看這些特徵（擴大或誇張）會變得更不具意義與難於區辨，尤其
是當兒童在發展的階段中，可能會在他們的繪畫中自然地以誇大的特
徵來強調重點，或是凸顯他們繪畫中的某些重要事物。然而，在較年
長的兒童和青少年（像前面所述的女孩）中，一般來說她應該會畫得
更具有真實性和適當比例，而這項特徵會變得更為凸顯，可能是與類
固醇治療的效果較有關係。

圖 7.1　一位七歲女孩畫一個人有一顆腎臟附著在軀幹上

圖 7.2　一位十三歲女孩所畫有一顆大頭的自畫像，她接受了腎臟移植並服用類
　　　　固醇藥物

第二節 顏色與身體的狀況

(Color and Somatic Conditions)

　　兒童在他們的繪畫中對於顏色的使用似乎有一種特色，那就是可能與身體的狀況有緊密的連結。Perkins（1977）進行一項初步的研究，比較三到十二歲患有生命威脅疾病組和健康組兒童的繪畫。

　　這項研究的結果發現患有嚴重疾病的兒童，的確會在他們的藝術作品中表現出對於身體和預後症狀的觀點，其中尤其以顏色特別明顯。Perkins發現，受到生命威脅的兒童繪畫，主要病症是癌症和預後不樂觀，包括顏色的選擇、符號和構圖，都會顯示出對於即將面臨死亡的覺察。在此一特定的研究中，黑色一致性地被兒童用來表示嚴重的疾病。Perkins觀察到：「在不同的圖畫中，一般來說黑色區域一致性地被認為是對兒童的負面影響。黑色除了別的事物以外，是被用來代表一個沒有臉、夢魘般的動物、一個洞穴、一把鉗子、一片伸展開的陰影和一幢黑暗的房子」（1976, p.9）。

　　紅的顏色則在控制組（健康兒童）和生命受威脅兒童組中都有使用，但是生病的兒童使用得更為廣泛一些，而且最常發生的是與血液有關的聯想。其他的一些人則認為紅色可能是身體狀況的指標，或是有身體疾病的兒童在藝術表現上的普遍做法。例如，Bach指出紅色可能與強烈的感覺、痛苦或腫瘤有關，然而從觀察中很少發現兒童把紅色應用在白血病（leukemia）或其他的血液疾病上。Levinson（1986）在研究嚴重燒傷兒童的工作中，觀察到紅色和黑色是用來代表痛苦以及創傷的。在她對燒傷住院兒童的臨床經驗當中，如果給予一個機會來給一個洋娃娃上色，她們一定會用紅色或黑色，在她們身體被燒傷的部位塗上顏色。

　　在我面對患有白血病兒童的工作經驗當中，我發現紅色似乎在他

們的繪畫中扮演重要的角色。例如，一位六歲女孩最近因為她的白血病住進醫院接受治療，反覆地畫一個紅色的太陽，表面有雀斑似的紅色斑點，以及一棵掉落許多紅色水果的蘋果樹（圖7.3）。一位七歲男孩畫的一張臉，他表示是「這個世界」，其中被他稱作「突起」（bump）的紅點所覆蓋（圖7.4）。在他的例子當中，這個世界上的紅點可能有種預言性的味道；兩天以後，他的臉和手臂上都布滿了微小的紅色出血，這是一種白血病的特徵。許多白血病兒童的繪畫似乎

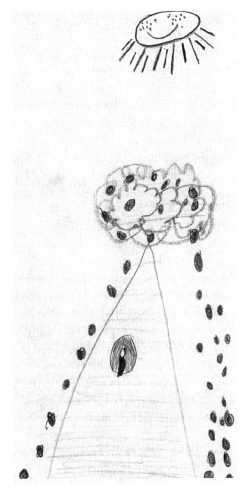

圖7.3　一位七歲患有白血病的女孩，畫一個紅色太陽上有紅色斑點和一棵掉落水果的蘋果樹

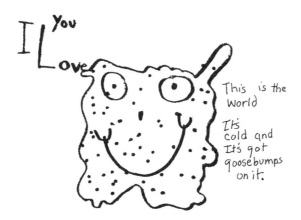

圖 7.4　「這個世界」布滿了紅色的「突起」，由一位七歲罹患白血病的男孩所畫

都包括一種罕見的用法，如紅色的記號、圓點或戳刺，如同 Perkins（1977）所指出，常常自發性地畫出像蘋果樹般的水果樹，卻經常掉落樹上的水果。

　　Bach（1990）認為顏色在兒童的藝術表現上有特定的內涵，但是她也強調出使用色彩「飽和度」（intensity）的重要性。飽和度一詞是指色彩鮮豔的程度，與它相關的詞彙是明亮度或濃度。例如，粉紅色是一種不像亮紅那樣鮮明的顏色。關於兒童的繪畫方面，儘管普遍來說綠的顏色可能包含有一種成長和治癒的涵義，不論兒童在他或她的藝術創作中是使用深綠色還是淺綠色，考慮到整體健康或預後情形可能會是更為重要的。根據 Bach 的研究（Bach, 1990），在兒童藝術表現的流行用法中，當淺綠色表示這位兒童在身體上變得更虛弱，或某些例子中，是指在醫療過程後逐漸康復，而深綠色則比較傾向是代表健康或是痊癒。

　　換句話說，任何顏色都可能會有不同的涵義，完全依這位兒童在繪畫或塗色中如何去使用顏色。

第三節 兒童對於疾病及他們繪畫的信念
（Children's Beliefs about Illness and Their Drawings）

　　兒童個人對於他們所認為疾病的概念，會反映在他們的藝術表現中，這樣的結果並不讓人意外。Banks（1990）進行一項研究，探討三到十五歲的兒童如何知覺健康與疾病、感冒如何發生、細菌是什麼和藥物如何作用。有一項繪畫作業用於評量兒童對於「細菌」（germs）的了解，這是一種會導致人生病的不可見實體。根據研究的目的將兒童分為三個年齡組（三到五歲、七到八歲、九到十二歲）。結果並不令人意外，發展因素的影響出現在每一個年齡水準當中。年齡最輕的兒童組所畫的形式包括塗鴉或初步的人形，就像我們所預期非常年幼的兒童所畫的圖形一樣。這個組中有許多年紀較大的兒童（五歲），畫出他們分類為「妖怪」的形式，有人類或像動物的臉孔或外形，但有非人類的特徵像頭上的角、身上有釘或很巨大、獠牙等。妖怪在七到八歲的兒童畫中也時常出現，但是更常出現的是他們畫一些看起來像是細胞或類似的圖象，顯示出他們對於生物學和健康概念知識的增長。在最大年齡組（九到十二歲）中，大部分繪畫細菌的圖畫是一種或其他不同的細菌類型。這些繪畫配合對這些兒童作口頭訪談，提供了這些兒童對於疾病概念的證據，是從外在的世界（妖怪）跑到身體內部（實際上造成身體細胞的疾病），而且他們這些外部和內部原因的意象隨著年齡而改變，揭露的訊息隨著他們生病的情形而定。

　　這項研究強調出一個重點，就是對有身體疾病的兒童進行治療時要使用繪畫。由於兒童對於他們疾病的印象，會反映出他們對疾病是如何形成的概念，它們也可能會反映出兒童對於為什麼會生病的知覺和感受。許多兒童對他們的疾病感覺到罪惡感，認為他們一定是做了

壞事才會得病。這對理所當然視疾病為「妖怪」或懲罰的年幼兒童尤其如此，但是較年長的兒童也可能以同樣的觀點來看待疾病。例如，一位骨癌末期的九歲男孩，努力地想要知道為什麼他要受到極其痛苦疾病的打擊，他陳述了若干理由，可能是魔鬼因為「他所做的壞事」而懲罰他。在這段期間，他畫了一系列描述魔鬼在手術台上拷打一隻貓的圖畫（圖 7.5）。部分而言，這幅繪畫與這位男孩所經驗到的痛苦強度有關，是因為骨癌以及用於治療癌症的若干過程，如放射線和手術等醫療行為的結果。但是這裡包括另一個重要的主題，處罰的產生不只是因為包括拷打上的痛苦，而是特別因為這是魔鬼所施加的痛苦。

圖 7.5　一位患有骨癌的九歲男孩所畫的「魔鬼在手術台上拷打一隻貓」

　　繪畫之所以有用，不只是因為能夠記錄兒童對於疾病或治療過程的知覺及感受，而且能提供治療師幫助兒童預演未來的一個空間，藉由這種方式來改變對於疾病與治療的信念。例如，如果一位兒童需要進行手術，治療師可以幫助他透過繪畫表達對於這個治療過程的爭議與感受。在這個例子中這位男孩所描述的醫療介入像是在拷打，治療師就可以開始跟他討論有關他的治療過程，幫助他發現去適應認為是痛苦與害怕之醫療過程的方法。當兒童考慮到他們的痛苦來源、治療或結果時（特別是當他們對於威脅生命的狀況，並未得到安心的保證），繪畫能夠引導兒童表達他們的痛苦或症狀，對於了解兒童所經歷的任何疑問、顧慮或害怕，都會很有幫助。

　　先前提到一位患有隱藏性十二指腸潰瘍小女孩的例子中，強調出治療師在對所有兒童工作時的另一項重點，不論他們是生病的或是健康的兒童。問兒童誰曾經遭受過創傷會是一件很重要的事，在沒有明顯疾病的狀況下，他們認為在他們的身上會有某種感受或情緒（Malchiodi, 1982, 1990, 1997）。當兒童在擔心搬新家或是看到父母親分居或離婚，或兒童本身遭受到虐待或創傷，或是兒童在他的家庭中經驗到家人死亡時，我發現這是非常有用的訊息，來了解這位兒童後來所發展出來的身心症狀，或只是要知道兒童所感受到的情緒痛苦。為了幫助兒童透過繪畫來表達感受，我通常提供給兒童麥克筆、彩色鉛筆或蠟筆來為身體意象著色（圖 7.6），在我面前呈現的是從他們身體

圖 7.6　身體意象練習的範例

所顯現的擔心、害怕、憤怒、悲傷或其他的情緒。近年來，藝術治療師和其他心理健康專業人員已經發展出類似這項活動的作業（Gregory, 1990; Shoemaker, 1984; Steele et al., 1995）。最低程度至少兒童能夠開始透過這項活動，界定出身體感覺到受創傷的部位（頭部、肚子或心窩），以及所經驗到的是什麼（是一種疼痛的、灼熱的或噁心的感受）。這會強調在他們身體層面的創傷或失落經驗，是使用繪畫來作為介入或評量的一種重要成分。在許多例子當中，治療師會特別注意在一位兒童面對創傷或失落的結果中，所可能產生任何身體上的疾病。毫無疑問地，在那位患有潰瘍的小女孩例子當中，她所經驗到的是她長期以來的創傷壓力，嚴重地影響到她胃部的結果。她的人物繪畫，透過她重複地運用顏色特別強調出她身上的痛苦，由於她並不能容易地說出她的問題，因此人物繪畫對於顯示她有嚴重的醫療病症是很有助益的。

　　當面對具有某一特定症狀或疾病的兒童，要求畫出由他們的疾病或症狀所產生的感受，對於了解兒童個人所經驗的疾病似乎特別有幫助。在某些例子當中，這將更能夠幫助治療師或是醫療專業，針對兒童的狀況發展出一種更精確的介入方式。有一項關於兒童頭痛的研究（Lewis et al., 1996），當要求「畫一幅當頭痛時你感覺到什麼的繪畫」，大部分兒童會畫出描繪她們症狀的圖畫，來幫助醫療人員判斷此一頭痛的類型〔例如，偏頭痛、靜脈擴張（tension-vascular）或其他的類型〕。

　　在許多例子當中，兒童能夠傳達他們特定的症狀，經由繪畫往往比只經過文字更為有效。例如，所經驗到的痛苦內涵通常透過繪畫而有不同的表現：當那些患有嚴重頭痛的兒童，以病痛或束帶圍繞著頭部來描繪他們的人物繪畫時，那些患有偏頭痛的兒童則以連續重擊、錘擊或抽動來描繪他們身體的圖象。雖然進行這項研究的樣本數很少，但透過繪畫作為醫療診斷的輔助，增加對兒童身體不適等疾病的了解，此一發現與探索的趨勢卻是不容否認的。

第四節 面對有身體疾病或殘障孩童時的特殊考量

（Special Considerations in Working with Children Who Have Physical Illnesses or Impairments）

　　對有身體損傷、症狀或生理疾病的兒童應用繪畫時，有幾項需要優先考慮的因素。首先，很重要的是要了解，有身體症狀或疾病的兒童與沒有任何身體損傷的兒童，在繪畫和藝術表現的反應上會有很大的不同。身體的問題能夠也必然會以各種不同的程度，影響兒童進行藝術創作時的能力。例如，本章中所討論的兒童通常患有嚴重的疾病，他們的狀況當然會對他們繪畫中的細節、形式和內容方面，造成相當程度的影響。在患有嚴重疾病的例子當中，治療師必須仔細地考慮，對於許多生病或殘障的兒童，由於疾病、症狀或醫療介入所產生的痛苦、不適或虛弱，有時候幾乎是不可能從事繪畫的。僅僅因為他們無法像健康兒童所能做的，他們缺乏藝術創作時所需的身體能量或耐力，因此兒童能夠藉由藝術表現畫出的細節，在形式和內容方面都較為簡單。

　　面對有身體疾病或損傷的兒童進行繪畫活動時，在選擇媒材與活動時有幾項整體性的考慮重點。必須把注意力集中在所提供繪畫工具的類型上；例如，一位兒童在繪畫時，可能會發現使用氈頭麥克筆比使用彩色鉛筆還要有趣得多，或是剛好相反的情形，完全根據他覺得何者使用起來較為舒適。為了讓某些身體殘障的兒童進行繪畫，治療師可能也需要對繪畫工具作一些調整，例如用膠帶將繪畫工具綁在兒童的手上，或調整畫板來配合久病在床或坐在輪椅上的兒童。

　　在醫院環境中，治療師所看到大部分有身體疾病的兒童，通常需要對治療師和兒童方面作若干調整。為了會有像是點滴瓶和監視器之類的醫療儀器，配合兒童在他們的床邊工作，為藝術創作而安排若干

特別的情境等。病床托盤（bedtray）可能是在繪畫時，唯一能讓兒童用作支撐的平面，而且可能以醫院有限的空間，包括水罐和其他相關的器材會顯得太擁擠了。感染也是一項經常需要的考量，尤其是當兒童可能危及免疫系統、開放性傷口或嚴重燒傷的情形時。在這些例子當中，可能很難提供對病人沒有任何危險性的藝術活動，而治療師可能必須限制若干繪畫工具，以消除這位兒童及其他人遭到感染的危險。提供這位兒童繪畫的工具，在大部分的情形下並不會對兒童病人造成身體上的危害，但是為了安全起見，治療師可能需要對每一位兒童提供一盒新的蠟筆、麥克筆或鉛筆，以降低暴露或散布傳染性有機體的可能。

此外，醫護人員接連不斷突擊性地為兒童檢查脈搏、體溫、血壓等數據或藥物治療，或是家人和朋友們前來醫院探訪兒童，都會使得繪畫和藝術創作成為一件公開的事，而不是一項隱密性的治療過程。這形成對治療師的一種挑戰，因為這些是個人內心的狀況，這會使得隱私性變得不可能，也中斷了兒童的藝術過程。要發現一個適當的時間和空間，容許兒童能夠在醫院裡繪畫而不受干擾，而且提供給治療師和兒童所必須的隱私來討論兒童的藝術表現，這有時是難以克服的情境。

有身體疾病或症狀的兒童可能會感覺到沮喪或是焦慮；有些人受到手術、治療和已經離家很長一段時間的影響，而感到身心疲憊。有些人則只是受到周遭環境和他們疾病本身的驚嚇，或是顧慮他們家人對於他的擔心和焦慮。害怕、混亂、悲傷，以及其他強烈的情緒，可能會造成部分兒童的退縮，任何形式的溝通都會變得很困難。然而令人訝異的是，不管他們的情況如何，許多兒童在創作活動中都會變得很投入，特別是在治療師的支持之下。繪畫會是這些兒童所能做的非常少數活動之一，而且在連續不斷的醫療測試與介入阻礙中，會是一項受到歡迎的釋放與逃脫方式。Bach（1990）指出，在心靈和身體層面上的藝術表現，扮演著一種令人信服的角色：

部分兒童，也包括成人，愈接近他們生命中的關鍵時刻，愈
會有強烈的意願想要去畫（在身體力氣容許的範圍內）。似
乎在生命和死亡情境的壓力下，迄今尚未開發的資源開始啓
動並表現了出來（p.9）。

這項觀察可能強調出，在面對患有嚴重疾病的兒童時，藝術表現所
能夠發揮作用的重要角色，特別是那些遭受疾病威脅危及生命的兒童。

最後，很重要的是要了解，將會很難或根本不可能清楚地界定，
繪畫的特徵究竟是出自身體的還是情緒的起源。那位用黑色來描繪痛
苦潰瘍的小女孩，當然也能夠表達在一個暴力家庭下的生活，她所經
驗到的深刻痛苦。那位在身體繪畫中作記號的兒童，或許也能夠因為
手術和移植造成身體意象的改變，而表達出她的害怕與焦慮。治療師
在面對有身體疾病或損傷的兒童工作時，一般來說會了解他們病人的
治療狀況。必須留心注意這些資訊，有時候在看兒童的繪畫時是很難
完全客觀的，在身體疾病或症狀方面，避免解讀出比繪畫真實的部分
還要更多的訊息。

第五節　兒童畫中的心靈觀點
(Spiritual Aspects of Chilldren's Drawings)

兒童繪畫中的心靈觀點，所受到的注意遠不如兒童藝術中的其他
領域，這樣的情形有幾個可能的原因。如眾所周知的佛洛依德，他的
理論影響精神病學和心理學幾乎長達整個世紀，在他的著作中對於心
靈的主題似乎不太有利。榮格雖然遠比佛洛依德更能理解與贊同心靈
的概念，但是卻認為心靈的經驗是屬於人生後半段才有的部分。雖然
在治療上心靈層面的想法很重要，而且近年來大家的接受度也逐漸增
加，但是許多治療師仍然在他們面對兒童時，迴避去包括或承認這些
議題。

Robert Coles（1990）對於兒童的廣泛研究，和他透過口語訪問與繪畫來探索兒童的「心靈生活」（spiritual lives），再次喚起大家了解兒童心靈經驗中，對於知覺及表現的興趣與好奇心。雖然兒童實際上所擁有的心靈經驗和成人所有的經驗是否一致仍存有疑問，但是他的研究提出證據，認為兒童的確有思考與經驗到心靈的問題，特別是以宗教信仰和觀念的形式來思考上帝、天堂、魔鬼、天使，以及心靈世界中的鬼魂和超自然現象等。激發 Coles 在此一領域的興趣，是由於早期他在波士頓對裝有人工呼吸器（iron lung）兒童的研究工作，儘管是如此難堪的情境，兒童仍能在他們的生命中發現意義，而且能夠擁有令人訝異的堅定心靈信仰與信念。此一經驗讓 Coles 堅信兒童個人在宗教和心靈上的生活，在他臨床上的理解是一個顯著的部分，而且在一般兒童的臨床工作中十分重要。在他研究的課題中，Coles 透過談話和繪畫，訪問了超過五百位兒童有關他們的心靈生活，得到結論認為兒童與成人並沒有差異，會像成人一樣詢問或考慮關於心靈主題的許多相同問題。

Kübler-Ross（1983）指出兒童早在三到四歲的時候，就會談論到他們的死亡，了解到即將到來的死亡，而經常會使用如繪畫等象徵式的意義來傳達出他們的經驗。Kübler-Ross面對即將死亡兒童的治療工作，根據的是多年來面對臨終兒童的研究，貢獻出兒童已有心靈的知識。兒童藝術表現中的心靈層面能夠包含許多事物，包括宗教的象徵、靈魂的意象、鬼魂或描述出已經亡故的人。對於治療師很重要的是去支持它，讓兒童在傳達他們有關上帝和其他心靈的存在、宗教和死亡的想法時感覺到安全，期望能允許他們透過藝術表現，去探索他們對於生命可能會產生的問題。

接下來的部分說明心靈層面會如何出現在兒童藝術表現中的一些觀點。不論這些觀點對於讀者是否有用，都是根源於個人的信念，然而更重要的，是去接受兒童經驗中心靈層面的重要性。許多治療師並不相信兒童能夠有任何形式的心靈能力，而主張在可能具有心靈的感

受之前，必須達到形式運思（formal operation）的階段以及具備抽象思考的能力。直到兒童對於死亡的概念逐漸具體化，以及大量受到他們家庭的宗教信念影響時，才會逐漸思考到心靈這個部分。其他的人則並不認為心靈的議題在對兒童的治療工作中是適當的，因此可能也不會發現心靈議題在繪畫中是有用的。有些治療師甚至會對心靈的主題感到不自在，因為在他們的信念中並沒有包括這個部分，並不認為它們能夠或應該讓兒童與這一方面產生任何連結。

這是我個人的偏見包括了心靈、心靈的特質和宗教，作為我所了解及在面對兒童工作時的重要部分，特別是在本書先前所描述有關的整體性觀點（integral perspective）方面。當能夠從一種情緒和發展性的立場，來了解繪畫中包括宗教或心靈的主題時，就能夠以略微不同的眼光來看出它的重要性。本章中後段所描述面臨疾病生命威脅的兒童和失去摯愛的兒童，在考慮到有關心靈方面的問題時更是特別地重要。儘管所有兒童都可能表達出與心靈或宗教信念有關的想法或知覺，但是這些情形似乎特別與心靈層面的繪畫有關，可能是因為死亡的危機自然地引領兒童去面對有關上帝、宗教和生命結束時所發生的問題。

第六節 孩童對於疾病末期、死亡和臨終的表達方式
（Children's Expressions of Terminal Illness, Death, and Dying）

嚴重的疾病或疾病的末期能夠帶給兒童一種深刻的創傷經驗，包括面對即將死亡的過程。兒童僅透過文字可能無法表達出他們的感受和需求，但是他們卻可能經由繪畫透露出未表明的害怕、疑問或焦慮。患有嚴重疾病的兒童需要協助以釐清發生在他們身上的事，不只是身體的層次（例如，手術、身體上的變化或藥物的效果），還要包括更深的、與個人存在有關的層次。他們通常會產生有關像上帝、天

堂或天使等心靈方面的問題，並可能透過繪畫探討有關在他們死亡的時候，將會在他們身上發生什麼事。在兒童失去父母親、兄弟姊妹或生活中的重要他人時，可能也會以同樣的方式，以藝術來探索或表現他們自己。

這兒有一些有關兒童對於死亡和臨終了解深刻程度的問題。如同前面曾經提過的，有些人認為對於死亡的完整概念，年幼的兒童是不可能了解的，而且在青少年早期的形式運思期（Piaget, 1959）以前，可能都無法達到這個地步。在此之前，一般認為兒童他們是經歷特定的階段來了解死亡和臨終的概念。例如，三歲到五歲正處於運思前期，並不能了解死亡是一種結束，而認為死亡是一種可以逆轉的和一種分離的形式。較年長的兒童（五到九歲）視死亡為一種因果的關係：他們可能視死亡是因為做了壞事或罪惡的結果。到了九到十歲的時候，兒童可能就能夠理解死亡是一種不可逆轉的，和人生中不可避免的結果，並且了解到這是一種疾病的結果，或是其他能夠影響到身體功能的情況（Wass, 1984）。

其他的學者確信甚至是非常年幼的兒童，都能知覺或了解到相當多有關死亡和臨終的事物，兒童會和成人一樣提出有關死亡同屬心靈上的問題。Kübler-Ross（1983）觀察到兒童會有一種有關「死亡的內在知識」（inner knowledge of death），特別是透過一種象徵式的描述像是夢境和藝術表現。她指出：

> 如果人們懷疑他們的兒童能夠了解疾病末期，他們應該看看這些由兒童所創作的詩或畫，通常是在他們生病的期間，但有時卻發生在作出診斷之前的數個月……此一結果的理解方式，這通常是一種前意識（pre-conscious）的知覺，而不是一種意識、理智上的認知。它是來自「內在的、心靈的、直覺的象限」，並讓兒童逐漸準備去面對即將到來的轉變，甚至當成人們都否認或迴避這個事實時。（p.134）

Kübler-Ross的觀察結果所強調的觀念，在面對受到生命威脅或疾病末期兒童和喪親兒童的治療工作時，需要以一種不同的觀點來了解兒童所表現出來的成果。深刻的悲傷經驗是由於失去所愛的人，如失去父母、兄弟姊妹或是面對自己死亡的過程，需要治療師以情緒的和發展的觀點，來同時了解兒童以及他們的繪畫這兩種情況。特別是兒童內心在對抗未完成的事件、掙扎，以及對所剩生命的疑問、對即將死亡過程的接納等，都能透過像是繪畫這類創造性活動傳達出來。

在我成為一位藝術治療師之後的第一年，於我對一位青少年女孩的經驗中，豐富了我對兒童透過藝術表現的思考，特別是在心靈方面的議題。一位悲傷的十三歲學生莎拉，就讀於一所非傳統的學校，因為她祖父的突然死亡而陷入深深的憂鬱之中。她和她的祖父曾經非常地親密；實際上這位女孩與祖父的關係，甚至比身為忙碌專業人員的親生父母還要親密。她的祖父同時扮演母親與父親及祖父的角色，而當他突然死亡時，他的死亡為這位女孩的人生中帶來極大的失落。

在為期數月的哀悼之後，莎拉來到我的一堂藝術治療課中，她在那一天稍早的時候，在筆記本上畫了一幅小的圖畫（圖7.7）。她說她描述的是在上課前一天晚上，作了一場印象深刻的夢境。在這場夢境中，出現她的祖父坐在一張大椅子中，旁邊圍繞著所有的親戚、子女和孫子女們，莎拉坐在他的右邊。在這個夢境中，她的祖父給予每一個人祝福，並告訴莎拉他將要離開她，而且他了解她現在將會很好。莎拉後來看到一頭馴鹿從天而降，載著她的祖父離開。

她很訝異於描述的這場夢境所帶給她「平靜而祥和的美好感受」，但是同樣困惑的是馴鹿的出現，前來把她的祖父帶離人間。儘管有這混淆的感受，她仍對這隻馴鹿和這個經驗的意象感覺到舒服，並且能夠把失去摯愛的祖父所產生的許多悲慟暫時放到一旁。

圖 7.7　一位青少年女孩所畫的「我死去祖父的夢」

　　這個夢境和它的內容顯現出一些更難以理解的意象，而且描述出一種超越了自我的經驗。當從一種情緒的觀點來看莎拉夢境中馴鹿的意象，能夠被看作是一種自我撫慰（self-soothe）的方式，並化解了對祖父的死所產生的危機，它的性質也說出莎拉在心靈主題與經驗之知覺的相關議題。她夢境中的意象傳達出她如何理解死亡，以及對於死後世界的觀念。她簡單的繪畫深刻地顯示出她與祖父之間深厚的關係，以及對於結局的感受，而且包含以文字無法適當描述的豐富譬喻（metaphor）。

　　雖然在失去親人或摯愛的兒童繪畫中僅有非常少的文字敘述，在受到生命威脅或臨終兒童的藝術表現中，它的特定形式、顏色和內容都提供了一些能夠認知和了解心靈觀點的基礎。Bach（1966, 1975, 1990）是一位相信身體和心靈都能夠透過藝術來表達的學者，指出接近死亡的兒童，在繪畫中可能會出現一種特定的結構成分。她觀察到

兒童開始在他們的表現活動中，把注意力引導集中在紙張左上方的部位，可能會包括一條路或通道引導到那個區域。根據 Bach 的說法，紙張的這個位置代表在一天結束的時候，太陽朝向西方落下的動作，對於即將死亡的兒童而言，可能代表著離開人生。Bach 認為在一幅繪畫或圖畫的左上方部位或象限，會與心靈議題和兒童對死亡或臨終經驗之間有特別顯著的相關性。Perkins（1977）在她對臨終或生命受威脅的兒童工作中，也指出在他們的繪畫中，太陽出現在左上方角落的次數，遠比那些健康的兒童為多。

在第一次閱讀到 Bach 的理論之後，我對於兒童繪畫的特定部位，竟會與他們即將死亡的經驗有關，抱持著懷疑的態度。然而，在與癌症和愛滋（AIDS）病人的工作中，我觀察到不論是兒童或是成人，在他們生命的最後幾週或幾個月之中，通常會包括有動作朝向左側的部位，或是一道光亮（太陽或月亮）出現在他們繪畫左上方的部位。

莎拉，那位對她祖父悲慟的女孩，解釋她的馴鹿是引導她的祖父到這幅畫的左上方位置。這或許是一種巧合，而我們也能夠猜想這能與 Bach 的理論連接上，認為紙張左上方的區域就是「離開生命」的地方。

在臨終兒童繪畫的其他成分，也能與他們經驗到心靈的或超越個人的觀點有關。例如，Bach（1966）和 Perkins（1977）都觀察到在臨終兒童的房屋繪畫中，屋簷的部分包括有一扇窗戶。Bach 把它歸類為一扇「靈魂之窗」（soul window），一扇小小、通常是圓形的窗戶，位於房屋繪畫的屋頂或是屋簷上。在瑞士的民間傳說中，靈魂之窗被認為是剛死亡的人離開房屋時通過的地方。雖然在美國並沒有相同的故事，但是 Perkins（1977）指出生命受到威脅的兒童，在他們的房屋繪畫中也包括像這樣的窗戶。

關於臨終兒童繪畫中還有提到一些其他的圖象。Perkins（1977）指出如果在繪畫中出現蛇的圖象，認為它們意味著轉換以及對自我有嚴重威脅的危險。圖 7.8 是由一位末期白血病女孩所畫的繪畫，所描

圖 7.8　一位患有白血病的七歲女孩所畫的「在雨中背著一座山行走的蛇」

述的一條蛇，她說是「在雨中正在背著一座山」（is carrying a mountain in the rain）。在這個例子中，這條蛇有著沉重、幾乎是不可能的重擔，必須帶著它穿過惡劣的天候。這位兒童在畫這幅繪畫時，她正經歷著治療的過程，她了解到不可能有任何力量幫助她。她透過對她末期情況的接納，而開始展開一場最後的轉變，了解到醫生們不可能治癒她，並且她的確在數週之後過世了。在這幅繪畫中，這條蛇戴著眼鏡，這是在她的許多幅繪畫，包括她的自畫像中都有的一項細節，即使她自己並沒有戴眼鏡。由於白血病的結果，這位女孩的眼睛變得對光很敏感，使得她很難看到較遠的東西。

在決定任何一幅繪畫中的內容時，很重要的是要求兒童作描述或對他們的圖象說一個故事（見第三章）。雖然即將死亡的兒童在繪畫中的圖象，與他們的經驗會有特別顯著的關係，但是有許多圖象在健

康兒童的藝術表現中也是很常見的，所以就大部分的圖象而言，很難把它們普遍性地分到某一類的意義當中。然而，特別重要的是能抱持著一種沒有偏見的態度，允許兒童感覺到被接納，而去創造可能是敏感的以及通常像是心被扭曲著的圖象，並且透過繪畫去探索他們可能會遇到的死亡和臨終方面的問題。在 Allan（1988）面對嚴重疾病兒童工作時所得到的結論，認為「一種基本的愛心和對兒童觀點保持開放態度的意願，在幫助兒童穿越生命之旅時，會使得許多事物更有效用」（p.115），而在臨終兒童的例子中，便是在幫助他穿越死亡。

　　臨終兒童透過繪畫所能表達出的心靈議題，對於治療師而言可能是很困難的，但是它們仍須被辨認出來並獲得支持。Bach（1990）對那些面對嚴重疾病或絕症兒童工作的治療師有一些重要的建議，她指出：

> 在盡我們所有的努力關注兒童或其父母身邊的事物之後，我強烈地感覺到我們需要特別注意圍繞病人周圍的人，包括我們自己，以及評估我們的精力和能力，而能承受在圖畫中所看到的和了解的特質。
> 在我們研究嚴重疾病兒童的圖畫中，困難的部分是需要相當多的覺察；很重要的是要學著如何和兒童一起感受，而不是變成參與在他或她的特別情境之中。（1990, p.147）

　　Bach 更強調兒童繪畫的功能，特別是對那些生病或即將死亡的兒童，在助人專業的過程中能夠發揮強而有力的影響。在兒童對疾病掙扎中的繪畫，或許能夠反映出深刻的痛苦與煎熬、身體每下愈況和瀕死的過程，那些非常難以面對的問題，卻是在對兒童的治療工作中，敘述嚴重身體疾病時的重要課題。

第七節　心靈和宗教的具體表達方式
（Concrete Expressions of Spirituality and Religion）

　　兒童繪畫中除了結構和內容之外，許多兒童會表現出具體的心靈信念，透過他們的繪畫表現出包括宗教上的儀式和概念。例如，兒童會描述宗教性的活動像是祈禱，在進行他們家庭宗教所訓練的儀式時能夠得到安慰。當非常年幼的兒童害怕死去人們的鬼魂，可能會跑回來或者出現在他們的床前時（圖7.10），其他的兒童則可能會把死去的親人描繪成一位天使（圖7.9）。在前面的例子中，一位四歲的男孩，他擔心曾經許願希望他的弟弟死掉。隨後，他的弟弟真的死了，造成他變得非常具有罪惡感與害怕。兒童有時會相信，希望某一個人會發生一些事，結果奇妙地真的造成死亡，這會產生非常深刻的罪惡感。當兒童透過繪畫表達出這樣的一種信念時，他們通常很快就會陷入鬼魂或惡魔的模式中，認為它們非常重要而且深信不疑。如章節中討論在繪畫中表達對身體的觀點時，有些兒童會視他們的疾病為一種懲罰，是上帝或魔鬼（見圖7.5）為過去所做一些壞事的懲戒。

　　雖然將臨終的兒童會把很多焦點放在這個部分之上，但很重要的是要了解，兒童為虐待、創傷或失落而產生危機，可能會以反映出心靈或存在性問題的方式，來傳達他們的經驗。例如，一位女孩的父親嚴重地虐待了她和她的妹妹，她畫了一把刀穿過心臟的圖象，並問一個問題：「為什麼上帝要這樣地對待我？」。

　　其他的兒童可能會透過他們的繪畫，想要知道人們死後到哪兒去了，或是探索在他們死後會是怎樣的狀態。

　　一位信仰摩門教的兒童，描述她死去的父親看起來就像其他家庭成員一樣，這是根據她所信仰的宗教教義，這使她確信有一天會再次看到她父親，以她所記得的樣子出現（圖7.11）。有一位男孩，他的

圖 7.9　一位七歲男孩畫死去的父親正飛越一座教堂

兄弟在一場意外中過世，使用黑的顏色來指出他死去的兄弟，他對治療師大聲地說出，希望他的兄弟此時在天堂是擁有一對翅膀的天使。悲傷的兒童並非總是以文字來為他的悲傷尋求協助，而藝術也許是他們用以表達害怕、焦慮和困惑的幾種表現方式之一。

　　兒童會透過他們的繪畫，以視覺的方式來探索有關死亡的問題，包括：當我或其他人死了以後會到哪兒去？我死去的母親能夠從天堂看到我嗎？死去的人曾經再活過來嗎？很明顯地，治療師並不能有任何特定的宗教立場來回應這些問題，但是必須以不偏不倚的態度，允

圖 7.10　一位四歲男孩畫他的弟弟變成一個鬼；鬼的人形在這幅畫的上半部

圖 7.11　一位八歲女孩畫她死去的父親，就像有一天他會像在「天堂」的樣子
　　　　出現

許兒童去探索這些令他們擔心的事物。兒童一般來說，會發展出符合
他們的文化和家庭信仰系統的答案。

　　Coles（1990）對於如何看待及認知兒童繪畫中的心靈觀點，提供

了一項重要的基本原理,她觀察到:「兒童所要了解的不只是發生在他們身上的事,還需要知道為什麼;為了達到這個目的,他們會發展成他們所經驗到的宗教生活、他們所接受的心靈價值,以及其他可能的解釋方式」(p.100)。恢復力(resiliency),是兒童在有壓力的事件中,一種藉以彈回來或恢復的能力,這種能力與其他特性相比,能夠強烈地與兒童的心靈感受相連結(Center for Children with Chronic Illness and Disability, 1996)。雖然並不必然需要有一種宗教上或心靈上的堅定信念,但這仍是治療師透過兒童藝術表現能夠了解到的,一種強而有力的個人特徵。當面對正在與疾病或喪親奮戰的兒童時,在最低程度上,至少能夠辨識與支持他們在繪畫中所呈現出來的信念,這在幫助兒童去面對威脅到生命的身體疾病,或去了解和體認到親愛人們的死亡,會是一項很重要的影響因素。

第八節　結　論

(Conclusion)

當在面對有嚴重的疾病或面臨死亡威脅的兒童時,很重要的是記得在他們的繪畫中,通常會同時呈現出身體的和心靈的要素。請注意Bach對臨終兒童研究所做的貢獻,Furth(1981)支持身體和心靈不可避免地會連結在一起的觀點,她觀察到在身體與心靈兩者「連結在一起運作,影響著個人的生命與健康……我們會從兒童未經過指導與即席的繪畫中,發現這樣的連結」(p.67),特別是在有嚴重疾病或即將臨終兒童的繪畫中。從這個觀點來看,繪畫是一種幫助治療師能夠更完整地了解兒童生命受威脅的方法,允許他們傳達出在嚴重疾病和面對死亡時的經驗,並且幫助這些兒童「恢復身體和靈魂之間的和諧」(Fruth, 1981, p.69)。

第八章

兒童繪畫與倫理的考量

Ethical Considerations and Children's Drawings

　　把倫理與兒童繪畫這兩個主題連結在一起的想法，可能會讓一些治療師感覺到驚訝，因為他們把藝術活動應用在面對兒童的部分工作中。除了藝術治療師之外，大部分要求兒童以繪畫作為治療或評量之一部分的治療師，並未接觸過或接受過，那些由兒童當事人所產生，在處理藝術表現時衍生之特定倫理議題的訓練。

　　兒童的繪畫和其他的創造性活動，看起來通常是迷人、有趣、可愛的，這使得很容易地會忽略，他們的圖象可能也包括必須受到保護的部分，和必須受到尊重的選擇權、擁有權與隱私權。在我作為一名治療師的工作當中，有許多幅藝術表現的內容看起來令人嘆服，那些圖形似乎是哭喊著想要告訴其他的人，特別是對那些能從了解這位兒童所創造出來的圖畫，而因此受惠的其他專業人員和照顧者。深刻的情緒內容、不可告人的家庭問題和嘔心瀝血的故事，由某位兒童透過繪畫辛酸地描繪出來，其中尤其以那些曾經在他們生命中經歷過創傷、虐待、失落或危難的兒童為甚，許多包括這種內容的繪畫都包含強烈的訊息或內容。然而，在將一個圖象闡釋為某一個重點或概念之前，都需要給予嚴謹的倫理考量。這包括了保密和對藝術作品的展示、所有權的問題或圖象的處置、對於藝術作品的貯存和處理，以及對這位兒童與他的創作成品兩者的安全性考量。

第一節　兒童繪畫的保密與展示
（Confidentiality and Display of Children's Drawings）

　　在治療過程中進行兒童繪畫時，第一項也是最重要的，是必須先處理保密的問題。保密是一項倫理的議題，是所有治療關係中的基礎，被界定為在治療關係中所得到未被授權的揭露訊息，對於當事人的一種保護責任（Corey, Corey, & Callanan, 1993）。當治療師、心理學家和諮商人員要保護兒童在治療或諮商中所說出的內容時，繪畫並

非總是被認為是一種需要保密的資料。事實上，許多醫院、行政部門和各單位，並不認為藝術作品是一種私人的資料。當事人的口語記錄、錄音帶和錄影帶，才會按照常規地鎖在檔案夾中，但是在許多例子中，藝術作品並非以相同的方式對待，因為大部分來說，它們是一種非口語的表現形式。而且，由於藝術的語言極度地個人化，許多治療師相信藝術表現的訊息與內容都是被偽裝所掩飾，所以當別人看到這幅作品時，並不容易進行解釋或被了解。

在撰寫這本書時，我必須作出許多困難的決定，有關是否要包括特定兒童的繪畫。要作出某些繪畫出版的決定相當容易，創造這些繪畫的兒童很健康、很快樂、適應良好，而且會很興奮地知道他們的繪畫即將被出版，他們的藝術作品所顯示的都是一般的發展特徵與正向的經驗。但是其他的作品有許多的變數影響決定，則顯得難以選擇。在某些例子當中，繪畫所描述的是獨特的情境、事件或經驗，會洩漏出必須被保密的兒童身分。有些繪畫雖然有必要用來作為圖例，但是並不能把它們包括進來，因為未能獲得他們的父母親、監護人和這位兒童的允准，來向大眾分享這位兒童的藝術。其他的繪畫，雖然已經獲得了同意，卻因為過於個人化而不能呈現；在治療中透過繪畫揭露個人的經歷，我認為那是一種需要被尊重的歷程，儘管讀者們能夠從這樣的圖象中獲得學習。

關於繪畫應用在任何的治療架構中，在保密方面的確有一些獨特的情況，是許多治療師可能沒有考慮到的。例如，雖然治療師能夠改變個人的資料和姓名，以隱匿當事人的身分，但藝術表現的獨特性並不能因此被輕易地改變，以真正地保護當事人的隱私（Wilson, 1987）。許多繪畫的風格，它的獨特性就像是一個人的筆跡。如果一位兒童的藝術，在被允許的情況下展示在公眾場合，即使當時這位作者的姓名已經被抹去了，他的親戚或朋友仍然有可能辨認出這幅作品，在這種情形下會變得很複雜。例如，有些圖象可能會顯示出關於這位兒童非常特定的訊息，這樣的訊息可能會連累這位兒童以及他的

家庭福祉。在要求畫一個人的家庭繪畫這樣的普通要求時，結果在圖
畫中往往也能提供出足以辨認的細節；同樣地，要求畫一幅創傷事件
的繪畫，也可能會提供足以讓其他人辨認出來的細節和特徵。

　　有關把繪畫當作機密來作保護的方式，會有些混淆和不熟悉，這
原因是來自於藝術表現自身的本質：藝術在創造時，通常實際於心中
是在作展示的。兒童他們自己經常會期待他們所創造的藝術作品被展
示──他們在教室藝術課所畫的繪畫，通常會被展示在布告欄或教室
走廊，供其他人觀看與欣賞。藝術的產生通常是用來分享和讓其他人
觀賞的，這是創作視覺化圖形的一種自然結果。對於許多兒童而言，
看到展示他們的作品，而其他人能夠欣賞它，是一種非常正向的經
驗。

　　有些藝術作品是兒童在治療情境以外的場所中完成的，像是教
室、藝術課或甚至在家裡，而且並不會像那些在個別治療情境中，需
要同樣考慮關於保密方面的課題。然而，藝術製作在作為治療處理的
一部分時，強化了在展示時有關保密和隱私議題的重要性。如果公開
展示的話，這些表現內容所包括的素材，可能並不是這位兒童最大的
興趣，甚至可能對他自己或別人是有害的（Knowles, 1996; Malchiodi
& Riley, 1996）。

　　面對曾經遭受或是懷疑受虐的兒童，他們的繪畫通常需要特殊的
處理和倫理考量，而助人專業者對於他們保密上的需要，必須特別地
敏感。在治療過程中作的藝術，可能包括並不適合大眾觀看的內容，
特別是當一位兒童表現出關於曾經發生過的暴力、虐待、或創傷事件
等特殊的細節時。在某些例子當中，讓兒童回家之後再製作藝術作品
並不是一個聰明的辦法。例如，如果這篇作品公開地展示父母正在對
他進行虐待，但是保護的措施尚未介入，那時如何來保護這位兒童？
讓兒童把藝術創作的媒材帶回家，這樣可能會危及兒童安全與福祉，
這樣顯然不是一個恰當的方法。單是這個原因就必須謹慎地思考，以
這樣的方式處理兒童的藝術創作，在他的生活中是否會遭受到更多的

虐待或暴力對待。

　　這是許多例子的其中之一，說明這些考慮的必要性，包括治療中創作的藝術作品將如何處理，在兒童藝術的內容與保密方面，他們的權利會被保護到何種程度。這個例子也強化了建立一套流程的必要性，在治療開始時（參考前段保密部分的更多資訊）先讓兒童了解，何時是治療師認為重要而必須保有他們的藝術，特別是在兒童可能因為他們的內容，而遭致暴力或虐待的情形下。向兒童解釋為什麼會保留他們的藝術作品，並指出治療師會尊重兒童以及他或她的藝術作品。

　　因為兒童的藝術表現，特別是那些處於悲痛中兒童的作品，往往會造成視覺上的震撼，醫院和診所通常會展示它們，以吸引人們對於兒童虐待或創傷的注意。雖然展示這些兒童作品可能有很好的用意，但是這種做法可能並非兒童最大的福祉。我很難過地記得就在我的家鄉，一項大型的住院治療方案期間，一年一度舉辦的兒童繪畫展覽。所展示的藝術作品是一項治療性藝術課程的成果，兒童所參加的是精神疾病復健的部分。然而此一方案的人員認為，需要以公開的方式展示兒童的作品，展示這些藝術作品也引起醫院方案人員的注意，並為機構招募基金。不幸地，展示的許多藝術作品，描述的都是非常詳盡以及高度情緒性的內容。在這個情形下更有問題的是，幾位創作藝術作品的兒童接受地方電視新聞的採訪，這樣更會危及他們的秘密以及隱私。

　　兒童藝術有時候會被機構作為他用，因為藝術看起來動人以及多采多姿，這樣的媒材自然會吸引大眾的注意與興趣。然而治療師決定讓兒童更為敏感的藝術作品公開地展覽，也應該考慮這樣的做法是否符合兒童最大的福祉，或只是促進除了這位兒童以外大眾的興趣。治療師和行政人員必須尊重兒童整體的安全與福祉，並且首先要考慮保護尋求協助的兒童當事人。很不幸地，許多機構展示兒童的藝術作品以作為宣傳活動的一部分，吸引他們對方案的注意，並進一步希望為

他們的服務和方案帶來捐款。雖然這樣的展示能夠教育人們關注兒童的藝術活動，但這可能並非兒童最佳的利益。相當諷刺的是兒童們可能有情緒問題正處於危機關頭，或是正從虐待或創傷中復原，竟被想要介入他們行為的同一群大人，透過對他們藝術作品的不當利用而不慎地再度受到傷害。

也很重要的是要記得，當兒童知道作品將會被展示在某些公開的場所時，他或她可能會改變繪畫的風格、內容和色調。如果兒童知道他或她的藝術將會被展示，這位兒童可能會變得更注意這幅畫看起來的樣子，而較不能自由地表現他或她自己。這個問題也變成一項治療性的議題：如果兒童知道這項作品將會被展示，他們會檢查他們所畫的東西嗎？在某些例子中可能會如此，特別是因為治療中的兒童，通常會尋求他們認為是權威人士的贊同。

在某些情形下，繪畫的展示會像創作這幅繪畫時一樣地重要，偶爾情形下會變成是為了展示，而優先於保密問題。例如，當我成為一位藝術治療師，在一間受虐婦女與其子女的庇護所工作時，我已經感冒好幾天而且必須延後治療工作。在下一次藝術治療的課程時，對於我缺席的反應，有一群兒童畫了許多妖怪的圖畫，如果下一次我和他們的約會再次缺席的話，牠會「長得很高而且把我吃掉」（圖8.1）。把這些繪畫貼在通往我辦公室的門上，這項經驗呈現出一個重要的觀點，由於這是一個公共的區域，不管是什麼人，只要是在這間庇護所工作的人都可以看到它，因此能增加我的羞愧感，以及作為強而有力的警告，叫我下次不可以再缺席了（也就是遺棄這些孩子）。雖然對於把兒童的藝術作品展示在公共場所，我通常會感到不太舒服，但很容易理解為什麼在有些狀況下會超越這平常的規範。

藝術的展示能夠成為一位兒童治療計畫中的重要構成要素，正如先前所示範的例子，這是一種支持和強化一位兒童統整感和自信心的有效方式。大部分創作繪畫和藝術作品的兒童，都對他們的成果很驕傲，而且希望把它展示給別人看。

圖 8.1　蠟筆所畫的一個妖怪，牠會「長高」而且把治療師吃掉

　　許多時候一項藝術活動的特殊設計，是用來提升自尊心、驕傲和鼓勵自我價值感的，展示完成的作品能夠支持此一目的。有時候治療師所考慮的可能不僅是從倫理的觀點來看展示作品，而是從治療性介入的觀點來看待它。例如，以試驗性的方式會產生對自我價值感的顯著效果，觀察兒童向他人分享創作的作品時，他人會讚美他們的努力與能力。以這樣的方式，在兒童生活中的其他領域感受到挫敗時，藝術表現是能夠作為讓他們感到驕傲的一種方式。

　　有一些繪畫的展示方式是較為折衷的，而不會影響到治療中的兒童。如果機構有一些安全而不公開的空間，那麼挑選出來的作品將能

夠以選擇地與安全地展示。有時候進行藝術治療的房間會是一個很好的選擇，特別是當有一塊很大的軟木塞看板或是牆壁，可以用來張貼繪畫或是其他平面的作品。在我自己的工作室兼辦公室中，我有一塊空間足以讓兒童完成一次晤談並展示作品的地方；對許多兒童而言，當他們走進來進行晤談時，能在我的牆上看到他們的作品會是很重要的。在某些機構中，有一些限制的區域僅提供給當事人和員工使用的；如果能防止任何人破壞或拿走這些作品，在限制的基礎上，這個區域會是另一個可能展示的地方。

　　展示時要作的許多決定並不容易，在作一項決定時要考慮一些額外的因素。許多兒童雖然開始時，通常會對在別人面前展示他們的作品感到很興奮，但是他們往往沒有足夠堅強的情緒，來面對別人對他們的作品所作的批評。他們甚至可能視讚美為一種威脅，而不能接受或了解對他們作品所作的正向評價。有些父母並不能了解藝術表現的內容，可能以一種會產生不良後果的反應方式，來支持這位兒童。在這些情形下，通常有賴於治療師去教育這些父母，如何去對他們孩子的創作作反應以及如何談論。一些簡單的範例對兒童的繪畫要如何表示、如何給予適當的讚美，或當他們回家和兒童在一起時，如何展示他們的繪畫，有助於在治療時進一步擴大治療的成果。

　　最後，不論這些藝術表現要如何處理，是為了教育的目的、為了展示和為了以這位兒童案例與其他專業人員分享，治療師都會發展出適當的方式來發表這些藝術作品（Malchiodi, 1996）。因此在治療和診治的過程中，首先也是最重要的，是要考慮兒童藝術作品關於保密方面的問題。

第二節　所有權
（Ownership）

　　兒童在治療中所畫繪畫或其他布景的所有權，看起來似乎是一個很簡單的問題，而且在大部分的例子中，所有權並不會是一個問題。創作藝術在正常的情況下，創作這幅繪畫或藝術作品的兒童，都會期待保有他們所創作的繪畫，特別是當他們喜歡畫，和對他們的作品有正向的感受時。然而，根據實施繪畫的目的（有評估、評量或治療），這些作品應該由治療師或心理學家保留起來，作為這位兒童永久檔案的一部分。

　　對於治療師很重要的一項考慮因素，是他們眼前的兒童所創作的藝術作品，他們要如何處理所有權的問題。假如在這位兒童接受治療時，把繪畫留作這位兒童檔案的一部分，誰擁有這些藝術的問題必須陳述清楚。雖然看起來創作這幅藝術的兒童似乎應該擁有它，但是有些人認為在特定的個案中，治療師應該為這項作品負責，因為他或她應當對這位兒童負責。在其他的案例中，父母親或監護人對兒童負有法律上的責任，可能會認為藝術作品應該屬於他們，而在某些情形下，因為繪畫是在行政部門或機構中完成的，也是屬於治療的一部分，可能會認為繪畫應該歸入他們的檔案中。所有權的問題並不是一項容易回答的問題，但是當把繪畫作為治療的一部分時，卻是必須考慮到的事項。

　　應事先告知並獲得同意，當事人有權利知道治療的效果、目的以及限制，包括兒童在治療中所做藝術作品的所有權等若干獨特的倫理性議題。在治療中事先告知並獲得兒童同意的議題，引發了許多一般性的倫理性問題：他們能夠同意或拒絕治療的權限程度、父母親同意以及介入的角色、治療中所得到的記錄和其他資料的處置方式，當然

也包括繪畫。由於兒童在法律上假定為不具有行為能力，在治療中所作的決定通常是來自父母或監護人。例如，從一開始保密就是一個非常困難的議題，因為通常不可能把兒童的利益，與父母或監護人的同意權分開。從治療中產生的繪畫和其他藝術作品，可以理解地視為是把兒童帶到治療中的成人所擁有；這也就是所有權和保密兩者間不容易解決的問題所在，但是它卻是在特定情況下必須要去考慮的一項議題。

當兒童被問到能否把他們的繪畫留給治療師時，此時會引發與「治療師－兒童」關係相關的另一項議題。雖然兒童可能會同意把他們的作品交給治療師作為檔案，但是他們內在的想法會感覺有些不同，感覺到有些重要的東西被人拿走了。他們可能不會向有權威的成人公開表達這些情緒，害怕懲罰、害怕被拒絕、或只是要去取悅治療師，因為他們希望獲得讚美的回報。這些動力對於先前在他們生活中，曾遭受過成人虐待、忽視，或其他方面傷害的兒童尤其如此。

很幸運地，大部分兒童似乎並不會喜歡去保留那些來自評量或投射性繪畫的結果，像是畫一個人或這一類型的繪畫。他們一般會認為這些活動更像是測驗，而不是創造性的活動。然而，其他的活動像是應用不同的素材來繪畫、塗色或是造型，通常被認為是一種令人愉悅的，在創造性表達中可能引發更多個人的投入。這些藝術表現可能會有更多的涵義，與成就感有更多的相關，帶給他們一種擁有自尊的感受。

我在很多情況下所面對的兒童，他們告訴我希望我為他們保留他們的繪畫。通常這些兒童都有嚴重的情緒創傷，曾經遭受過深刻的危機，或是遭受到身體上的虐待或是性侵害。他們的繪畫通常包括痛苦的感受與記憶；這些圖象在創作出來後，可能因為令人感到過分痛苦而不願意保有它們。要求治療師保留這些作品，這些兒童從他們自己的感受和情況中，可能會感覺到某種程度的安全感，在他們透過藝術表達出來後，視治療師至少成為他們若干痛苦的包容者。

　　我個人在所有權方面的觀點，主張如果兒童想要保有他的藝術作品，從倫理上和治療上都應尊重為這是兒童的特權。如果需要的話，可以輕易地以影印或是照片的方式製作檔案。只有在當藝術表現的內容危及兒童的安全，或是須利用藝術表現作為法庭證據的情況下，這些作品才必須被保留下來。

第三節　安全性
（Safety）

　　安全性的主題與本章先前所討論的許多議題互有關聯。保密、繪畫的展示和所有權，都某種程度與安全性的觀點有關。然而，安全性的提供在倫理和兒童藝術的領域中，還包括有其他的向度。在 Rubin（1984a）經過多年來對兒童的研究工作，她完美地陳述出藝術治療中，整體安全性的重要：

> 安全性的意義是，許多類型的表現方式都是可以被接受的：異乎尋常的（bizarre）和寫實的（realistic）、退化的（regressive）和進步的（progressive），以及包括負向（negative）和正向（positive）主題的事物。限制能夠保護兒童不受他們自己一時衝動的影響，所以弄髒粉筆或畫出有破壞性的幻想是很安全的，而去塗抹人們或對所有物的破壞性行為則是不安全和不允許的。在面對兒童工作時，很重要的是要保護兒童免於外在以及內在心理方面的危險，如同人們和常規會限制或阻礙他們的創造性成長。（p.33）

　　允許兒童去繪畫或透過藝術進行創造等這類安全性的議題，也出現在治療或行政部門的環境下。雖然一般來說，兒童被鼓勵去畫他們想畫的任何東西，但是在某些情況下，當能明確敘述出一些規則時，

便可能是需要特別考慮的，在某些例子中一種檢查方面的問題便因此產生（Haeseler, 1987）。例如，在我所工作的一個精神疾病部門中，行政部門建立了一些規定，對藝術治療中青少年病人所畫的內容作了若干限制。根據行政部門所創設的指導準則，不允許病人畫出極其凶惡內容的暴力圖象或主題。這些限制對於那些經常畫一些時下搖滾音樂團體圖象的青少年而言特別困難，因為他們所畫的內容經常包含有暴力或反宗教的涵義。

可以從兩方面的觀點來看待藝術表現審查制度的安全性議題。首先，當規定什麼可以畫而什麼不可以畫時，自由表現和什麼是「安全」的或可被接受的變成了一個問題。在既有事實之後又強加限制，和針對特定兒童的繪畫內容而發明了一些規定，這樣的做法會變得特別地讓人質疑。例如 Haeseler（1987）指出，如果當初告訴他們可以畫任何他們想畫的東西，突然又強迫增加對於表達方式的規定，可能會讓兒童和青少年產生一種憤怒與背叛的感覺。

另一方面，暴力的圖象若是出現在團體中或是成為團體的一部分時，會特別地有問題。藝術的內容對於觀看的人會有強烈的影響力；曾受過身體或情緒創傷、有嚴重心理疾病、或情緒不穩的兒童，當他們看到其他兒童畫出暴力的圖象時，不論原因為何都可能有很強烈的反應。所以當處於治療的藝術表現過程中，在某些情形下，為了兒童們的安全與福祉，必須去保護他們避免受到其他人們圖象的影響。

安全的重要性不只是在兒童的繪畫經驗和藝術活動的創作方面，還包括關於如何處理兒童繪畫的方面。如果繪畫弄丟了、毀壞了、或是在修復時毀損了，治療師很快地就會失去這位他正在進行治療兒童的信任。這位兒童的作品必須被保存在一個安全、穩固的地方，即使遭到其他人的破壞或不當檢視時仍能夠保持安全。經常發現治療師不夠尊重兒童的作品，在沒有經過兒童的同意下就寫字在上面，或是讓它變得破破爛爛或遭到毀損。這種對於兒童的創作缺乏「安全性」考量的做法，傳達出一種強有力的訊息給兒童，也就是治療師對他們的

繪畫和兒童本人都缺乏尊重。

　　最後，很重要而且需要特別強調的是，對於曾遭受過虐待的兒童繪畫，在處置方式上應注意到安全的議題。如同前面所指出的，這些繪畫必須謹慎地處理，對於那些兒童透過繪畫的方式，揭露他們所親身經歷的身體虐待或性侵害細節，應給予最大程度的關注。在這樣的情況下，極重要的是這些繪畫必須保存在安全的地方，絕不能讓兒童帶回家，以免因為被察覺揭露真相，而遭致危及兒童安全的險境。

第四節　藝術作品的貯藏
（Storage of Art Expressions）

　　在兒童繪畫方面，最不方便的一點就是它的貯藏。需要貯藏有兩項目的：(1)為了兒童檔案的保密，其中包括實例或富含意義的繪畫或作品；(2)為了持續性的藝術作品、塗色或大量的繪畫。在最低程度上，至少能提供一個上鎖的貯藏空間，有一個保管妥善的地方可以放置作品，能夠不至於被偷走或被破壞，或是為了保護個人的隱私。

　　把兒童的繪畫貯藏或保留起來作為檔案的一部分，或是因為其他原因，考量倫理和法律兩方面的課題而把繪畫留作治療的紀錄。至少有一項倫理上的規範，是由美國藝術治療協會（the American Art Therapy Association; AATA）所制定，為了探索繪畫的涵義作為治療紀錄踏出了第一步。AATA 有關倫理的文件寫著：「藝術治療師應該保有病人的治療紀錄，維持一段適當的時間，以符合國家規定與臨床上的慣例，但是從治療結束或終止治療的關係開始，仍不應少於七年。紀錄被貯存或處置的方式均應符合保密原則」（AATA, 1995）。

　　我們很難從這份摘要的說明中，判斷在治療中所創作出來的藝術作品，它本身應該被認為是「治療的紀錄」，或它們只是應該按規定保留七年的紀錄而已。大多數的治療師們應該會同意，創作這些繪畫

的兒童應該擁有它們。然而，就像前面所提到的狀況也可能成真，在某些情況下的藝術作品，可能會成為一種醫療或法律上的紀錄，所以必須被保管在一個上鎖的檔案夾或是安全無虞的機構當中。幾種可能情況下的案例，像遭受虐待、創傷或家庭暴力個案，必要時可能也都需要保留和貯存這些兒童的繪畫。

第五節　對兒童使用投射性繪畫的程序與倫理議題
（Ethical Issues and the Use of Projective Drawing Procedures with Children）

　　使用如畫一個人測驗（Draw-A-Person Test; DAP）、房子─樹─人測驗（House-Tree-Person; HTP）和其他的繪畫「測驗」，以投射性的過程來評量人格的方式，關於它的倫理標準近十年來有極為重要的討論。使用過程上的問題，特別是在信度方面，在第一章中有更多細節上的描述。同樣的問題也出現在一些最近的繪畫測驗和共同的協定上，目的是要達到有意義的測量，但還沒有完成標準化的過程以及尚未完成完整的研究（Malchiodi, 1994）。但是，因為這些協定通常是用來對兒童進行評估，所以很重要的是要考量，使用這些測驗來對個別兒童進行介入與評量工作時的倫理考量。

　　首先也是最重要的，對兒童選擇使用一種特定的投射性或以藝術為主的評量，應該根據兒童的年齡和所使用之評量的目的而定。治療師對兒童使用投射性測驗，是希望投射性繪畫中能包含他們個人的經驗（例如，在對兒童實施HTP、DAP或其他測驗時，他們能把自己當成主要的對象）。治療師也必須意識到大部分最近有關評量與評估（assessment and evaluation）的研究，已同樣能使用投射性繪畫的協定。使用繪畫作為評量的目的是一件嚴肅的事，治療師對他們所做的事必須有完整的認知。

　　大體來說，投射性繪畫測驗是用來對兒童的人格作整體性的觀察，或是用來支持其他來源，像是評量表、自陳量表、或是治療師、老師、或家長觀察結果的整體性綜合與歸納。雖然已經發展出評分的系統，在大部分的例子中，這些投射的結果是用來支持其他資料來源的結果。Martin（1988）觀察到為何這些做法並不適當，以及可能不符合倫理的一些原因。首先，它意味著把投射性繪畫測驗和其他工具測量的反應加在一起，是一種決定人格可以信賴的方式。Martin（1988）指出：

> 如果一位兒童在測驗情境裡看起來焦慮，如果他的老師在一項標準化的評量表中評估他為焦慮，以及在畫一個人測驗（DAP）中也提供了一或兩項指標，表示可能解釋為出現焦慮的情形，然後臨床醫師對於把這位兒童歸類為焦慮的兒童會感到比較安心，並認為畫一個人測驗對於呈現這些狀況的資料是很有幫助。（p.3）

　　Martin也強調在DAP測驗中，任何一項特徵都會有模稜兩可與矛盾的意義（例如，在畫中有一個很大的頭、省略了手、或衣服上包含有鈕釦的意義，都會聯想在一起）。藝術表現本質上就有多重涵義的可能性，但是對於治療師而言就會產生倫理上的問題，因為他們使用性質受到限制的資料，經由繪畫的特徵來支持他們對於兒童人格的假設。

　　有關使用投射性繪畫測驗和協定來分析繪畫的最後一項考慮，是經由這樣所得到的資料，可能會增強臨床醫師對於兒童所可能造成的偏見，醫師將會被引導朝向以支持他或她的立場來尋找特徵。例如，臨床醫師可能刻板地認為這位兒童是有防衛性的，而在繪畫的特徵中尋找支持此一假設的證據。或是臨床醫師可能應用得自這項繪畫測驗的資料，來詢問其他人這位兒童是否防衛，接下來可能會使得他們對這位兒童的反應增加了偏差的機會。

　　我發現使用投射性測驗和它們各自的協定，可能會是有問題的，原因是：他們利用單一的圖形特徵來推論一項特定的人格特質或狀態。在我作為一名藝術家、藝術教育者和藝術治療師的訓練中，可能會讓我敏感到藝術表現的一項重要觀點——結合性作用（synergistic）的特性。所有的圖形都是由許多成分組成的——線條、形狀、形式、構圖和顏色；這會讓每一個獨一無二的圖形都以無數的方式，讓這些特徵在一幅繪畫或其他藝術形式中結合在一起。最多也只能將一幅繪畫分解成單一的成分，但很難不失去這個圖形整體內容的視野，而不會變成當注視某一特定的特徵之上時，卻忽略了其他特徵。當我的確相信可能發展出一種評量繪畫的方式時，許多傳統的投射性繪畫測驗卻並沒有提供更為可信的實施方式，所以必須在使用上更加小心，並且能夠更清楚地了解它們的限制。

　　假如有許多藝術治療師和其他健康專業人員，使用藝術表現不只是為了了解他們的當事人，他們的目的還包括評估、評量，有時甚至是在作診斷，最重要的是對於以這種方式應用藝術表現的倫理規範，要有充分而完整的了解。對某些人而言，應用藝術表現來評量或診斷的最大困難，是在於它自己本身的倫理問題。而且，如果一般來說只有最少程度的研究資料，作為判斷藝術表現的正確涵義，在沒有像當事人的陳述或行為這些額外的資料時，仍然很難僅憑圖形的資料來進行預測。因此，任何應用藝術表現來評估或評量一位兒童時，需要治療師根據當時的研究資料來進行研判，以及敏感地使用藝術作品來詮釋個別的兒童。

第六節　治療過程中兒童繪畫的法律意涵

（Legal Implications for Children's Drawings Made During Therapy）

　　在面對兒童工作中有許多時候，因為各種不同的原因，治療中創作出來的藝術表現會變成資訊的重要來源。其中一個領域包括合法的行動，特別是在懷疑兒童有身體虐待或性侵害的情形時。由於繪畫可能會提供有關嚴重兒童問題的證據，所以在治療的互動中所產生的任何素材，最重要的是要保留繪畫的正確紀錄，尤其是當以繪畫作為治療的核心時，更是特別地重要。

　　在我對治療師進行訓練與督導的經驗中，在治療中應用藝術，許多治療師喜歡在兒童的繪畫上直接寫下或記錄兒童對圖象的敘述。雖然這種做法的確提供了方便性，和可能較為正確的記錄資料，但是可能因為若干理由而有倫理上，甚至是法律上的問題。首先，尊重兒童的作品，在倫理上是十分重要的課題。在繪畫上寫字可能會降低圖象的價值；當把文字或摘要直接寫在圖畫上，這位兒童可能會感覺到對他或她的創作作品不尊重。把字寫在畫上的做法，可能也會妨礙他日後如何看待這個圖象。如果這幅繪畫後來還要用在額外的評量上，或作為法庭案例上的證據，這樣的做法都將貶損繪畫本身的價值。

　　許多治療師和律師都曾問我，繪畫是否能夠禁得起法庭上法律的反覆檢驗，特別是在虐待、家庭暴力、或暴力犯罪個案中的兒童繪畫。因為兒童受到身體的創傷、性侵害或類似的創傷，通常不願意談論或是無法用文字清楚地表達他們的經驗，很自然地會認為他們的繪畫，可能會傳達出能夠了解他們的狀況，呈現出攸關他們福祉與安全的重要訊息。如果一位兒童的生活或福祉遭遇到危險，特別是那些在治療中所創作的藝術表現，就可能變成證據的一部分，讓司法系統或

兒童保護機構逕行介入。然而就我所知，很難僅以兒童的繪畫，就能傳達出關於虐待或創傷的可靠訊息，大部分的原因是因為從繪畫的研究中，有關虐待或創傷的指標仍不明確。

　　儘管缺乏兒童繪畫內容的明確資料，它們在法庭上的應用仍然是一個需要考慮的重要領域。繪畫成為一種稱之為「新興科學證據」（novel scientific evidence）的類別（Cohen-Liebmen, 1994）。雖然已有一些研究支持兒童的作品中，有創傷、暴力和情緒等的圖形特徵，但是整體而言，這些研究仍然未能有完整的信度。由於藝術表現有其固有的本質，所以不可能完全依從兒童經驗中創作之兒童繪畫內容的成分來作決定。然而，兒童的繪畫仍然可能被接受作為法庭上的證據，為了確定證據的效度，必須通過法庭所容許的特定測驗。

　　更有可能的是限定治療師的資格，他必須作為見證有關這幅繪畫內容的專家，將也能夠決定這些繪畫是否能夠作為證據。例如，在一九八五年，得自於藝術治療師的專家證詞，在經過對於治療師資格的謹慎審查之後能夠獲得承認，其中包括在藝術表現方面能夠從事治療與評量的資格，以及他在兒童繪畫內容上給予專家意見的能力（Levick, Safran, & Levine, 1990）。此一判決的意涵是有關兒童繪畫的訓練和專業經驗，是藝術表現能否作為司法之輔助的關鍵。

第七節　結　論
（Conclusion）

　　有一種最終撤銷中止訴訟申請，是應用最後有一種不顧條件限制以繪畫來了解兒童：以繪畫來作為了解兒童的輔助工具，持續地讓兒童繪畫能與大量的資訊並列，讓這些成為恆久可用的資訊，這是治療師、諮商師、心理學家或老師的責任。本書希望能夠成為給予讀者了解兒童繪畫多重向度的一種好的開始，並且能夠對一般兒童藝術表現

內容的敏感性建立基礎。然而，這只是一個開始，在兒童藝術表現方面的努力，這是治療師在倫理上的責任，維持他們在此一領域的技術，以求能提供他們所希望幫助之兒童最好的服務。

Rubin（1984a）清晰地以生動的方式說明，在治療過程中面對兒童及他們的繪畫時，固定應有的注意事項：

> 藝術是一項強有力的工具——正如外科醫師的操作工具，必須謹慎而且技巧地應用，能夠安全地穿透到表面之下……對於所有類型的兒童以藝術作為象徵性溝通的媒介，是臨床醫學上的必要工作，伴隨著的有極大的潛能以及同樣重要的責任。（p.299）

不可否認地，繪畫提供兒童一種強有力且充滿創造力的方法來傳達他們自己，來協助面對他們工作的專業人員，不管是在臨床情境、醫院、庇護所或是學校中。然而，我們身為助人的專業工作者，對於兒童繪畫的反應、鼓勵，與感謝這些創造性的表現，不僅是賦予評量和治療上的價值，而且還提供了一種了解、尊重，以及關心這些兒童架構，他們慷慨地將他們的創作願意與我們分享。

媒材與資源

Materials and Resources

　　附錄是提供給對繪畫媒材與資源不熟悉的治療師作為繪畫上的支援。第一部分描述繪畫時的兩項基本媒材：紙張（表面可以用來繪畫）和繪畫工具（用來繪畫的一些東西）。最後一個部分則是列舉了適合面對兒童工作時，所需繪畫媒材的資源。

紙　張
（Paper）

　　紙張有各種不同的大小和類型，很重要的是在手上至少要有一張小型的紙張分類表。這張分類表應該包括品質良好、8"×10"、9"×12"、18"×24"等大小的白色圖畫紙。同樣重要的是，應備有有色的圖畫紙，讓兒童可以對畫出有色的背景有所反應。有些治療師在進行一些繪畫活動時較喜歡灰色的紙張，理由是一張不同於白色的有色背景畫紙，能夠鼓勵兒童去使用包括白色等其他的顏色。白色或棕色牛皮紙很適合作壁畫，以及作大型的個人繪畫或塗色的活動；它們一般來說是寬約 24"或 36"英吋的一筒紙捲。這種紙能夠以各種尺寸裁切，能夠承受得住蛋彩畫或是廣告原料，並作成經濟的捲筒式，這樣治療師能夠裁切他們所需要的大小。

　　大部分治療師使用標準 $8\frac{1}{2}$"×11"大小的紙張（通常是影印紙），主要是因為它很容易取得，但它並非是適合所有繪畫活動的最佳類型用紙。雖然像油或粉蠟筆的媒材（見後述）能夠使用在簡單的白色影印紙上，但是這些繪畫媒材實際上還是需要較重磅數的紙張。一張 60 到 80 磅 18"×24"大小的白色紙張，會以 100 張一本的寫生簿方式呈現，如果要考慮購買其他尺寸所需額外成本的話，治療師能夠把它撕下來裁剪成較小的紙張。新聞紙本也是可以使用的，但我並不建議它們來讓兒童使用；紙張的薄度會造成孩子的挫折，而且無法承受任何

較重的著色、畫上明暗或線條的壓力。

　　對於粉蠟筆而言，一張有紋理或「紋路」的紙張是最好的，以求能在紙張上留下顏色。

繪畫工具
（Drawing Tools）

　　對於不熟悉藝術媒材的一些讀者而言，現有繪畫媒材的多樣性，對於兒童的繪畫本身或許會是不可思議的。許多治療師會只倚賴一種繪畫媒材，像是鉛筆或蠟筆，特別是當他們習慣性地對兒童使用標準的繪畫測驗和評量時。然而，很重要地是要有相當多可以取得的繪畫媒材，因為兒童的表現能夠從範圍寬廣媒材的可取得性而獲益。

　　面對兒童時，一項可以使用的基本繪畫工具類別分述如下：有良好品質橡皮擦的鉛筆、彩色鉛筆、24 色一組的蠟筆、氈頭麥克筆（包括粗細兩種）和彩色蠟筆，能夠提供兒童相當寬廣的表現空間。此外，油性粉蠟筆（也稱為 Cray-Pas）可以提供一種混色的機會，也不會像粉蠟筆那樣髒。如果治療師在巡迴時，所有的這些繪畫媒材也都容易攜帶。有些繪畫媒材能被用來作成顏料（例如 Payons 或水溶性蠟筆）也很值得包括進來，因為它們能提供給兒童一種比鉛筆或氈頭麥克筆更有表現力的媒材。在擔心會把場地弄得「一團混亂」、或不容許使用傳統的蛋彩、或廣告顏料的情況下，這些媒材會特別地適合。

　　雖然許多面對兒童的人們，會提供厚的、圓頭的蠟筆來繪畫，這種特殊類型的蠟筆，可能會讓年幼及較年長的兒童使用時感到很挫折。當兒童開始在他們的繪畫中畫出人物並加上細節時，小型的蠟筆在他們想要加畫上鈕釦、牙齒、指甲、手指和腳趾時，比較不會感到挫折。然而這些小型的蠟筆的確會比大型的蠟筆容易折斷，他們被鼓勵並允許兒童在他們的繪畫中畫出更多的不同與細節。我同時拿著小

型和大型的蠟筆在手上，問兒童們哪一個使用起來比較順手；大部分
的情形下，兒童會選擇較小的蠟筆。無論如何，詢問那位「消費
者」──兒童，一般來說他會告訴治療師哪一個會最適合他們。

　　當使用蠟筆或油性蠟筆時，治療師可能會在繪畫完成後使用固定
劑（fixative）（用在藝術作品上的一種噴霧固定劑），以避免圖畫被
弄髒。雖然有許多種的固定劑可以讓藝術家們使用，避免讓他們的繪
畫弄髒，但是其實一罐噴霧髮膠就非常好用了，而且比廣告的產品更
不具有毒性。然而，如果你使用噴霧髮膠或其他的固定劑來固定繪
畫，應該是由治療師來實施，並且是在一個通風良好的區域。

資　源

（Resources）

　　前面章節描述的許多媒材，在地方上的藝術或辦公用品店都可以
買到。然而，還是有可能在下列藝術用品店中買到所需特殊的媒材。

Triarco Arts & Crafts
14650 28th Avenue No.
Plymouth, MN 55447
800-328-3360

MASCO Arts & Crafts
901 Janesville Avenue
Fort Atkinson, WI 53538-0901
414-563-2446

Pearl Art Supplis

308 Canal Street

New York, NY 10013

800-221-6845

參考文獻

References

Allan, J. (1988). *Inscapes of the child's world: Jungian counseling in schools and clinics*. Dallas, TX: Spring.

Alland, A. (1983). *Playing with form: Children draw in six cultures*. New York: Columbia University Press.

Alschuler, R., & Hattwick, L. A. (1943). Easel painting as an index of personality in pre-school children. *Journal of Orthopsychiatry, 13*, 616–625.

Alschuler, R., & Hattwick, L. A. (1947). *Painting and personality: A study of young children*. Chicago: University of Chicago Press.

American Art Therapy Association (AATA). (1996). *Art therapy: Definition of the profession*. Mundelein, IL: Author.

American Art Therapy Association (AATA). (1995). *Ethical standards for art therapists*. Mundelein, IL: Author.

American Psychiatric Association. (1994). *Diagnostic and statistical manual of mental disorders* (4th ed.). Washington, DC: Author.

Anderson, F. (1992). *Art for all the children*. Springfield, IL: Charles C Thomas.

Anthony, E. J. (1986). Children's reactions to severe stress. *Journal of the American Academy of Child Psychiatry, 25*(3), 299–305.

Appel, K. (1931). Drawings by children as aids in personality studies. *American Journal of Orthopsychiatry, 1*, 129–144.

Arnheim, R. (1969). *Visual thinking*. Berkeley: University of California Press.

Arnheim, R. (1972). *Toward a psychology of art*. Berkeley: University of California Press.

Arnheim, R. (1974). *Art and visual perception*. Berkeley: University of California Press.

Arnheim, R. (1980). The puzzle of Nadia's drawings. *The Arts in Psychotherapy, 7*(2), 79–85.

Arnheim, R. (1992). *To the rescue of art*. Berkeley: University of California Press.

Axline, V. (1969). *Play therapy*. New York: Ballatine.

Bach, S. (1966). Spontaneous paintings of severely ill patients. *Acta Psychosomatica, 8*, 1–66.

Bach, S. (1975). Spontaneous pictures of leukemic children as an expression of the total personality, mind and body. *Acta Paedopsychiatrica, 41*(3), 86–104.

Bach, S. (1990). *Life paints its own span*. Einsiedeln, Switzerland: Daimon Verlag.

Banks, E. (1990).Concepts of health and sickness of pre-school and school-aged children. *Children's Health Care, 19*(1), 43–48.

Betensky, M. (1995). *What do you see?: Phenomenology of therapeutic art expression*. London: Jessica Kingsley.

Briere, J. (1992). *Child abuse trauma: Theory and treatment of the lasting effects*. Newbury Park, CA: Sage.

Buck, J. (1948). *The House–Tree–Person technique*. Los Angeles: Western Psychological Services.

Buck, J. (1966). *The House–Tree–Person technique: Revised manual.* Los Angeles: Western Psychological Services.

Burns, R. (1982). *Self-growth in families: Kinetic-Family-Drawings (K-F-D) research applications.* New York: Brunner/Mazel.

Burns, R., & Kaufman, S. H. (1972). *Actions, styles and symbols in Kinetic Family Drawings (K-F-D).* New York: Brunner/Mazel.

Burt, C. (1921). *Mental and scholastic tests.* London: P.S. King & Son.

Campanelli, M. (1991). Art therapy and ethno-cultural issues. *American Journal of Art Therapy, 30*(2), 34–35.

Cane, F. (1951). *The artist in each of us.* New York: Pantheon.

Cantlay, L.(1996). *Detecting child abuse: Recognizing children at risk through drawings.* Santa Barbara, CA: Holly Press

Case, C. & Dalley, T. (Eds.). (1990). *Working with children in art therapy.* New York: Tavistock/Routledge.

Center for Children with Chronic Illness and Disability. (1996). Factors associated with risk and resiliency. *Children's and Youths' Health Issues, 4*(1), 6–7.

Cohen, B., & Cox, C. T. (1995). *Telling without talking: Art as a window into the world of multiple personality.* New York: Norton.

Cohen, B., Hammer, J., & Singer, S. (1988). Diagnostic Drawing Series: A systematic approach to art therapy evaluation and research. *The Arts in Psychotherapy, 15,* 11–21.

Cohen, F. W., & Phelps, R. E. (1985). Incest markers in children's artwork. *The Arts in Psychotherapy, 12* 265–283.

Cohen-Liebman, M. S. (1994). The art therapist as expert witness in child sexual abuse litigation. *Art Therapy: Journal of the American Art Therapy Association, 11*(4), 260–265.

Coles, R. (1990). *The spiritual life of children.* Boston: Houghton Mifflin.

Cooke, E. (1885). *Art teaching and child nature.* London: London Journal of Education.

Corey, G., Corey, M. S., & Callanan, P. (1993). *Issues and ethics in the helping professions:* Pacific Grove, CA: Brooks/Cole.

Cox, C. T. (1984). *Themes of self-destruction: Indicators of suicidal ideation in art therapy.* Unpublished thesis, George Washington University, Washington, DC.

Cox, M. (1989). Children's drawings. In D. Hargreaves (Ed.), *Children and the arts* (pp. 43–57) Bristol, PA: Taylor & Francis.

Cox, M., & Parkin, C. (1986). Young children's human figure drawing: Cross-sectional and longitudinal studies. *Educational Psychology, 6,* 353–368.

Dennis, W. (1966). *Group values through children's drawings.* New York: Wiley.

DiLeo, J. (1970). *Young children and their drawings.* New York: Brunner/Mazel.

DiLeo, J. (1973). *Children's drawings as diagnostic aids.* New York: Brunner/Mazel.

DiLeo, J. (1983). *Interpreting children's drawings.* New York: Brunner/Mazel.

Dissanayake, E. (1989). *What is art for?* Seattle: University of Washington

Press.

Drachnik, C. (1994). The tongue as a graphic symbol of sexual abuse. *Art Therapy: Journal of the American Art Therapy Association, 11*(1), 58–61.

Drachnik, C. (1995). *Interpreting metaphors in children's drawings.* Burlingame, CA: Abbeygate Press.

Epperson, J. (1990). *Environmental drawings and behaviors in children from violent homes.* Unpublished thesis, University of Utah, Salt Lake City.

Faller, K. (1988). *Child sexual abuse: New theory and research.* New York: Columbia University Press.

Field, P. A., & Morse, J. M. (1985). *Qualitative nursing research: The application of qualitative approaches.* Rockville, MD: Aspen.

Freeman, J., Epston, D., & Lobovits, D. (1997). *Playful approaches to serious problems: Narrative therapy with children and their families.* New York: Norton.

Freud, A. (1926). *The ego and mechanisms of defense.* New York: International Universities Press.

Freud, A. (1946). *Normality and pathology in childhood: Assessments of development.* New York: International Universities Press.

Furth, G. (1988). *The secret world of drawings.* Boston: Sigo Press.

Furth, G. (1981). The use of drawings made at significant times in one's life. In E. Kübler-Ross, *Living with death and dying* (pp. 63–93). New York: Macmillan.

Gantt, L. (1990). *A validity study of the Formal Elements Art Therapy Scale (FEATS) for diagnostic information in patients' drawings.* Unpublished doctoral dissertation, University of Pittsburgh, Pittsburgh, PA.

Gantt, L., & Tabone, C. (1998). *Rating scale for the Formal Elements Art Therapy Scale.* Morgantown, VA: Gargoyle Press.

Gardner, H. (1979). Children's art: Nadia's challenge. *Psychology Today, 13*(4), 18–23.

Gardner, H. (1980). *Artful scribbles: The significance of children's drawings.* New York: Basic Books.

Gardner, H. (1982). *Art, mind, and brain.* New York: Basic Books.

Gil, E. (1991). *The healing power of play.* New York: Guilford Press.

Gil, E. (1994). *Play in family therapy.* New York: Guilford Press.

Gillespie, J. (1994). *The projective use of mother-and-child drawings: A manual for clinicians.* New York: Brunner/Mazel.

Gillespie, J. (1997). Projective mother-and-child drawings. In E. Hammer (Ed.), *Advances in projective drawing interpretation* (pp. 137–151). Springfield, IL: Charles C Thomas.

Golomb, C. (1981). Representation and reality: The origins and determinants of young children's drawings. *Review of Research in Visual Arts Education, 14,* 36–48.

Golomb, C. (1990). *The child's creation of a pictorial world.* Berkeley: University of California Press.

Goodenough, F. (1926). *Measurement of intelligence by drawings.* New York: Harcourt, Brace, & World.

Graham, J. (1994). The art of emotionally disturbed adolescents: Designing a drawing program to address violent imagery. *American Journal of Art Therapy, 32*(4), 115–121.

Green, A. (1983). The dimensions of psychological trauma in abused children. *Journal of the American Academy of Child Psychiatry, 22,* 231–237.

Gregorian, V. S., Azarian, A., DeMaria, M., & McDonald, L. D. (1996). Colors of disaster: The psychology of the "black sun." *The Arts in Psychotherapy, 23*(1), 1–14.

Gregory, P. (1990). *Body map of feelings.* Lethbridge, Alberta: Family and Community Development Program.

Gulbro-Leavitt, C., & Schimmel, B. (1991). Assessing depression in children and adolescents using the Diagnostic Drawing Series modified for children (DDS-C). *The Arts in Psychotherapy, 18,* 353–356.

Haeseler, M. (1987). Censorship or intervention: But you said we could draw whatever we wanted! *American Journal of Art Therapy, 26*(1), 11–20.

Hammer, E. (1958). *The clinical application of projective drawings.* Springfield, IL: Charles C Thomas.

Hammer, E. (1997). *Advances in projective drawing interpretation.* Springfield, IL: Charles C Thomas.

Harris, D. (1963). *Children's drawings as measures of intellectual maturity.* New York: Harcourt, Brace & World.

Henley, D. (1989). Nadia revisited: A study into the nature of regression in the autistic savant syndrome. *Art Therapy: Journal of the American Art Therapy Association, 6*(2), 43–56.

Henley, D. (1992). *Exceptional children, exceptional art: Teaching art to special needs.* Worcester, MA: Davis.

Herberholz, B., & Hanson, L. (1985). *Early childhood art* (3rd ed.). Dubuque, IA: W. C. Brown.

Herl. T. (1992). Finding the light at the end of the funnel: Working with child survivors of the Andover Tornado. *Art Therapy: Journal of the American Art Therapy Association, 9*(1), 42–47.

Hibbard, R., Roghmann, K., & Hoekelman, R. (1987). Genitalia in children's drawings: An association with sexual abuse. *Pediatrics, 79*(1), 129–137.

Hulse, W. (1952). Childhood conflict expressed through family drawings. *Journal of Projective Techniques, 16,* 66–79.

Jolles, I. (1971). *A catalogue for the qualitative interpretation of the House–Tree–Person (H-T-P).* Los Angeles: Western Psychological Services.

Jung, C. G. (1954). *The practice of psychotherapy.* New York: Pantheon.

Jung, C. G. (1956). *The collected works. Vol. 5. Symbols of transformation.* Princeton: Princeton University Press.

Jung, C. G. (1960). *Man and his symbols.* New York: Dell.

Junge, M. B., & Asawa, P. P. (1994). *A history of art therapy in the United States.* Mundelein, IL: American Art Therapy Association.

Kashini, J. H., Husain, A., Shekin, W., Hodges, K., Cytryn, L., & McNew, D.

(1981). Current perspectives on childhood depression: An overview. *American Journal of Psychiatry, 138,* 143–152.

Kellogg, J. (1993). *Mandala: Path of beauty.* Lightfoot, VA: MARI.

Kellogg, R. (1969). *Analyzing children's art.* Palo Alto, CA: Mayfield.

Kelley, S. J. (1984). The use of art therapy with sexually abused children. *Journal of Psychosocial Nursing, 22,* 12–18.

Kelley, S. J. (1985). Drawings: Critical communication for sexually abused children. *Pediatric Nursing, 11*(6), 421–426.

Knowles, L. P. (1996). Art therapists exhibiting children's art: When, where, and why. *Art Therapy: Journal of the American Art Therapy Association, 13*(3), 205–207.

Koppitz, E. (1968). *Psychological evaluation of children's human figure drawings.* New York: Grune & Stratton.

Koppitz, E. (1984). *Psychological evaluation of human figure drawings by middle school pupils.* New York: Grune & Stratton.

Kramer, E. (1993). *Art as therapy with children.* Chicago: Magnolia Street Publishers.

Kramer, E., Gerity, L., Henley, D., & Williams, K. (1995). *Art and art therapy and the seductive environment.* Paper presented at the 26th annual conference of the American Art Therapy Association. San Diego, CA.

Kübler-Ross, E. (1983). *On children and death.* New York: Macmillan.

Levick, M. (1983). *They could not talk and so they drew.* Springfield, IL: Charles C Thomas.

Levick, M. (1986). *Mommy, Daddy, look what I'm saying: What children are telling us through their drawings.* New York: Evans.

Levick, M. (1997). *See what I'm saying.* Dubuque, IA: Islewest.

Levick, M., Safran, D., & Levine, A. (1990). Art therapists as expert witnesses: A judge delivers a precedent-setting decision. *The Arts in Psychotherapy, 17,* 49–53.

Levinson, P. (1986). Identification of child abuse in the art and play products of pediatric burn patients. *Art Therapy: Journal of the American Art Therapy Association, 3*(2), 61–66.

Lewis, D. W., Middlebrook, M., Mehallick, L., Rauch, T. M., Deline, C., & Thomas, E. (1996). Pediatric headaches: What do children want? *Headache, 36*(4), 224–230.

Lindstrom, M. (1957). *Children's art: A study of normal development in children's mode of visualization.* Berkeley: University of California Press.

Lombroso, C. (1895). *The man of genius.* London: Scott.

Lowenfeld, V. (1947). *Creative and mental growth.* New York: Macmillan.

Lowenfeld, V., & Brittain, W. (1982). *Creative and mental growth* (7th ed.). New York: Macmillan.

MacGregor, J. (1989). *The discovery of the art of the insane.* Lawrenceville, NJ: Princeton University Press.

Machover, K. (1949). *Personality projection in the drawing of the human figure.* Springfield, IL: Charles C Thomas.

Malchiodi, C. (1982). *Your journal for growth and discovery.* Salt Lake City,

UT: Women in Jeopardy Program.

Malchiodi, C. (1990). *Breaking the silence: Art therapy with children from violent homes*. New York: Brunner/Mazel.

Malchiodi, C. (1993). Medical art therapy: Contributions to the field of arts medicine. *International Journal of Arts Medicine, 2*(2), 28–31.

Malchiodi, C. (1994). Writing about art therapy for professional publication. *Art Therapy: Journal of the American Art Therapy Association, 9*(2), 62–64.

Malchiodi, C. (1996). Documentation and case presentations. In C. Malchiodi & S. Riley, *Supervision and related issues* (pp. 155–175). Chicago: Magnolia Street Publishers.

Malchiodi, C. (1997). *Breaking the silence: Art therapy with children from violent homes* (2nd ed., rev.). New York: Brunner/Mazel.

Malchiodi, C., & Riley, S. (1996). *Supervision and related issues*. Chicago: Magnolia Street Publishers.

Martin, R. (1988). Ethics column. *School Psychologist, 8*, 5–8.

Matorana, A. (1954). *A comparison of the personal, emotional, and family adjustments of crippled and normal children*. Unpublished doctoral thesis, University of Minnesota, Minneapolis, MN.

Miller, A. (1986). *Pictures of a childhood*. New York: Farrar, Straus, & Giroux.

Mitchell, J., & McArthur, R. (1994). *Human Figure Drawing Test (HFDT): An illustrated handbook for clinical interpretation and standardized assessment of cognitive impairment*. Los Angeles: Western Psychological Services.

Morris, D. (1962). *The biology of art*. London: Methuen.

Moustakas, C. (1959). *Psychotherapy with children*. New York: Harper.

Naumburg, M. (1973). *An introduction to art therapy: Studies of "free" art expression of behavior problem children and adolescents as means of diagnosis and therapy*. New York: Teachers College Press. (Original work published 1947)

Naumburg, M. (1987). *Dynamically oriented art therapy: Its principles and practice*. Chicago: Magnolia Street Publishers. (Original work published 1966)

Neale, E.L. (1994). The children's diagnostic drawing series. *Art Therapy: Journal of the American Art Therapy Association, 11*(2), 119–126.

Oaklander, V. (1978). *Windows to our children*. Moab, UT: Real People Press.

Oster, G., & Gould, P. (1987). *Using drawings in assessment and therapy*. New York: Brunner/Mazel.

Oster, G., & Montgomery, S. (1996). *Clinical uses of drawings*. Northvale, NJ: Jason Aronson.

Ounsted, C., Oppenheimer, R. and Lindsay, J. (1974). Aspects of bonding failure: The psychotherapeutic treatment of families of battered children. *Developmental Medicine and Child Neurology, 16*, 446–456.

Pasto, T. (1965). *The space–frame experience in art*. New York: A. S. Barnes & Co.

Perkins, C. (1977). The art of life-threatened children: A preliminary study. In R. Shoemaker & S. Gonick-Barris (Eds.), *Creativity and the art thera-*

pist's identity: The proceedings of the Seventh Annual Conference of the American Art Therapy Association (pp. 9–12). Baltimore: American Art Therapy Association.

Pfeffer, C. (1986). The suicidal child. New York: Guilford Press.

Piaget, J. (1959). Judgment and reasoning in the child. Patterson, NJ: Littlefield, Adams.

Piaget, J., & Inhelder, B. (1971). Mental imagery in the child. New York: Basic Books.

Pinderhughes, E. (1989). Understanding race, ethnicity, and power. New York: Free Press.

Prinzhorn, H. (1972). Artistry of the mentally ill. New York: Springer.

Putnam, F. (1989). Diagnosis and treatment of multiple personality disorder. New York: Guilford Press.

Putnam, F., Guroff, J., Silberman, E., Barban, L., & Post, R. (1986). The clinical phenomenology of multiple personality disorder: Review of 100 recent cases. Journal of Clinical Psychiatry, 47(6), 285–293.

Pynoos, R., & Eth, S. (1985). Developmental perspective on psychic trauma in childhood. In C. R. Figley (Ed.), Trauma and its wake: The study and treatment of post-traumatic stress disorder (pp. 193–216). New York: Brunner/Mazel.

Rak, C., & Patterson, L. (1996). Promoting resilience in at-risk children. Journal of Counseling and Development, 74(4), 368–373.

Ricci, C. (1887). The art of children. Bologna, Italy.

Riley, S. (1997). Children's art and narratives: An opportunity to enhance therapy and a supervisory challenge. The Supervision Bulletin, 9(3), 2–3.

Roeback, H. (1968). Human figure drawings: Their utility in the psychologist's armamentarium for personality assessment. Psychological Bulletin, 70(1), 1–19.

Roje, J. (1995). LA '94 earthquake in the eyes of children: Art therapy with elementary school children who were victims of disaster. Art Therapy: Journal of the American Art Therapy Association, 12(4), 237–243.

Rubin, J. (1984a). Child art therapy (2nd ed.). New York: Van Nostrand Reinhold.

Rubin, J. (1984b). The art of art therapy. New York: Brunner/Mazel.

Saint Exupéry, A. de (1943). The little prince. New York: Harcourt Brace Jovanovich.

Selfe, L. (1977). Nadia: A case of extraordinary drawing ability in an autistic child. New York: Academic Press.

Shoemaker, R. (1984). The rainbow booklet. Baltimore: Renewing Visions Press.

Silver, R. (1978). Developing cognitive and creative skills through art. Baltimore: University Park Press.

Silver, R. (1988). Draw a story. New York: Ablin Press.

Silver, R. (1993). Draw a story (rev. ed.). New York: Ablin Press.

Silver, R. (1996a). Silver Drawing Test of cognition and emotion. Sarasota, FL: Ablin Press.

Silver, R. (1996b). Sex differences in the solitary and assaultive fantasies of delinquent and nondelinquent adolescents. *Adolescence, 31*(123), 543–552.

Silver, R. (1997). Sex and age differences in attitudes toward the opposite sex. *Art Therapy: Journal of the American Art Therapy Association, 14*(4), 286–272.

Silvern, L., Karyl, J., & Landis, T. (1995). Individual psychotherapy for traumatized children of abused women. In E. Peled, P. Jaffe, & L. Edleson (Eds.), *Ending the cycle of violence* (pp. 43–76). Thousand Oaks, CA: Sage.

Simon, M. (1876). L'imagination dans la folie. *Annale Médico-Psychologie, 16*, 358–390.

Sobol, B., & Cox, C.T. (Speakers). (1992). *Art and dissociation: Research with sexually abused children* (Cassette recording #59–144). Denver: National Audio Video.

Steele, B. (1997). *Trauma response kit: Short term intervention model*. Grosse Pointe Woods, MI: Institute for Trauma and Loss in Children.

Steele, B., Ginns-Gruenberg, D., & Lemerand, P. (1995). *I feel better now!: Leader's guide*. Grosse Pointe Woods, MI: Institute for Trauma and Loss in Children.

Stronach-Bushel, B. (1990). Trauma, children and art. *American Journal of Art Therapy, 29*, 48– 52.

Swenson, E. (1968). Empirical evaluations of human figure drawings; 1957–1966. *Psychological Bulletin, 70*(1), 20–44.

Tardieu, L. (1872). *Etude médico-légale sur la folie*. Paris: Baillière.

Terr, L. (1981). Forbidden games: Post-traumatic child's play. *Journal of the American Academy of Child Psychiatry, 20*, 741–760.

Terr, L. (1990). *Too scared to cry*. New York: Basic Books.

Tibbetts, T. (1989). Characteristics of artwork in children with post-traumatic stress disorder in Northern Ireland. *Art Therapy: Journal of the American Art Therapy Association, 6*(3), 92–98.

Toll, N. (1993). *Behind the secret window: A memoir of a hidden childhood during World War II*. New York: Dial.

Uhlin, D. (1979). *Art for exceptional children*. Dubuque, IA: William Brown.

Wadeson, H. (1971). Characteristics of art expression in depression. *Journal of Nervous and Mental Disease, 153*(3), 197–204.

Wass, H. (1984). Concepts of death: A developmental perspective. In H. Wass & C. Corr (Eds.), *Childhood and death* (pp. 3–23). Washington, DC: Hemisphere.

Webb, N. B. (1991). Play therapy crisis intervention with children. In N. B. Webb (Ed.), *Play therapy with children in crisis* (pp. 26–42). New York: Guilford Press.

Weber, J., Cooper, K., & Hesser, J. (1996). Children's drawings of the elderly: Young ideas abandon old age stereotypes. *Art Therapy: Journal of the American Art Therapy Association, 13*(2),114–117.

Werner, E. (1992). The children of Kauai: Resiliency and recovery in adolescence and adulthood. *Journal of Adolescent Health, 13*, 262–268.

White, M., & Epston, D. (1990). *Narrative means to therapeutic ends*. New York: Norton.

Wilber, K. (1996). How big is our umbrella? *Noetic Sciences Review, 40,* 10–17.

Willats, J. (1977). How children learn to represent three-dimensional space in drawings. In G. Butterworth (Ed.), *The child's representation of the world* (pp. 367–382). New York: Plenum.

Wilson, L. (1987). Confidentiality in art therapy: An ethical dilemma. *American Journal of Art Therapy, 25,* 75–80.

Winner, E. (1982). *Invented worlds: The psychology of the arts*. Cambridge, MA: Harvard University.

Winner, E. (1986, August). Where pelicans kiss seals. *Psychology Today,* pp. 25–35.

Winnicott, D. (1971). *Playing and reality*. New York: Basic Books.

Wolff, W. (1942). Projective methods for personality analysis of expressive behavior in pre-school children. *Character and Personality, 10,* 309–330.

Wohl, A., & Kaufman, B. (1985). *Silent screams and hidden cries: An interpretation of artwork by children from violent homes*. New York: Brunner/Mazel.

Yates, A., Buetler, L. E., & Crago, M. (1985). Drawings by child victims of incest. *Child Abuse and Neglect: An International Journal, 9*(2), 183–190.

索引　名詞對照

國家圖書館出版品預行編目資料

兒童繪畫治療－繪畫：兒童的心靈之窗/Cathy
A. Malchiodi著；吳武烈譯.--三版.--臺北市：
五南圖書出版股份有限公司,2023.10
　　面；　　公分.
譯自：Understanding
ISBN 978-626-366-603-0(平裝)

1.CST: 兒童畫　2.CST: 兒童心理學
3.CST: 心理治療法　4.CST: 藝術治療
173.1　　　　　　　　　　112015122

1BU6

兒童繪畫治療
——繪畫：兒童的心靈之窗

作　　者 — Cathy A. Malchiodi

譯　　者 — 吳武烈（71.2）

發 行 人 — 楊榮川

總 經 理 — 楊士清

總 編 輯 — 楊秀麗

副總編輯 — 王俐文

責任編輯 — 金明芬

封面設計 — 姚孝慈

出 版 者 — 五南圖書出版股份有限公司

地　　址：106台北市大安區和平東路二段339號4樓

電　　話：(02)2705-5066　　傳　　真：(02)2706-6100

網　　址：https://www.wunan.com.tw

電子郵件：wunan@wunan.com.tw

劃撥帳號：01068953

戶　　名：五南圖書出版股份有限公司

法律顧問　林勝安律師

出版日期　2003年 5 月初版 一 刷
　　　　　2022年 3 月二版 一 刷
　　　　　2023年10月三版 一 刷

定　　價　新臺幣450元

經典永恆·名著常在

五十週年的獻禮——經典名著文庫

五南，五十年了，半個世紀，人生旅程的一大半，走過來了。

思索著，邁向百年的未來歷程，能為知識界、文化學術界作些什麼？

在速食文化的生態下，有什麼值得讓人雋永品味的？

歷代經典·當今名著，經過時間的洗禮，千錘百鍊，流傳至今，光芒耀人；

不僅使我們能領悟前人的智慧，同時也增深加廣我們思考的深度與視野。

我們決心投入巨資，有計畫的系統梳選，成立「經典名著文庫」，

希望收入古今中外思想性的、充滿睿智與獨見的經典、名著。

這是一項理想性的、永續性的巨大出版工程。

不在意讀者的眾寡，只考慮它的學術價值，力求完整展現先哲思想的軌跡；

為知識界開啟一片智慧之窗，營造一座百花綻放的世界文明公園，

任君遨遊、取菁吸蜜、嘉惠學子！